千古人物

郭宏文 ◎ 著

醉翁之意不在酒

欧阳修

中国书籍出版社
China Book Press

图书在版编目（CIP）数据

醉翁之意不在酒：欧阳修 / 郭宏文著. -- 北京：中国书籍出版社，2023.9

ISBN 978-7-5068-9259-9

Ⅰ.①醉… Ⅱ.①郭… Ⅲ.①欧阳修（1007—1072）—传记 Ⅳ.①K825.6

中国版本图书馆CIP数据核字（2022）第206879号

醉翁之意不在酒：欧阳修

郭宏文　著

责任编辑	王志刚
责任印制	孙马飞　马　芝
封面设计	东方美迪
出版发行	中国书籍出版社
地　　址	北京市丰台区三路居路97号（邮编：100073）
电　　话	（010）52257143（总编室）　（010）52257140（发行部）
电子邮箱	eo@chinabp.com.cn
经　　销	全国新华书店
印　　厂	北京睿和名扬印刷有限公司
开　　本	700毫米×1000毫米　1/16
印　　张	20.25
字　　数	227千字
版　　次	2023年9月第1版　2023年9月第1次印刷
书　　号	ISBN 978-7-5068-9259-9
定　　价	58.00元

版权所有　翻印必究

前　言

　　环滁皆山也。其西南诸峰，林壑尤美，望之蔚然而深秀者，琅琊也。山行六七里，渐闻水声潺潺，而泻出于两峰之间者，酿泉也。峰回路转，有亭翼然临于泉上者，醉翁亭也。作亭者谁？山之僧智仙也。名之者谁？太守自谓也。太守与客来饮于此，饮少辄醉，而年又最高，故自号曰醉翁也。醉翁之意不在酒，在乎山水之间也。山水之乐，得之心而寓之酒也。

　　这是欧阳修经典散文《醉翁亭记》的一段。欧阳修通过描写醉翁亭的自然景色和太守宴游的场面，将自己的心灵沉浸在闲适、恬淡的情境之中，使《醉翁亭记》如田园一般淡雅而自然，婉转而流畅。尤其是这篇散文中的"醉翁之意不在酒，在乎山水之间也"这一点睛之笔，成千古绝句，令人惊叹陶醉。

　　欧阳修，北宋著名的政治家、文学家、史学家和诗人。宋真宗景德四年（1007年）六月，欧阳修出生于四川绵州（今四川省绵阳市），当时，他的父亲欧阳观为绵州军事推官。而他的故里是江西庐陵郡，后改称吉州（今江西省吉安市），宋仁宗至和元年（1054年）又置永丰县，他因此自称为"庐陵欧阳修""永丰欧阳修"。仁宗皇帝时期，他累擢知制诰、翰林学士；英宗皇帝时期，他官至枢密副使、参知政事；神宗皇帝时期，他迁兵部尚书，以太子少师致仕。

他的一生，在文学上成就卓著。他的散文和诗词，都堪称那个时代的高峰。他的散文说理畅达，抒情委婉；他的诗注重气势，流畅自然；他的词深婉清丽，承袭了南唐余风。他与韩愈、柳宗元、苏轼、苏洵、苏辙、王安石、曾巩被后人合称为"唐宋八大家"，与韩愈、柳宗元、苏轼被后人合称为"千古文章四大家"。

他创作了许多可以流芳百世的经典之作。他的散文有五百多篇流传下来，其中包括《朋党论》《伶官传序》《丰乐亭记》《菱溪石记》《醉翁亭记》《秋声赋》《祭石曼卿文》《卖油翁》等巅峰之作；他的诗有五百多首流传下来，其中包括《戏答元珍》《题滁州醉翁亭》《忆滁州幽谷》《画眉鸟》等巅峰之作；他的词有二百多首流传下来，其中包括《采桑子·群芳过后西湖好》《诉衷情·清晨帘幕卷轻霜》《踏莎行·候馆梅残》《生查子·去年元夜时》《朝中措·平山栏槛倚晴空》《蝶恋花·庭院深深深几许》等巅峰之作；他的《六一诗话》是中国有史以来最早的诗话，开创了诗歌理论著述的新体裁，谱写了诗歌理论著述的新篇章，诗话从此作为一种独特的文学批评形式正式诞生。

他以无与伦比的创作成果，成为在宋代文学史上最早开创一代文风的文坛领袖。他领导了北宋诗文革新运动，继承并发展了韩愈的古文理论。他在散文创作上成就巨大，与其继承并发展的古文理论相辅相成。他不遗余力地培育和提携文学后辈，聚集了一批有志创新的作家和诗人，从而发挥群体优势，逐渐改变了五代以来西昆体雕琢靡丽、太学体怪僻艰涩的文风，有力推动了诗文全方位、深层次的革新，创立了与唐诗并世而雄、兼具理性和情韵、美在气韵和风格的宋诗风范。同时，他还引导散文走向关注国计民生、崇尚自然而又不拘一格的创作道路。

他在政治、经济和史学上影响巨大。他极力主张革新，既是范仲淹庆历新政的支持者，也是北宋诗文革新运动的领导者。在学术变革中，他发挥了开路先锋作用；在诗文变革中，他发挥了领导者作用。他极大地推动了北宋中期文学的空前繁荣，使整个宋代文化登上了一个历史新高峰。他一贯重视培养和扶持新生力量，苏洵和苏轼、苏辙父子三人及曾巩、王安石等都出自他的门下。

他在担任西京留守推官时，就写下了著名的《与张秀才第二书》。他反对内容浮薄空泛的文章，认为以追求高远虚无为本领，去推广虚妄的人没有用处，这不是治学的人竭尽心力追求的。他初入仕途，正值才华横溢、踌躇满志之时。这篇文章，真实地反映了他当时的政治抱负与文学思想。这是他接受以廉为吏、以学立身的家训传统后，接受廉而好施的母训、仁厚恤民的父教后所形成的理论成果和思想精华，从而奠定了他政治观、人生观、学术观和文学观的基石。

他的政治风范，主要体现在谏诤和稳健上。他敢于揭露时弊，抨击吏治，反对聚敛，强烈要求抑制兼并，整顿因循苟且的政风和官风，在朝廷助推庆历新政，在地方实行宽简之治。他不论身处通都大邑，还是僻远小区和边塞要隘，都满怀忧患意识，洞察世情民意。在官府，他忧虑赋役无度，忧虑奢靡无节；在底层，他关注民生疾苦，关注万民怨谤。为整肃吏治腐败，纾解黎民困厄，他劳心费力，苦苦思索；为排解内忧外患，他以舍我其谁的紧迫感，不断提出救弊补阙的建议。

他曾给左司谏范仲淹写了一篇《上范司谏书》，因此与范仲淹建立了密切的诤友关系。他认为，谏官品级虽低，却主掌规谏讽喻，可直接向皇帝谏言，所发挥的作用是非常大的。他期盼范仲淹做好谏官，斥责高若讷坐失谏责是不知人间羞耻。宋仁宗庆历三年（1043年），他被召入谏院，从此致力于撰奏谏稿，仅一年时间就上谏章近百篇。他的谏诤无所不在，无所不及，力尽下民疾苦臣职当言之责。

他虽主张革新，却倡导稳中求进，不赞成行事过急过猛。他支持并参与了庆历新政，但不求自己来主导这场改革。他不像王安石那样不顾一切阻力和阵痛进行变法革新，而是怜念民生，不忍心看到百姓遭受苦难。当神宗时期的王安石变法激进推行时，他对一些损害百姓的新法持保留态度。神宗皇帝颁布并强制推行青苗法时，他看到百姓深陷债务漩涡，不仅上奏章反映实际情况，还自作主张停发秋料青苗钱。他主张改革弊政，却深感守旧势力盘根错节，建议猛宽相济，确立了刚以养志、柔以处事的人生态度。

他一直遵循立德、立功、立言的原则来塑造自己的人格。他淡泊名利，安于退让，就连自己非常崇敬的韩愈在为贬官而怨嗟时，也毫不客气地提出批评，与那些奔走权势之门，唯官职、钱财是求的人有着天壤之别。他与范仲淹一道，唯恐朝廷有过，生民有怨，一生都在积极为改革弊政奔走呼号，为塑造士风殚精竭虑。他常常指名道姓申斥某些官僚昏聩无能或奸邪不可用，甚至直陈人君处事用人之失，拒谏饰非。

他不是一般的文学家，而是政治革新和诗文革新的倡导者，是团结数辈文人进行诗歌革新、推进词风转变、促成文风巨变的文坛领袖；他不是一般的经学家，而是疑古惑经和以己意解经的先驱者，是从自由讲学逐渐形成风气到理学登上历史文化舞台的推动者和鼓舞者，是宋代学术转型的开路先锋。他以其在政治、经学、文学、史学、金石学、谱牒学等诸多领域的丰硕成果和影响力，为宋代的文化发展做出了巨大贡献，成为中国古代文人士大夫的典型代表。

宋神宗熙宁五年（1072年）闰七月，一代文豪欧阳修病逝于颍州，享年六十六岁。斯人已去，风范长存。欧阳修的品格、精神和他留下的巨大而丰富的文化遗产，将永远保持生命活力和艺术魅力，影响一代又一代后来人。

目录 Contents

第一章　少小苦难，更向云西待月钩 ……………… 1
　01. 沙滩画荻好少年 ………………………………… 1
　02. 恭俭仁爱慈母教 ………………………………… 6
　03. 随州乡试被黜落 ………………………………… 10
　04. 参加省试未中榜 ………………………………… 14
　05. 一年三次登榜首 ………………………………… 18

第二章　初入仕途，常忆洛阳风景媚 ……………… 23
　01. 喜不自胜留守府 ………………………………… 23
　02. 散文创作迎高峰 ………………………………… 27
　03. 诗艺同道梅尧臣 ………………………………… 33
　04. 龙门览胜留诗文 ………………………………… 38
　05. 会隐园内绿竹情 ………………………………… 42

第三章　痛失娇妻，安得独洒一榻泪 ……………… 47
　01. 灾难降临失娇妻 ………………………………… 47
　02. 依依惜别留守府 ………………………………… 52
　03. 顺利考中学士院 ………………………………… 58
　04. 极力倡导言事风 ………………………………… 62
　05. 遭受贬谪赴夷陵 ………………………………… 67

第四章　许州成婚，却喜坡头见峡州 ········· 75
01. 许州迎娶薛小姐 ········· 75
02. 量移乾德任县令 ········· 80
03. 痛失亲友撰祭文 ········· 84
04. 三大主张御西夏 ········· 89
05. 真诚面对求教者 ········· 93

第五章　出任谏官，新年风色日渐好 ········· 99
01. 大书特书忠义士 ········· 99
02. 晏殊推荐补谏官 ········· 103
03. 庆历新政参与者 ········· 107
04. 擢升担任知制诰 ········· 112
05. 震惊朝野《朋党论》········· 116

第六章　反对守旧，独倚危楼风细细 ········· 121
01. 离朝出任转运使 ········· 121
02. 转任知成德军事 ········· 125
03. 绝不屈服守旧派 ········· 129
04. 无中生有"盗甥案" ········· 133
05. 黯然流徙知滁州 ········· 137

第七章　排遣忧烦，莫教一日不花开 ········· 143
01.《丰乐亭记》抒胸臆 ········· 143
02.《菱溪石记》与民乐 ········· 147
03.《醉翁亭记》成高峰 ········· 152
04. 身体力行新诗风 ········· 156
05. 真情切切悼挚友 ········· 160

第八章　移知颍州，海棠应恨我来迟 ·········· 165
- 01. 离开扬州知颍州 ·········· 165
- 02. 不愿百姓尔食糟 ·········· 170
- 03. 扶柩南下葬母亲 ·········· 175
- 04. 祭文悼念范仲淹 ·········· 180
- 05.《新五代史》终完成 ·········· 184

第九章　重返朝廷，自古举贤为报国 ·········· 189
- 01. 擢升为翰林学士 ·········· 189
- 02. 汴京幸会王安石 ·········· 194
- 03. 受命主考礼部试 ·········· 198
- 04. 赏识提携苏东坡 ·········· 203
- 05. 精心治理开封府 ·········· 207

第十章　同道为谋，一饮百盏不言休 ·········· 213
- 01. 和诗介甫成佳作 ·········· 213
- 02. 志同道合修《唐书》·········· 218
- 03. 骈散相宜《秋声赋》·········· 223
- 04. 痛失挚友梅尧臣 ·········· 227
- 05. 义不容辞举人才 ·········· 232

第十一章　怀愧自责，有名即得引去矣 ·········· 237
- 01. 枢密副使理军事 ·········· 237
- 02. 参知政事显担当 ·········· 241
- 03. 化解英宗母子怨 ·········· 246
- 04. 濮议之争得平息 ·········· 250
- 05. 磨难过后知亳州 ·········· 256

第十二章　晚年志趣，疾雷破柱而不惊 ··············· 261

01. 取道颍州知亳州 ·············· 261
02. 移知青州乞致仕 ·············· 266
03. 停发秋料青苗钱 ·············· 271
04. 青州任满知蔡州 ·············· 276
05. 五物之间一老翁 ·············· 280

第十三章　悄然离去，官奴为我高歌颂 ··············· 285

01. 如愿致仕回颍州 ·············· 285
02. 重任托付苏东坡 ·············· 291
03.《六一诗话》开新篇 ·············· 295
04. 会老堂内两闲人 ·············· 300
05. 一代文豪逝颍州 ·············· 304

主要参考书目 ·············· 312

第一章　少小苦难，更向云西待月钩

01. 沙滩画荻好少年

宋真宗景德四年六月廿一（1007年8月1日）寅时，绵州（今四川省绵阳市）军事推官①欧阳观，在自己的府内焦急地等待着夫人郑氏临产。

这已经是郑氏的第二次临产。对于年已五十六岁、盼子心切的欧阳观来说，夫人的临产无疑是一件极为紧张、又充满期待的事情。郑氏曾经生了一个男婴，但孩子不满周岁时，就被无情的病魔夺去了幼小的生命。孩子的不幸夭折，让郑氏伤心欲绝。在欧阳观的不断安慰下，郑氏才从极度的悲痛中解脱出来。

一天夜里，郑氏恍惚看见一缕祥光飘忽而来，一位仙人驾着五彩的云霓来到她的面前，将一个满身白毫的男婴送到她的怀中。正当她喜极而泣时，才发现是一场梦。不久，郑氏便发现自己怀孕了。怀孕期间，她的身体出现了一个奇怪的现象，就是身体长

---

① 军事推官，州府幕僚，主管诸案文书，斟酌内容可否，然后报告长官，以备参考。

了许多白毫。欧阳观马上到寺院里烧香，祈求保佑妻子和胎儿平安。

在欧阳观焦急的等待中，屋里传来了婴儿的啼哭声。当他迫不及待地进入产房时，郑氏满脸幸福地告诉他，又给你生了个儿子。此时郑氏发现，她身上的白毫竟然脱掉了。

一个男婴的出生，给这个一度充满哀愁的家庭带来了欢笑。欧阳观和郑氏商量后，给孩子取名修，表字永叔。修是长的意思，永也是长的意思，夫妻二人是给儿子取"福寿绵长"之意。

欧阳修母亲的郑氏家族曾经名人辈出，是江南的世家望族。但到郑氏出生时，已经是家道中落，只有诗书相传。郑氏长大成人后，按照父母之命嫁给了比他大三十岁的欧阳观。

欧阳观，字仲宾，四十九岁考中进士，先后做过道州（今湖南省道县）军事判官①、泗州（今安徽省泗县）军事推官、绵州军事推官，最后在泰州（今江苏省泰州市）军事判官任上病故。

欧阳观担任泗州军事推官时，当地舟船漕运极为繁忙。一次，淮南转运使来泗州视察，性格刚直的欧阳观不但没有及时迎候，而且泗州知州设宴款待淮南转运使，还拒不出席作陪。淮南转运使恼羞成怒，上书弹劾欧阳观，他因此被调到偏远的绵州。

欧阳观不仅性情倔强，而且家境一般。他患有眼疾，严重近视，这种家族病史后来遗传给了欧阳修。欧阳观曾有过妻室，但不知什么原因一纸休书将前妻逐出家门，而且连儿子也让妻子一并带走。欧阳观内心对前妻的怨恨，似乎从没平息过。多年以后，他和前妻所生的孩子欧阳昺，长大成人后千里寻父，他才勉强认下

---

① 军事判官，于各军事州置，辅助地方长官掌管粮运、家田、水利和诉讼等事项，对州府的长官有监察的责任。

儿子。

最初，面对这样一位性格倔强的丈夫，郑氏心中难免会有几分幽怨。但不久以后，郑氏发现丈夫是一个廉洁正直、乐善好施的人。欧阳观在处理一件刑狱案件时，那种谨慎求真的态度，让郑氏彻底改变了对丈夫的看法。

一天晚上，欧阳观在灯光下批阅案卷时，有一卷文书，让他反复地拿起来放下，放下又拿起，而且眉头紧锁，表情凝重。陪侍在身边的郑氏关切地询问道："怎么，遇到棘手的案子了？"

欧阳观叹了一口气说："唉，这是一个判了死罪的案子，我很想替这个死囚找到一个免死的理由。可我找来找去，怎么也找不到，心里不好受啊！"

郑氏非常惊奇地问道："怎么，判了死罪的人还能免除一死？"

欧阳观说："我身为军事推官，应该竭尽全力地找到一个让死囚免于一死的理由，如果实在找不到，我也算没有遗憾了。对于那些被误判或重判的人，如果我找不到让他们免于一死的理由，那就是我的失职。这个世界上，总有那么一些不怀好意的人想置人于死地，我还是谨慎细致一些好啊！"

郑氏被欧阳观的话深深地感动了。他相信，刚刚出生的欧阳修，将来一定能继承父亲的作风，将父亲的事业发扬光大。

欧阳观为官清廉，待人豁达，乐于助人，常常自己花钱招待各方宾客。后来的宋仁宗皇祐四年（1052年），担任南京应天府（今河南省商丘市）知府的欧阳修在为母守丧期间，写了一篇《七贤画序》，记述了父亲在绵州做军事推官的那段经历：

某不幸，少孤。先人为绵州军事推官时，某始生，生四岁而先人捐馆。某为儿童时,先妣尝谓某曰:"吾归汝家时,极贫。汝父为吏至廉,又于物无所嗜,惟喜宾客,不计其家有无以具酒食。在绵州三年,他人皆多买蜀物以归,汝父不营一物,而俸禄待宾客,亦无余已。罢官,有绢一匹,画为《七贤图》六幅,曰此七君子吾所爱也。此外无蜀物。"后先人调泰州军事判官,卒于任。比某十许岁时,家益贫。每岁时设席祭祀,则张此图于壁,先妣必指某曰:"吾家故物也。"

后三十余年,图亦故暗。某忝立朝,惧其久而益朽损,遂取《七贤》,命工装轴之,更可传百余年。以为欧阳氏旧物,且使子孙不忘先世之清风,而示吾先君所好尚。又以见吾母少寡而子幼,能克成其家,不失旧物。盖自先君有事后二十年,某始及第。今又二十三年矣,事迹如此,始为作赞并序。

这篇序文,表面看是欧阳修写父亲珍爱《七贤图》,而实际却是歌颂父亲为人为官的品质。写父亲爱极《七贤图》,实际是写父亲崇敬图画的品质。欧阳修为官之时,常以《七贤图》勉励自己:"知廉耻,立人之大节!"

欧阳修诞生在绵州,成为"天下文人皆入蜀"的一个有力佐证,但欧阳修年及四岁的时候就离开了绵州。

宋真宗大中祥符三年(1010年),一次更大的打击向郑氏袭来。

这一年,五十九岁的欧阳观由绵州军事推官移任泰州(今江苏省泰州市)军事判官。此时,欧阳观的女儿刚刚出生不久,郑氏携儿带女跟随丈夫来到泰州。可来到泰州没多久,欧阳观便身染重病不治而亡。

处理完丈夫的后事,年方二十九岁的郑氏顿时失去了生活的依靠。无奈之下，她只好带着年仅四岁的欧阳修和仅有几个月的女儿，来到随州（今湖北省随县），投靠欧阳观的弟弟欧阳晔。

随州地处京西南路，距离汴京不过千里，但在政治、经济、文化领域都是比较落后的。

欧阳修跟随母亲来到随州时，他的叔叔欧阳晔在随州任推官已长达二十五年之久。欧阳修有两位叔叔，欧阳晔是三叔，还有一位二叔叫欧阳旦，是一位处士，一直在家照顾早寡的母亲。欧阳晔，字日华，为人正直，尤其以廉洁自恃，对年幼的欧阳修无疑产生了重要影响，也成为欧阳修的实际家长，对待欧阳修像亲儿子一样。欧阳晔把自己俸禄的固定一部分分给欧阳修母子三人，即使他后来调到阆州（今四川省阆中市）担任推官，调到江陵府（今湖北省江陵县）担任掌书记，仍然把家属留在随州，与欧阳修母子三人一起生活。从四岁到二十二岁，欧阳修在随州生活了长达十八年，在这里度过了人生最为难忘的黄金时期。

来到随州后，郑氏就开始对欧阳修进行启蒙教育。她常用芦秆当笔教儿子在地上写字。对此，《宋史·欧阳修传》有这样的记载："欧阳修，字永叔，庐陵人。四岁而孤，母郑，守节自誓，亲诲之学。家贫，至以荻画地学书。"

秋天夕阳之下的沙地上，四岁的欧阳修一边玩耍，一边写字。他写下一行字后，便回头看看怀抱妹妹的母亲，脸上露出得意的微笑。这便是"画荻学书"典故的由来。

郑氏不仅教欧阳修读书习字，还从多方面培养他的文化兴趣，鼓励他多诵读一些名篇佳作。在母亲的引导下，欧阳修开始喜欢读郑谷、周朴等晚唐诗人的诗作，也喜欢读林逋、惠崇等"晚唐体"诗人的诗作。读着读着，欧阳修便情不自禁地陶醉其中。

有一天，郑氏带着欧阳修和妹妹去孔庙游玩时，发现孔庙的一块碑文是唐代书法大家虞世南的手迹，让郑氏惊喜万分。从此，郑氏经常带着欧阳修观赏碑文，让欧阳修心识默记，学习书法，可谓用心良苦。

02. 恭俭仁爱慈母教

欧阳修的童年时代，无疑赶上了一个好时代。不光欧阳修赶上了一个好时代，宋朝建立以来的所有文人，都算赶上了一个好时代。因为宋朝是一个典型的重文轻武的朝代，也是一个典型的文人读书写字、舞文弄墨的时代，文人的地位明显高于以往任何一个朝代，宋朝也因此被后人称为"文人的乐园"。

宋朝建立之初，即使是武夫出身的太祖赵匡胤，也是酷爱读书、手不释卷。由于他亲身经历了唐末五代时期的藩镇之乱，深知以武可以得天下，但以武不可以治天下。他建立大宋王朝后，实施振兴文教政策，扩大科举取士名额，甚至用"文德殿"来命名朝廷正殿，重文抑武很快成为宋代的治国方略。北宋名臣田况[①]在《儒林公议》中，引用了尹洙[②]的这样一段话："状元登第，虽将兵数十万，恢复幽蓟，凯歌而还，献捷太庙，其荣亦不能及矣！"由此可见，在宋朝考中状元，比平乱灭国的大将凯旋还要荣耀得多。

[①] 田况，字元均，北宋名臣、学者，官至枢密使，晚年以太子少傅致仕。有奏议三十卷和《儒林公议》一书传世。

[②] 尹洙，字师鲁，北宋大臣、散文家。著有《河南先生文集》《五代春秋》等。

宋太宗太平兴国三年（978年），崇文院建成时，宋朝建立还不满二十年，朝廷的藏书就达八万册，是宋朝建立之初的六倍还多。宋太宗时期，先后编成了《太平御览》《太平广记》和《文苑英华》；宋真宗时期，又修撰了《册府元龟》。这四部书，合称为"宋四大书"。"宋四大书"不仅成功地挽救了大批前代史籍，更为后世留下了丰富的文献资料。

皇帝对文化的极力推崇，深刻影响着社会各阶层的价值取向。崇尚传统文化，攻读古代典籍，成为当时的一种社会潮流。读书人的天职就是读书，读书也成为读书人金榜题名、入仕为官的最佳路径。

欧阳修生活在这样一个时代，为他丰实文化底蕴并成为一代文宗，提供了非常有利的社会环境。

欧阳修的父亲死后，他的母亲一面克勤克俭地带着两个孩子求生存，一面循循善诱地课子读书。她把家庭复兴和自己老有所靠的希望，都寄托在了欧阳修的身上。

在母亲的引导下，随着年龄的增长，欧阳修的读书量不断增加，所涉猎的知识面也越来越宽泛。但由于家境贫寒，连温饱都成问题，郑氏根本没有钱给欧阳修买书看。

这时，一些好心的读书人主动将自家的书拿出来，借给欧阳修阅读。欧阳修非常珍惜这样的读书机会，每得到一本书，他都会抓紧时间进行阅读。后来，有好心人送给欧阳修一些纸和笔墨，让他自己抄书。欧阳修一边抄，一边读。一部书抄完了，书中的精彩内容就已经记在大脑中了。书读得多了，欧阳修的感悟力和鉴赏力都得到迅速提升。

在随州期间，让欧阳修最难以忘怀的是城南李家的李氏东园。

李家是随州一个大户人家，不仅家道殷实，而且藏书颇丰。欧阳修与李家的儿子李彦辅年龄相仿，志趣相投，两个人很快就成了好朋友。有了这样的朋友，他再也不愁没书可读。他经常在李家的书房里与李彦辅一起读书，经常在李家东园里与李彦辅一起玩耍。就在李家，欧阳修得到了韩愈的书籍，从而了解了韩愈的志趣和修养。韩愈的书籍，对他的一生产生了巨大而深远的影响。

有一天，欧阳修与李彦辅在李家大屋里捉迷藏时，在一个墙角处发现一个盛满旧书的竹筐。他不由自主地在竹筐里翻了几下，竟然翻出了一部只有六卷本，而且书页脱落、已经残缺不全的《昌黎先生集》，他不禁大为惊喜。昌黎是韩愈的号，源于他的宗族是昌黎（今河北省昌黎县）望族，便自称为"郡望昌黎"，昌黎由此得名。韩愈，字退之，因官至吏部侍郎，又称"韩吏部"。谥号文，又称"韩文公"。欧阳修看到《昌黎先生集》后，马上找到李彦辅的父亲李伯伯，请求李伯伯将这本残旧的《昌黎先生集》送给他。李伯伯看是一本家里书房淘汰的旧书，就欣然答应了。

欧阳修把《昌黎先生集》捧回家后，便急不可耐地研读起来。当时，他才十岁，还不能完全理解韩愈文章丰富而深刻的内涵。可已经拥有超强感悟力和鉴赏力的他，觉得书中文笔俊朗，挥洒自由，完全被书中所特有的浑厚力度和开阔境界所吸引。他把《昌黎先生集》珍藏在自己的书箱里，一有机会就拿出来研读。正是通过研读《昌黎先生集》，欧阳修逐渐成为继承韩愈文风、倡导古文运动的引领者。

欧阳修的一生，始终珍藏着这部《昌黎先生集》，并屡次搜寻善本，参校核订，使它成为欧阳家的传家之宝。后来，欧阳修在宋英宗治平年间所作的《记旧本韩文后》一文中写道："予家藏书万卷，独《昌黎先生集》为旧物也。呜呼！韩氏之文之道，万世所共尊，天下所共传而有也。予于此本，特以其旧物而尤惜之。"

欧阳修二十二岁离开随州，而过了二十年后再回随州探望叔叔欧阳晔时，高兴地到李氏东园故地重游。他与老友李彦辅东园相逢，感慨万千。返回西京（今河南省洛阳市）时，写下《李秀才东园亭记》，来表达对随州的眷恋之情。他在文中写道："随虽陋，非予乡，然予之长也，岂能忘情于随哉？"

十岁的欧阳修在李氏东园与李彦辅交流期间，作诗赋文就已经达到了成人水准。他的叔叔欧阳晔无比欣慰地对自己的嫂嫂郑氏说："永叔这孩子非同一般，将来不仅能光大我们欧阳氏门庭，还必定会名重当世。"

欧阳晔的话，让郑氏倍感自豪。为了更好地陶冶儿子的人格，郑氏经常讲一些丈夫欧阳观当年办理刑狱案件的故事，让他充分体会父亲所具有的那种仁义之心。郑氏还经常讲一些欧阳晔为人为官方面的事情，然后语重心长地对欧阳修说："你想知道你父亲是一个怎样的人，那就看看你的叔叔。你叔叔的举止行为，就是你父亲当年的影子。"

郑氏的话，深深地烙印在欧阳修的心灵上，成为他后来从政的行为操守。他始终像母亲所告诫的那样，以父亲和叔叔为榜样，做到为人严明方正，为官廉洁自持，从来不敢懈怠。

郑氏勤俭持家，自食其力，身处忧患却始终言笑自若的品格，给少年时期的欧阳修以潜移默化的熏陶，让他养成了不怨天尤人，倔强奋发，善处逆境的心理素质，成为他受益终生的宝贵财富。

03. 随州乡试被黜落

自古以来，读书人都坚信"书中自有黄金屋，书中自有颜如玉"（宋·赵恒《劝学诗》）。读书人只要努力读书，就会获得应有的回报。北宋官至观文殿大学士的汪洙，其所著的五言绝句集《汪神童诗》就有这样的两首诗：

其一
天子重英豪，文章教尔曹。万般皆下品，唯有读书高。

其二
久旱逢甘雨，他乡遇故知，洞房花烛夜，金榜题名时。

这两首诗，说明读书应考已成为宋朝读书人成就人生理想的重要途径。而欧阳修就是通过读书应考，成为北宋时期乃至中国古代历史上的一代文化宗师。

少年欧阳修既聪明伶俐，又勤奋好学，各个方面的表现都强于同龄的孩子，让他的母亲郑氏看在眼里，喜在心头。

欧阳修深知，读书最大的目标就是考取功名。当时文坛流行华丽的文风，要考取功名，就要写出精彩的骈文①。而欧阳修属于那种乐天达观类型，不喜欢也不善于堆砌辞藻，而是喜欢独立思考。

---

① 骈文，中国古代的一种文体。始于汉、魏，六朝时期最为盛行。这种文体的词句讲究整齐对仗，重视声韵的和谐和辞藻的华丽。后来有的骈文多用四字、六字成句，也叫四六文。

从母亲带他识字开始，就一直在独自摸索领悟行文之道，没有专门的老师教他怎样备考和应试。

欧阳修从内心深处喜欢韩愈那样的质朴文风。受韩愈诗文的影响和熏陶，再想写出那种华丽的骈文，确实不是一件容易的事。已经被才气的光环所笼罩的欧阳修，没有人不相信他具有应试及第的大好前程。有些人经常当着郑氏的面夸奖欧阳修，说她有这样一个才华出众的儿子，将来必然会母以子贵借光享福。

人们的看法确实没有错。欧阳修赶上了一个读书应考的好时代，完善的科举制度让他拥有充分展示才华的机会。

中国古代的科举制度始于隋唐。盛唐时期，科举成为朝廷取士的重要途径。到了宋代，朝廷对科举的重视程度达到了一个前所未有的水准。宋太宗时期，大力推行右文政策，大兴科举，以此来选拔人才。宋代的科举制度在唐代的基础上有了明显变化：一是录取名额大幅度增加，每年取士约三百六十人左右，在中国封建朝代是空前绝后的；二是科举过程中增设了弥封、糊名、誊录等制度，有效保证了科举考试的公平竞争。

宋太宗淳化三年（992年），进士榜录取人数达三百多人，相当于唐朝十多年的录取人数。宋真宗咸平三年（1000年），进京赶考取得功名的各级别考生达到了一千五百三十八人，创下中国科举取士史上的最高纪录。为了劝勉学子读书上进，考取功名，宋真宗更是作了一首《劝学诗》，诗中写道：

富家不用买良田，书中自有千钟粟。
安居不用架高堂，书中自有黄金屋。
出门莫恨无人随，书中有马多如簇。

娶妻莫恨无良媒，书中自有颜如玉。
男儿欲遂平生志，六经勤向窗前读。

真宗皇帝用四个"书中"来告诫寒门学子：人生的四大不如意都不可怕，只要读书，一切都会改变。最后一句"男儿欲遂平生志，六经勤向窗前读"，对前四句进行了高度概括和总结。男儿想平天下，首先要齐家，如果物质方面得不到保障，心中纵有千般抱负，也难以施展。

宋仁宗天圣元年（1023年）秋天，十七岁的欧阳修信心满满地参加了随州乡试①。当时，男儿十七岁正是成家立业的年龄，但对欧阳修来说，读书应试才是人生最大的事情。他的母亲郑氏，更是期盼着自己的儿子早日求取功名，让"母以子为贵"早日到来。

对于欧阳修参加随州乡试，他的叔叔和母亲都非常重视。考试前，叔叔提醒他考试时应该注意哪些事情，母亲也叮嘱他心里不要慌张。叔叔和母亲的话，都一一记在了他的心里。

乡试是科举考试中地方举行的初试，只有通过乡试，才有资格参加省一级的中试和在京师举行的会试。这一年的随州乡试，有一道考题为《左氏失之诬论》，要求考生评议《春秋左氏传》的夸张失真之处。欧阳修早已熟读《春秋三传》②，对《春秋左氏传》相关材料无疑是了然于胸。他觉得自己胸有成竹，便在试卷上挥

---

① 乡试，也称"乡贡、解试"，由各地州、府主持本地人参加考试，考试一般在八月举行，故又称"秋闱"。

② 《春秋三传》，为《春秋左氏传》《春秋公羊传》《春秋穀梁传》三本古代作品的合称。《春秋》经文言简义深，若无注释，则难以理解。注释《春秋》有左氏、公羊、穀梁三家，故称《春秋左氏传》《春秋公羊传》《春秋穀梁传》。

笔写道："石言于晋，神降于莘；外蛇斗而内蛇伤，新鬼大而故鬼小……（《欧阳永叔集》卷首《庐陵欧阳文忠公年谱·天圣元年癸亥》）"以此来批评左丘明的好奇和虚妄。文章虽然语言简练，对仗精当，但他最终还是被主考官黜落。而黜落理由是：文章的个别韵脚超出官韵规定的范畴。

对欧阳修首次参加乡试之事，宋·魏泰[①]所著的《东轩笔记》卷十二是这样记载的：

> 欧阳文公年十七，随州取解，以落官韵而不收。天圣已后，文章多尚四六。是时随州试《左氏失之诬论》，文忠论之，条列左氏之诬甚悉，其句有"石言于晋，神降于莘；外蛇斗而内蛇伤，新鬼大而故鬼小"。虽被黜落，而奇警之句，大传于时。今集中无此论，顷见连庠诵之耳。

考试之前，欧阳修为了给自己鼓劲，专门找出了《昌黎先生集》默默地拜了又拜。可这种叩拜并没给欧阳修带来好运，他人生的第一次应试以黯然落榜的方式宣告结束。

欧阳修虽然内心品尝着落榜的苦楚，但拥有远大志向的他，已经悄悄地开始为参加下一次乡试做准备。他表示："做文章，永远应该以昌黎先生为楷模，如果能够达到他这样的境界，我这辈子也就满足了。"将来通过考试取得职位得到俸禄后，他一定要全力以赴地学习和倡导韩愈古文。

[①] 魏泰，字道辅，北宋人士，著有《临汉隐居集》二十卷、《临汉隐居诗话》一卷、《东轩笔录》十五卷。

04. 参加省试未中榜

欧阳修参加随州乡试落榜后，认真研究了当时文坛的主流风尚。他感到，几乎所有的读书人，都以学习"西昆体"[①]时文为时尚，而很少有人谈起过韩愈的文章。在欧阳修的心目中，韩愈的文章才有资格成为文坛的时尚。

有了自己独特的思考，欧阳修便誓言追随韩愈的足迹，来历练形成自己的文风。他在《记旧本韩文后》一文中写道："苟得禄矣，当尽力于斯文，以偿其素志。"意思是说，如果取得俸禄了，就要尽力于韩愈的这些文章，以实现自己的夙愿。

一晃三年过去，宋仁宗天圣四年（1026年）秋天，新一轮的科举考试又开始了。这一次，二十岁的欧阳修顺利通过了随州乡试，取得第二年春天赴京参加省试[②]的资格。

天圣四年冬天，欧阳修打点行装，由随州取道湖阳（今河南省唐河县）北上，赴京等待参加第二年春天的省试。这也是欧阳修第一次独自出门远游。

到达汴京（今河南省开封市）后，欧阳修顿觉眼界大开。为此，他在《高楼》一诗中写道：

---

① 西昆体，宋初诗坛上声势最盛的一个诗歌流派，由《西昆酬唱集》而得名的。从总体上看，西昆体诗思想内容贫乏空虚，脱离社会现实，缺乏真情实感。

② 省试，也称"礼部试、礼部贡举、会试"，在京城举行，由尚书省的礼部主持，每三年一次，一般安排在二三月进行，因此又称"春试"。考试合格称"贡士"，第一名称"会元"。

> 六曲雕栏百尺楼，帘波不定瓦如流。
> 浮云已映楼西北，更向云西待月钩。

这首诗，欧阳修用大量的笔墨描写了高楼的外形，为"更向云西待月钩"的题旨蓄势。全诗不用典故，语言自然流畅，风格委婉含蓄，蕴含着强烈的艺术感染力。

天圣五年（1027年）春天，欧阳修人生第一次在汴京参加了三年一度的礼部试，而担任这次礼部试的主考官，正是"西昆体"领袖之一的刘筠。结果，和他第一次参加随州乡试一样，未能中榜。

落榜后，欧阳修的内心非常落寞，对自己也非常失望。春末夏初的时节，欧阳修怀着郁闷的心情，黯然离开汴京，踏上了返乡的路途。临行前，这次在京城新结识的许多文朋诗友，与他依依道别。他在南归途中，作了一首《南征道寄相送者》以示答谢：

> 楚天风雪犯征裘，误拂京尘事远游。
> 谢墅人归应作咏，灞陵岸远尚回头。
> 云含江树看迷所，目逐归鸿送不休。
> 欲借高楼望西北，亦应西北有高楼。

诗中说，回想去年冬天，自己冒着风雪严寒，带着母亲和叔叔殷殷期望，来到汴京参加礼部试，结果却名落孙山，受挫而归，欧阳修的心情郁闷而复杂，因此发出了"误拂京尘事远游"的感叹。

其实，欧阳修借参加礼部试之机，也有不小的收获。在随州，他虽然小有名气，但随州毕竟比较偏僻，名气的含金量自然不是很高。宋朝建立以来，朝廷高度重视科举，天下才俊源源不断地被选拔入仕，就连岭南、闽越等边远地区，科举及第入仕为官的才智之士屡见不鲜。而随州离京师虽然不过千里，但依靠科举入仕的人却鲜为一见。正因为缺少文人雅士，随州地区的文化氛围一直不像繁华地区那样浓郁。

在汴京，欧阳修充分利用等待考试的闲暇时间，广泛结识天下才俊，让他认识到了什么叫"山外有山，天外有天"，也感觉到了自身所存在的差距。他认为，自己眼界不宽的根本原因，就是在随州这个偏僻之地禁锢得实在太久了。他返回随州后，便决定外出游学，来丰富自己的阅历，开阔自己的眼界。

宋仁宗天圣六年（1028年）春末，二十二岁的欧阳修，带着自己的两篇诗文，奔赴离随州大约三百里的汉阳（今湖北省武汉市汉阳区）。他来汉阳，主要是为了拜见汉阳知军①胥偃②学士。

到了汉阳，欧阳修将事先写好的《上胥学士偃启》这封自荐信，连同自己创作的两篇诗文，一起呈送到汉阳知军府。他在自荐信的开头这样写道："某闻在昔筑黄金之馆，首北路以争趋；附青云之名，使西山而起价。诚以求千里之迹者，先其市骨；得一字之宠者，荣于衮章。"

胥偃读了欧阳修的自荐信和诗文，不禁拍案叫好，而且很快给欧阳修回了信。在回信中，胥偃不仅称赞欧阳修的文学才华，还说他将来一定闻名于世。

随后，胥偃在知军府内准备了一桌丰盛的筵席，专门款待欧阳

---

① 知军，宋代官名，全称"权知军州事"。军相当于州，知军就是管理该地区军民政事的行政长官。知军也有时称"军使"。

② 胥偃，字安道，北宋大臣。先后担任刑部员外郎、知制诰、工部郎中、翰林学士、权知开封府等要职。

修。席间，胥偃与欧阳修谈古论今，十分相投。当胥偃得知欧阳修家境清苦、靠叔叔的接济生活时，便真诚邀请他搬到知军府来住，既可以省下住客栈的开销，又便于专心读书。欧阳修搬入知军府后，胥偃在处理政事之暇，经常对欧阳修进行学术上的指点。

在汉阳，欧阳修认识了许多名人雅士。在与这些名士的交往中，欧阳修凭借自身极高的才情和悟性，丰富学识，开阔了眼界，他的才华引起了更多人士的关注。

天圣六年冬天，胥偃被朝廷调往京师，任判三司度支勾院，兼修起居注①，主管朝廷财政支出事宜。胥偃经过一番权衡，让欧阳修以门生的身份随同赴京。欧阳修见胥偃的态度非常诚恳，也就欣然接受了。

到了汴京后，胥偃带领欧阳修访师问友，结交社会名流。有了胥偃的引荐，欧阳修有机会经常参加文人之间的雅聚。京城内浓郁的文化氛围，让他大受裨益，思想更加活跃，视野更加开阔，也使欧阳修的声名很快在京师内传播开来。

一天，胥偃在自家的花园里摆下酒宴，邀请文朋好友聚会，并请欧阳修作陪。席间，胥偃提议大家赋诗助兴。此时，欧阳修触景生情，写下了一首《小圃》：

桂树鸳鸯起，兰苕翡翠翔。风高丝引絮，雨罢叶生光。
蝶粉花沾紫，蜂茸露湿黄。愁酲与消渴，容易为春伤。

欧阳修的这首五言诗，征服了在座所有的宾客，大家纷纷传

① 修起居注，官名，负责记录帝王的言行录。

阅吟诵，一致赞赏他的这首诗切合当时的风尚，运化典故不露痕迹。

在胥偃安排的另外一次义朋雅集中，欧阳修作了一首《早夏郑工部园池》：

夜雨残芳尽，朝晖宿雾收。兰香才馥径，柳暗欲翻沟。
夏木繁堪结，春蹊翠已稠。披襟楚风快，伏槛更临流。

欧阳修的这首五言诗，再次受到在座人士的一致称赞。

即使这样，欧阳修内心深处并未得到满足。他觉得，当今文坛应该有所变革和突破，因此，他经常翻阅随身携带的《昌黎先生集》，总会产生一些不同流俗的感悟，韩愈已经成为他最好的良师益友。

05. 一年三次登榜首

宋仁宗天圣七年（1029年）春天，欧阳修在胥偃的极力保举之下，顺利得以就试国子监[①]。

这一年的国子监入学考试，赋试题目为《玉不琢不成器赋》，主考官规定的题韵字是：良玉非琢，安得成器。考生赋试作文，必须按照这八个字的韵部依次用韵，将题韵的字，均匀地镶嵌在文章的韵脚上。

---

① 国子监，也称"国子学"，是当时的最高学府，专门招收七品以上官员的子弟入学，一般限额为二百人。国子监的生徒和州试合格选送的贡生，是科举考生的两大来源。

欧阳修的这次赋试作文，后来被收录在《永叔集·居士外集》中，全文四百一十六字，通篇四六对仗，偶尔变用四七句法，内容切题，形式严整，风格庄重典雅，堪称当时赋试作文的典范作品。这次入监考试，欧阳修没有辜负胥偃的精心指教，以第一名的成绩被补为广文馆①生。

获得国子监入学考试的第一名，让欧阳修感慨万千。两年前，他作为随州贡生参加礼部试，却黯然落榜。而今，在恩师胥偃的指教下，勇夺国子监入学考试的魁首，让他仿佛看到自己的锦绣前程。

天圣七年秋天，欧阳修信心满满地参加了国子监解试②。对于欧阳修来说，国子监解试无疑是一次非常关键的考试。主考官给出的两个考题是：《人主之尊如堂赋》《诏重修太学诗》。这一次，欧阳修所做的《人主之尊如堂赋》共计四百一十五字，按规定的韵字"堂陛隆峻，人主尊矣"顺次押韵，题韵字井然有序地嵌入。赋文切题，首尾呼应，气势连贯。他的《诏重修太学诗》写得更是典重规整，有着明显的西昆风范。解试榜揭晓，欧阳修又一次夺魁，顺利取得了第二年春天参加礼部试的资格。

天圣八年（1030年）正月，欧阳修如期参加了礼部试。这是欧阳修第二次参加礼部试。这次主持礼部试的考官是著名文学家、

---

① 广文馆，国子监下属学校之一，设有博士和助教，专为应试或落第举人讲习进士课程。

② 国子监解试，宋代贡举考试的方式之一，和州府举行的乡试属同一性质，只有合格者，才可以参加第二年春天的礼部试。

前任枢密副使、现任御史中丞晏殊[①]。进入考场时，所有的考生手里，都提携着水、炭、烛、食物、餐具等生活用品，在胥吏的组织下依次接受搜检衣物，以防夹带物混入。

这一年的赋试题目是《司空掌舆地图赋》。依照考场规则，考生对考题如果有疑义，可在答卷前请示主考官。

欧阳修是最后一个来到晏殊座前的考生，只听他恭敬地问道："从赋题看来，出自《周礼·司空》注。根据郑玄的说法，汉代司空与周代司空职掌范围不同。汉代司空掌管舆地图，周代司空则不只是掌管舆地图。请问先生，是写周司空还是汉司空？"

晏殊仔细看了看眼前的欧阳修，然后微笑着回答说："我当初出题的意思，就是希望应试者能于细微之处发现问题，这才不算枉读经书。今天这一场考生当中，只有你真正认识了题目，考题所指的正是汉代司空。"

在这次礼部试中，欧阳修所作的《司空掌舆地图赋》，后来收集在《永叔集·居士外集》中，全文计四百零六字，按规定的"平土之职，图掌舆地"依次用韵。文章开宗明义，紧扣题目叙说。或单句为对，或隔句为对，平稳而工整，尽合时文规范。

礼部试揭榜时，欧阳修一举夺得第一名，中了"省元"。

从天圣七年春天，到天圣八年正月，不到一年的时间里，欧阳修在国子监入学考试、国子监解试和礼部试三次大考中，连夺三次魁首，可谓所向披靡，连战连捷。有了这样一个三夺榜首的

---

① 晏殊，字同叔，北宋政治家、文学家，素有太平宰相的称谓，一直仕途顺畅。他的诗文清丽工致，娴雅有情思，以富贵气象而著称。

状态，不免让人感觉这年殿试①的状元非欧阳修莫属。

天圣八年（1030年）三月十一，经礼部试合格的四百零一人，在汴京参加了最后的殿试，仁宗皇帝亲临崇政殿主持殿试。自开宝六年（973年）太祖赵匡胤首次在讲武殿主持殿试以来，殿试不仅成为惯例，也成为宋朝科举最高层次的考试。

仁宗皇帝所出的三个考题是：《藏珠于渊赋》《溥爱无私诗》《儒者可与守成论》。对这三个题目，欧阳修胸有成竹。他未做长时间的思考，便顺畅地写下三篇文章。后来，《溥爱无私诗》和《儒者可与守成论》这两篇文章均已遗失，保存下来的《藏珠于渊赋》一文共计四百四十字，按规定的"君子非贵难得之物"依次押韵，八个题韵字井然嵌入，文章意境舒畅，语句变化有致。

三月十四，殿试放榜，欧阳修被录为甲科第十四名，同榜状元为王拱辰，榜眼刘沆，探花刘抃。同榜及第的还有王素、蔡襄、石介、孙甫、尹源、张谷、田况、刁约、刘焕等。欧阳修虽然没有成为状元，不免有些惋惜，但能够从殿试中脱颖而出，金榜题名，也是相当的不容易，欧阳修心里也是非常高兴。春风得意的欧阳修，在《蝶恋花·翠苑红芳晴满目》中写道：

翠苑红芳晴满目。绮席流莺，上下长相逐。紫陌闲随金坜辘。马蹄踏遍春郊绿。

一觉年华春梦促。往事悠悠，百种寻思足。烟雨满楼山断续。人闲倚遍阑干曲。

---

① 殿试，又称"御试、廷试、廷对"等，由皇帝主持，为科举考试中的最高等级。殿试第一名称为"状元"。

得知欧阳修甲科进士及第，胥偃府上马上张灯结彩进行庆贺，大院里一派喜气洋洋。此时，胥偃的女儿已经十四岁，达到了法定的婚龄。胥偃早就在心中选定了欧阳修做女婿，而欧阳修中了进士后，将女儿的婚事定下来正是时机。就这样，二十四岁的欧阳修喜上加喜，与恩师胥偃的女儿订婚。

天圣八年（1030年）五月，欧阳修被朝廷任命为将仕郎、试秘书省校书郎、充西京留守推官①。上任之前，欧阳修辞别了胥偃一家，踏上了返回随州的道路，去接自己的母亲郑氏，然后一同前往西京留守府就任新职。

---

① 将仕郎、试秘书省校书郎、西京留守推官，宋代管制分为官、职、差遣三种，前两种是虚位，没有具体实职，只有差遣才是实际职务。将仕郎、试秘书省校书郎是虚位，属于官名，没有具体实职，只有充西京留守推官才是实际职务，即西京最高长官的僚属，主要负责审讯罪犯等事务。

第二章 初入仕途，常忆洛阳风景媚

01. 喜不自胜留守府

宋仁宗天圣九年（1031年）三月，欧阳修携母亲郑氏以及自己的妹妹一起，来到洛阳，就任西京河南府留守推官。不久，他奉母之命前往汴京，迎娶了恩师胥偃十五岁的女儿胥氏为妻。

洛阳是一座历史文化名城，因地处洛河之阳而得名。洛阳是丝绸之路的东方起点、隋唐大运河的中心、中国八大古都之一、中国建都最多的古都之一，也是华夏文明的发祥地之一。历史上，先后有夏朝、商朝、西周、东周、东汉、曹魏、西晋、北魏、隋朝、唐朝、后梁、后唐、后晋十三个王朝在洛阳建都，洛阳因此被称为"十三朝古都"。

而非常闻明的洛阳牡丹，更是为这座古都增添了无比鲜艳的色彩。据史料记载，自唐朝武则天执政以来，洛阳牡丹的种养一直长盛不衰。到宋朝，洛阳牡丹的种养已经发展到了十多个品种，洛阳牡丹因此号称"天下第一"。

在洛阳，东汉著名史学家、文学家班固历经二十五年，完成了

《汉书》的撰著；在洛阳，东汉时期著名天文学家张衡发明了地动仪、浑天仪和候风仪，被称为"天义三仪"；在洛阳，西晋文学家左思创作完成了著名的《三都赋》；在洛阳，东汉时期著名文学家、书法家蔡邕完成了《熹平石经》。

欧阳修进入西京留守府①后，很快就感觉到这里是卧虎藏龙、人才济济的地方。

西京留守名叫钱惟演②，是一个酷爱读书的人，从早到晚总是书不离手。他博学多才，极富文人气质和高情雅趣。宋真宗时期，他参加了大型政书《册府元龟》的编纂。编书期间，他与同僚唱和，结集成《西昆酬唱集》传世，开创了风行一时的"西昆体"，与杨亿、刘筠并称"西昆三魁"，成为"西昆体"领袖之一。虽然"西昆体"历来为文学史家所诟病，但当时无论是形式上还是技巧上，都是一种前所未有的创新。钱惟演也是一个非常节俭的留守，对所有的财务支出都有严格的限制。

钱惟演非常爱惜人才，具有宽容大度和奖掖后进的情怀。出任西京留守后，他与通判③谢绛④一道，为会聚在西京留守府的文士提供宽松闲适、自由浪漫的文学创作环境。谢绛气质清雅脱俗，

---

① 留守府，官署名称，专门负责行宫宫钥及京城守卫、修葺等事务。

② 钱惟演，字希圣，吴越王钱俶的儿子，宋太宗太平兴国三年（978年）跟随钱俶归顺宋朝，被授为右屯卫将军，曾任右神武军将军。

③ 通判，辅佐知州或知府处理政务的官，凡是有关兵民、钱谷、户口、赋役、狱讼等州府公事，都要与通判连署办理方能生效。通判拥有监察官吏之权，权力非同一般。

④ 谢绛，字希深，梅尧臣的内兄。宋真宗大中祥符年间进士及第，被主考官杨亿称为"文中虎"，后来又被推为"文章魁首"。

是一位具有良好文化品位的官员。

有一天，欧阳修去往留守府时，在伊水河畔的午桥庄遇到了河南县主簿梅尧臣①。河南县是西京河南府的首县，也称"河南府的附郭县"②。按照这样的隶属关系，欧阳修与梅尧臣应该是西京留守属下的同僚。初次见面，欧阳修被梅尧臣老成朴实的诗人气质所吸引，谈话直奔主题。彼此间谈论大宋文坛的风尚，谈论宋代建立以来的名篇佳作，又谈论中国历代文人巨匠；谈论对生活万象的体验，谈论文学创作的体会，谈论诗艺的提高与创新，等等。谈着谈着，相互之间便有了一种一见如故、相见恨晚的感觉，彼此的交流越来越投机。

欧阳修接受梅尧臣的提议，两个人结伴去游览香山。位于洛阳城南十八里处的香山又称"龙门东山"，属于嵩山山脉，因盛产香葛③而得名。

与刚刚结识的好友登香山览胜景，令欧阳修喜不自胜。两个人漫步游览，边走边谈，快意而悠然。不知不觉中，竟然就到了夕阳西下之时。梅尧臣觉得两个人谈兴正浓，便邀请欧阳修到他家里做客，欧阳修也觉得还有许多话要说，便愉快地答应了。

在梅尧臣的家里，两个人开怀畅饮，赋诗填词，总有说不完的话题，两个人的交流一直持续到深夜。

---

① 梅尧臣，字圣俞，世称"宛陵先生"，北宋现实主义诗人，被誉为宋诗的"开山祖师"，与苏舜钦并称"苏梅"，又与欧阳修并称"欧梅"。著有《宛陵集》《毛诗小传》等。

② 附郭县，指没有独立县城而将县治附设于府城、州城的县。

③ 香葛，一种藤科类植物，全身是宝，传说香味可传百里，人嗅其气味后心情大为舒畅。

欧阳修与梅尧臣在伊水河畔的午桥庄不期而遇，由此开启了二人之间终生不渝的友谊。后来，二人都成了北宋文坛泰斗级的人物。欧阳修是诗文革新运动的主盟者，而梅尧臣则是推进诗体革新的主将。欧阳修在《送梅圣俞归河阳序》中写道：

> 至宝潜乎山川之幽，而能先群物以贵于世者，负其有异而已。故珠潜于泥，玉潜于璞，不与夫蜃蛤、珉石混而弃者，其先膺美泽之气，辉然特见于外也。士固有潜乎卑位，而与夫庸庸之流俯仰上下，然卒不混者，其文章才美之光气，亦有辉然而特见者矣。然求珠者必之乎海，求玉者必之乎蓝田，求贤士者必之乎通邑大都，据其会，就其名，而择其精焉尔。
>
> 洛阳，天子之西都，距京师不数驿，搢绅仕宦杂然而处，其亦珠玉之渊海欤！予方据是而择之，独得于梅君圣俞，其所谓辉然特见而精者邪！圣俞志高而行洁，气秀而色和，崭然独出于众人中。初为河南主簿，以亲嫌移佐河阳，常喜与洛之士游，故因吏事而至于此。余尝与之徜徉于嵩洛之下，每得绝崖倒壑、深林古宇，则必相与吟哦其间。始而欢然以相得，终则畅然觉乎熏蒸浸渍之为益也，故久而不厌。既而以吏事讫，言归。余且惜其去，又悲夫潜乎下邑，混于庸庸。然所谓能先群物而贵于世者，特其异而已，则光气之辉然者，岂能掩之哉！

在欧阳修的眼里，京西留守府除了梅尧臣、钱惟演、谢绛等名士之外，数得上的文人雅士还有：著名古文家尹洙和他的兄长尹源；后来成为宋朝一代名相的富弼；儒雅温粹、工书能诗的张汝士；文思敏捷、不修边幅的杨愈；嗜书如命、豁达豪爽的张谷；外表随和而内心正直、临事果决的张先；长于政事的孙长卿；不同流俗的张太素；学贯流略的孙祖德；以及王顾、张亢、张至等。同时，钱惟演的儿子钱暄，杨愈的弟弟杨辟，以及西京国子学秀才王复、王尚恭、王尚喆等，也在欧阳修的心目中占有非常重要的位置。在京西留守府，欧阳修与这些文人志士共同营造了专注于诗文创作的浓厚氛围。

02. 散文创作迎高峰

在西京留守府，欧阳修一边做官，一边与身边的同僚文友共同探讨诗文创作，既完成了官职事务，又收获了诗文和朋友，深感生活快乐而充实。

留守府推官原本就是一个散官闲职，没有多少具体事务，加之留守钱惟演非常宽厚和包容，从不过多地责以吏事，让欧阳修得以轻松愉快地与同僚友人饮酒赋诗、说古论今。同僚友人的每一次聚会，都让欧阳修感到既增进了感情交流，又促进了文学创作水平的提高。

一天，一场阵雨过后，欧阳修与诸位同僚相聚在洛阳履道坊西北隅的大字院。这里是唐代诗人白居易的故园。自来到洛阳任职以来，欧阳修深受白居易风仪之熏陶。与友人相聚在大字院，一种提笔创作的冲动油然而生。他在《游大字院记》中写道：

六月之庚，金伏火见，往往暑虹昼明，惊雷破柱，郁云蒸雨，斜风酷热，非有清胜不可以消烦炎，故与诸君子有普明后园之游。

春笋解箨，夏潦涨渠，引流穿林，命席当水，红薇始开，影照波上，折花弄流，衔觞对弈。非有清吟啸歌，不足以开欢情，故与诸君子有避暑之咏。

太素最少饮，诗独先成，坐者欣然继之。日斜酒欢，不能遍以诗写，独留名于壁而去。他日语且道之，拂尘视壁，某人题也。因共索旧句，揭之于版，以志一时之胜，而为后会之寻云。

这篇文章，记述了当天同僚雅聚的全过程，彰显了欧阳修独特的散文创作风格。

在洛阳留守府任职期间，欧阳修的散文创作发生了巨大的改变。他经常拿出那本珍藏多年的《昌黎先生集》反复研读，非常虔诚地效法韩愈学作古文，而逐渐淡化作别骈文。

所谓古文，是指与骈文相对的一种文体。古文为散行单句，不拘形式，便于自由地表达思想感情。中唐时期兴起的古文运动，由于柳宗元①和韩愈两位领军人物的相继去世，陷入了后继乏人的境地，到晚唐五代时期，骈文又重新占据文坛。而宋朝建立后，

---

① 柳宗元，字子厚，唐宋八大家之一，唐代文学家、哲学家、散文家和思想家，世称"柳河东""河东先生"，因官终柳州刺史，又称"柳柳州"。柳宗元与韩愈并称为"韩柳"，与刘禹锡并称"刘柳"，与王维、孟浩然、韦应物并称"王孟韦柳"。一生留诗文作品达600余篇，留有《河东先生集》。

在柳开①、王禹偁②等散文家的带领下，再次兴起了复兴古文的思潮。宋天圣七年（1029年）和明道二年（1033年），仁宗皇帝两次下诏严令戒除文弊，在文坛产生了重大影响。

在欧阳修学写古文的过程中，尹洙无疑给予了很大的帮助。尹洙最早跟从穆修③学习古文，打下了深厚的古文写作基础。尹洙的古文作品简洁明快，章法严谨，广泛流传。尹洙比欧阳修大六岁。欧阳修在《记旧本韩文后》这样写道："官于洛阳，而尹师鲁之徒皆在，遂相与作为古文。"他还在《湘山野录（卷中引）》说，尹洙的"大抵文字所忌者，格弱字冗"这一见解，对他很有启发。欧阳修对尹洙的认识认真揣摩，诗文开始变得简洁明快，且完美有法。

欧阳修与同僚之间的文学交流，不仅扩大了作品的影响，也扩大了人格的影响力。西京留守府这样一个相互砥砺的环境，极大地激发了欧阳修的创作热情。

一个仲夏的夜晚，欧阳修看着月弯星斗，倾听百虫争鸣，触景生情之中，便挥笔写下了《杂说三首（并序）》（其三）：

天西行，日月五星皆东行。日一岁而一周。月疾于日，一

---

① 柳开，北宋散文家。原名肩愈，字绍先、绍元，号东郊野夫，后改名开，字仲涂，号补亡先生。提倡韩愈、柳宗元的散文，以复兴古道、述作经典自命。著有《河东集》。

② 王禹偁，北宋白体诗人、散文家。字元之，北宋诗文革新运动的先驱，文学韩愈、柳宗元，诗崇杜甫、白居易。著有《小畜集》。

③ 穆修，字伯长，北宋文学家，倡导韩愈、柳宗元古文，亲自校正、刻印韩愈和柳宗元文集。著有《穆参军集》。

月而一周。天又疾于月，一日而一周。星有迟有速，有逆有顺。是四者，各自行而若不相为谋，其动而不劳，运而不已，自古以来，未尝一刻息也。是何为哉？夫四者，所以相须而成昼夜四时寒暑者也。一刻而息，则四时不得其平，万物不得其生，盖其所任者重矣。人之有君子也，其任亦重矣。万世之所治，万物之所利，故曰"自强不息"，又曰"死而后已"者，其知所任矣。然则君子之学也，其可一日而息乎！吾于是乎有感。

京西留守府的东面有一个园子，园中有一棵樗树和一棵杏树。因为樗树无所用途，而杏树即将开花结果，欧阳修便命园丁砍掉樗树留下杏树。这件事让欧阳修感悟到，事物所遭遇的祸福并不是它本身所决定的，而是由事物所处的环境和条件所决定的。他因此写了一篇《伐树记》：

署之东园，久芜不治。修至始辟之，粪瘠溉枯，为蔬圃十数畦，又植花果桐竹凡百本。春阳既浮，萌者将动。园之守启曰："园有樗焉，其根壮而叶大。根壮则梗地脉，耗阳气，而新植者不得滋；叶大则荫翳蒙碍，而新植者不得畅以茂。又其材拳曲臃肿，疏轻而不坚，不足养，是宜伐。"因尽薪之。明日，圃之守又曰："圃之南有杏焉，凡其根庇之广可六七尺，其下之地最壤腴，以杏故，特不得蔬，是亦宜薪。"修曰："噫！今杏方春且华，将待其实，若独不能损数畦之广为杏地邪？"因勿伐。

既而悟且叹曰："吁！庄周之说曰：樗、栎以不材终其天年，桂、漆以有用而见伤夭。今樗诚不材矣，然一旦悉翦弃；

杏之体最坚密，美泽可用，反见存。岂才不才各遭其时之可否邪？"

他日，客有过修者，仆夫曳薪过堂下，因指而语客以所疑。客曰："是何怪邪？夫以无用处无用，庄周之贵也。以无用而贼有用，乌能免哉！彼杏之有华实也，以有生之具而庇其根，幸矣。若桂、漆之不能逃乎斤斧者，盖有利之者在死，势不得以生也，与乎杏实异矣。今樗之臃肿不材，而以壮大害物，其见伐，诚宜尔，与夫'才者死、不才者生'之说又异矣。凡物幸之与不幸，视其处之而已。"客既去，修善其言而记之。

西京留守府西边有一座厅堂，屋内摆放着一几一榻和数百卷书籍。这就是欧阳修日常办公和读书的地方，他将此地命名为"非非堂"。他的一篇《非非堂记》是这样写的：

权衡之平物，动则轻重差，其于静也，锱铢不失。水之鉴物，动则不能有睹，其于静也，毫发可辨。在乎人，耳司听，目司视，动则乱于聪明，其于静也，闻见必审。处身者不为外物眩晃而动，则其心静，心静则智识明，是是非非，无所施而不中。夫是是近乎谄，非非近乎讪，不幸而过，宁讪无谄。是者，君子之常，是之何加？一以观之，未若非非之为正也。

予居洛之明年，既新厅事，有文纪于壁末。营其西偏作堂，户北向，植丛竹，辟户于其南，纳日月之光。设一几一榻，架书数百卷，朝夕居其中。以其静也，闭目澄心，览今照古，思虑无所不至焉。故其堂以"非非"为名云。

非非堂不远处有一片空地，四周修竹环绕，欧阳修请人在这里挖成一个池子，并将池子灌满井水。每当读书之暇，他便走到池边观赏。他非常惬意地在《养鱼记》中写道：

> 折檐之前有隙地，方四五丈，直对非非堂，修竹环绕阴映，未尝植物，因洿以为池。不方不圆，任其地形；不甃不筑，全其自然。纵锸以浚之，汲井以盈之。湛乎汪洋，晶乎清明。微风而波，无波而平。若星若月，精彩下入。予偃息其上，潜形于毫芒；循漪沿岸，渺然有江潮千里之想，斯足以舒忧隘而娱穷独也。
>
> 乃求渔者之罟，市数十鱼，童子养之乎其中。童子以为斗斛之水不能广其容，盖活其小者而弃其大者。怪而问之，且以是对。嗟乎，其童子无乃嚣昏而无识者乎！予观巨鱼枯涸在旁，不得其所，而群小鱼游戏乎浅狭之间，有若自足焉，感之而作养鱼记。

以上这些文章充分说明，在担任西京留守推官期间，欧阳修的散文创作迎来了一个小高峰，他一生所创作的散文，有三十余篇写于这一时期。这些散文篇幅短小，文字精练，意味悠远，初步体现了他构思巧妙、运笔自然的散文创作才能。

03. 诗艺同道梅尧臣

在担任西京留守推官期间，欧阳修不仅迎来了散文创作的一个小高峰，还与梅尧臣等诸多文友共同切磋诗歌创作技艺，探讨诗歌创作理论，携手开创了宋代诗歌创作的一个崭新风貌。

欧阳修与梅尧臣在伊水河畔的午桥庄不期而遇，并相约游览香山后，从此成为志同道合的朋友。梅尧臣出生于宋真宗咸平五年（1002年）四月十七，比欧阳修大五岁，幼年就酷爱读书，且志向远大。他十六岁时参加乡试，但未被录取。由于家里的条件一般，无力供他继续读书，他只好跟随时任襄州（今湖北省襄阳市）通判①的叔叔梅询②来到襄州。

梅尧臣的父亲叫梅让，读书不如弟弟聪明，因此一直守在宣州（今安徽省宣城市）老家。当时宋朝推行恩荫③制度。宋朝的恩荫名目繁多，一度到了泛滥成灾的程度。宋仁宗嘉祐元年（1056年）四月，朝廷下诏"悉罢乾元节恩荫"，恩荫制度就此废止。

按照恩荫，梅让可由弟弟梅询推荐做官，但梅让不愿离开老家。梅让四十四岁才有了梅尧臣这个独生子，就让弟弟把儿子带出去，督促他读书求取功名。如果读书不能求取功名，就依靠梅询走恩

---

① 通判，辅佐知州或知府处理政务的官，凡是有关兵民、钱谷、户口、赋役、狱讼等州府公事，都要与通判联署办理方能生效。通判拥有监察官吏之权，权力非同一般。

② 梅询，字昌言，宋太宗端拱二年（989年）进士，官至给事中，知审官院。

③ 恩荫，也称"任子、门荫、荫补、世赏"，是科举之外的一种入仕途径，但只有中高级文武官员的子弟、亲属及其门客等享受此特权。

荫这条路。梅尧臣跟叔叔来到襄州后，便成了通判家的少爷。

梅尧臣在叔叔的教育和影响下进步很快，但在科场中却屡屡不能中第，甚至连个举人都没得到，他叔叔因此觉得对不住自己的哥哥。他二十六岁那年，叔叔只好先替他完婚成家。梅尧臣娶的是时任西京留守谢涛①的女儿，属于大家闺秀。

梅尧臣成家后，他的叔叔让他走恩荫之路，成为桐城县（今安徽省桐城市）主簿②。两年后的宋仁宗天圣七年（1029年），梅尧臣又调往河南县（今河南省洛阳市南部）任主簿。当时，河南县是河南府的附郭县。

梅尧臣年少时就善于作诗，与苏舜钦③齐名，号称"苏梅"。后来，又与欧阳修并称"欧梅"。他在诗歌创作上主张写实，反对西昆体，被誉为宋诗的"开山祖师"，影响非同一般。

欧阳修与梅尧臣在伊水河畔的午桥庄巧遇，并成为终生挚友。他在《七交七首·梅主簿》中写道：

圣俞翘楚才，乃是东南秀。玉山高岑岑，映我觉形陋。
离骚喻草香，诗人识鸟兽。城中争拥鼻，欲学不能就。
平日礼文贤，宁久滞奔走。

在诗歌创作技艺与理论研究方面，欧阳修与梅尧臣总有说不

---

① 谢涛，字济之，官至尚书兵部员外郎、侍御史等职，宋仁宗明道元年（1032年）为太子宾客。

② 主簿，官名，掌管公共财物的出纳，户口、账簿的注销等事务。

③ 苏舜钦，字子美，宋仁宗景祐元年（1024年）进士。提倡古文运动，善于诗词，著有《苏学士文集》《苏舜钦集》16卷。

完的话题。欧阳修把自己视为诗歌创作的一名初学者，总是抱着虚心学习的态度向梅尧臣请教。他在《书梅圣俞稿后》中写道：

> 凡乐，达天地之和，而与人之气相接，故其疾徐奋动可以感于心，欢欣恻怆可以察于声。五声单出于金石，不能自和也，而工者和之。然抱其器，知其声，节其廉肉而调其律吕，如此者工之善也。
>
> 今指其器以问于工曰：彼箕者、浊者、堵而编、执而列者，何也？彼必曰：鼗鼓、钟磬、丝管、干戚也。又语其声以问之曰：彼清者、浊者、刚而奋、柔而曼衍者，或在郊，或在庙堂之下而罗者，何也？彼必曰：八音、五声、六代之曲，上者歌而下者舞也。其声器名物皆可以数而对也。然至乎动荡血脉，流通精神，使人可以喜，可以悲，或歌或泣，不知手足鼓舞之所然。问其何以感之者，则虽有善工，犹不知其所以然焉。盖不可得而言也。
>
> 乐之道深矣。故工之善者，必得于心，应于手，而不可述之言也。听之善，亦必得于心而会于意，不可得而言也。尧、舜之时，夔得之，以和人神、舞百兽。三代、春秋之际，师襄、师旷、州鸠之徒得之，为乐官，理国家、知兴亡。周衰官失，乐器沦亡，散之河海，逾千百岁间，未闻有得之者。其天地人之和气相接者，既不得泄于金石，疑其遂独钟于人。故其人之得者，虽不可和于乐，尚能歌之为诗。
>
> 古者登歌清庙，大师掌之，而诸侯之国亦各有诗，以道其风土性情。至于投壶、飨射，必使工歌，以达其意，而为宾乐。盖诗者，乐之苗裔与。汉之苏、李，魏之曹、刘得其正

始；宋、齐而下，得其浮淫流佚，唐之时，子昂、李、杜、沈、宋、王维之徒，或得其淳古淡泊之声，或得其舒和高畅之节，而孟郊、贾岛之徒，又得其悲愁郁堙之气。由是而下，得者时有而不纯焉。

今圣俞亦得之。然其体长于本人情，状风物，英华雅正，变态百出，哆兮其似春，凄兮其如秋；使人读之，可以喜，可以悲，陶畅酣适，不知手足之将鼓舞也。斯固得深者邪！其感人之至，所谓与乐同其苗裔者邪！余尝问诗于圣俞，其声律之高下，文语之疵病，可以指而告余也；至其心之得者，不可以言而告也，余亦将以心得意会，而未能至之者也。

圣俞久在洛中，其诗亦往往人皆有之。今将告归，余因求其稿而写之。然夫前所谓心之所得者，如伯牙鼓琴、子期听之，不相语而意相知也。余今得圣俞之稿，犹伯牙之琴弦乎。

这篇文章，欧阳修从写音乐开始，把音乐看成是"天地之和""与人之气相接"的产物。在对音乐进行较为详尽的阐述后，将话题由音乐转到诗歌上。文章概略叙述了诗歌由音乐演变而来的历史，以及诗歌本身的发展沿革、流派，为称赞梅尧臣的诗稿作了很好的铺垫。他最后说，梅尧臣的诗同音乐一样具有感染力，能够影响人的情绪变化。他在文末引用了"伯牙鼓琴，子期听之"的典故，将梅尧臣的诗稿比作伯牙的琴弦，以此来比喻自己是梅尧臣诗歌创作的挚友知音。

《书梅圣俞稿后》是欧阳修论诗的名篇，也是他散文的名篇。他紧紧围绕诗歌与音乐的关系展开议论，在系统而深入地论述了音乐的性质、起源和社会功用后，又论述了诗歌的产生和发展历程。

这种写法，似乎给人一种下笔千言、离题万里的感觉，但实际却阐述了音乐与诗歌是相通的，音乐理论与诗歌理论也是相通的。文章结构谨严，论据清晰而又情韵悠然，语言明白晓畅而又精炼含蓄，用典贴切自然，耐人寻味，是一篇极为出色的诗论散文。

一天，欧阳修与同僚文友一边喝茶一边切磋诗艺，在场的文友包括梅尧臣、谢绛、王复等。类似这样的聚会，总让欧阳修受益匪浅。他在《再和圣俞见答》一诗中写道：

> 两畿相望东与西，书来三日尤为稽。
> 短篇投予警瓦砾，敢辱报之金裹蹄。
> 文章至宝被埋没，气象往往干云霓。
> 飞黄伯乐不世出，四顾骧首空长嘶。
> 嗟哉我岂敢知子，论诗赖子初指迷。
> 子言古淡有真味，大羹岂须调以齑。
> 怜我区区欲强学，跛鳖曾不离污泥。
> 问子初何得臻此，岂能直到无阶梯。
> 如其所得自勤苦，何惮入海求灵犀。
> 周旋二纪陪唱和，凡翼每并鸾凤栖。
> 有时争胜不量力，何异弱鲁攻强齐。
> 念子京师苦憔悴，经年陋巷听朝鸡。
> 儿啼妻喋午未饭，得米宁择秕与稊。
> 石上紫毫家故有，剡藤莹滑如玻璃。
> 追惟平昔念少壮，零落生死嗟分睽。
> 一挥累纸恣奔放，骏若驾骆仍骖骊。
> 腹虽枵虚气豪横，犹胜诒笑病夏畦。

名声不朽岂易得，仕宦得路终当跻。
年来无物不可爱，花发有酒谁同携。
问我居留亦何事，方春苦旱忧民犁。

毫无疑问，欧阳修和梅尧臣之间的交往，是一种相互影响、相互激励、相互浸润的交往，他们携手开创了宋代文学，尤其是宋代诗歌的新体制、新格调。欧阳修在诗歌理论上的建树，对宋代诗坛产生了重大而深远的影响。他的诗作，既平易舒畅，又秀丽精深，被后人公认为具有"温丽深稳"的风格。

04. 龙门览胜留诗文

宋仁宗天圣九年（1031年）秋天，梅尧臣由河南县（今河南省洛阳市南部）主簿调任河阳县（今河南省孟州市）主簿。因为宋朝推行的是亲戚回避制度，担任河南县主簿的梅尧臣与担任西京河南府（今河南省洛阳市）通判的妻兄谢绛之间，就犯了回避之忌，朝廷便将梅尧臣从河南县调往河阳县。

梅尧臣调任河阳县后，虽然因公事常常往来于洛阳与河阳之间，但欧阳修与他不再像以前那样随时可以见面。每次短暂的相聚之后，欧阳修的内心不免有些怅然。

宋仁宗明道元年（1032年）初春，欧阳修昔日的好友陈经路过洛阳。陈经原本姓陆，因父亲早逝母亲改嫁给陈见素，便随继父改为姓陈，字子履。后来继父陈见素于宋仁宗景祐二年（1035年）

故去，陈经又改复本姓，此后名为陆经。

欧阳修与陈经于天圣八年（1030年）在管城（今河南省郑州市管城区）相识，时过近二年。久别重逢，欧阳修非常高兴，便特意邀约户曹参军杨愈①和接替梅尧臣的河南县主簿张谷②陪同，一同前往龙门山游览赏景。

龙门山位于洛阳城南的伊阙峡谷中，高九十余丈，原来与香山相连为一个整体。传说大禹治理伊河时开凿龙门山，使之分成东、西两半，让伊河从两山之间流过，然后与洛河汇合流入黄河，彻底解决了伊河水患。后来因为武则天在龙门东山修建香山寺，龙门东山因此改叫"香山"，而龙门西山继续叫"龙门山"。

龙门山拥有著名的石窟群——龙门石窟，始凿于北魏，兴盛于唐，到宋仁宗时已建造了约五六百年之久。北魏时期建凿了古阳洞、宾阳中洞、莲花洞等，东、西魏时期建凿了东魏强弩将军掖庭令赵振造弥勒像记、东魏武定元年铭石造释迦五尊立像等，北齐时期建凿了药方洞中五尊佛像，隋唐五代时期建凿了大卢舍那像龛、敬善寺、万佛洞、惠简洞……龙门石窟与莫高窟、云冈石窟、麦积山石窟并称为"中国四大石窟"。

欧阳修与陈经一行在洛阳城南的长夏门外登船，缓缓驶向十八里外的龙门山。他们一边乘船观景，一边相互交流，很快就顺利来到了龙门山。

下船后，他们满怀兴致登山游览，陶醉在龙门山秀美的景色之中。他们边走边谈，既交流诗文创作，又畅叙彼此友情，不知

---

① 户曹参军，专管户籍的州县属官。杨愈，字子聪，北宋诗人。
② 张谷，字仲容、应之。与欧阳修同年进士及第，曾两度知县阳武。

不觉中都进入了一个忘我的境界。

当天晚上，欧阳修与陈经等一起住宿在龙门山的广化寺。夜晚的月色之中，他们漫步于菩提寺的上方阁，向北远眺洛阳城方向，那通往都门的山路还依稀可辨。欧阳修在《游龙门分题十五首·晚登菩提上方》中写道：

野色混晴岚，苍茫辨烟树。行人下山道，犹向都门去。

当欧阳修一行漫步到路的尽头时，已是月上中天，但见月光山色，淡雅明净。欧阳修不免诗兴大发，在《游龙门分题十五首·自菩提步月归广化寺》中写道：

春岩瀑泉响，夜久山已寂。明月净松林，千峰同一色。

第二天一大早，欧阳修与陈经一行又从广化寺动身，赶往龙门山对面的香山游览。香山不仅自然景色秀美，历史文化也尤为厚重。唐代著名诗人白居易晚年退居洛阳时，一度信仰佛教，与香山僧如满结香火社，号香山居士。他还在香山建造石楼，并不遗余力地疏浚八节滩。唐武宗会昌六年（846年），白居易在洛阳逝世，葬于香山。

欧阳修与陈经一行在黄昏时分登上香山石楼，并在楼中饮酒放歌。宾主一起静观香山浮云散尽，倾听八节滩波浪翻腾，一首《游龙门分题十五首·八节滩》在欧阳修的心中油然而生：

乱石泻溪流，跳波溅如雪。往来川上人，朝暮愁滩阔。

更待浮云散，孤舟弄明月。

在龙门之游行将结束、好友陈经就要离开洛阳之时，欧阳修为陈经写下了《送陈经秀才序》一文：

伊出陆浑，略国南，绝山而下，东以会河。山夹水东西，北直国门，当双阙。隋炀帝初营官洛阳，登邙山南望，曰："此岂非龙门邪！"世因谓之"龙门"，非《禹贡》所谓导河自积石而号龙门者也。然山形中断，岩崖缺呀，若断若镶。当禹之治水九州，披山斩木，遍行天下，凡水之破山而出之者，皆禹凿之，岂必龙门？

然伊之流最清浅，水溅溅鸣石间。刺舟随波，可为浮泛；钓鲂捉鳖，可供膳羞。山两麓浸流中，无岩崭颓怪盘绝之险，而可以登高顾望。自长夏而往，才十八里，可以朝游而暮归。故人之游此者，欣然得山水之乐，而未尝有筋骸之劳，虽数至不厌也。

然洛阳西都，来此者多达官尊重，不可辄轻出。幸时一往，则驺奴从骑吏属遮道，唱呵后先，前候旁扶，登览未周，意已急矣。故非有激流上下、与鱼鸟相傲然徙倚之适也。然能得此者，惟卑且闲者宜之。

修为从事、子聪参军、应之县主簿、秀才陈生旅游，皆卑且闲者。因相与期于兹夜宿西峰，步月松林间，登山上方，路穷而返。明日，上香山石楼，听八节滩，晚泛舟，傍山足夷犹而下，赋诗饮酒，暮已归。后三日，陈生告予且西。予方得生，喜与之游也，又遽去，因书其所以游，以赠其行。

欧阳修的这篇文章，以简洁之中见精妙的笔法，记叙了与几位好友在龙门的难忘相聚，进而诠释了只有心怀闲情逸致的人，才能真正欣赏到大千世界的壮阔美丽。

05. 会隐园内绿竹情

宋仁宗明道元年（1032年）秋天，河阳县（今河南省孟州市）主簿梅尧臣来洛阳办理完公事后，欧阳修邀请好友为梅尧臣返回河阳饯行。

洛阳是一个盛产竹子的地方，也是竹园最多的地方，不管城里城外，竹园都几乎随处可见。不仅竹园多，而且所有的竹园都对外开放，任人尽情游赏，绿竹景观也一直是洛阳园林的一大特色。处处开放的竹园，无不体现着洛阳人豁达待客的襟怀。

秋凉初至，清幽的竹园自然是为好友饯行的理想之地。于是，欧阳修就将饯行的宴席设在会隐园的竹林中。

会隐园也称"大字寺园"，是当时洛阳十九大名园之一，原是唐朝诗王白居易的旧园。在李格非[①]所著的《洛阳名园记》中就有这样的记载："乐天云：'吾有第在履道坊，五亩之宅，十亩之园，有水一池，有竹千竿'是也。"后来，会隐园转到了一个张氏人的手里，尹洙在《张氏会隐园记》中这样写道："水竹树石，亭阁桥径，屈曲迴护，高敞荫蔚，邃极于奥，旷极乎远，无一不

[①] 李格非，字文叔，北宋文学家，南宋著名女词人李清照之父。

称者。日与外方之士傲然其间,乐乎哉,隐居之胜也。"

举行饯行酒宴的那天,欧阳修与梅尧臣等宾主依次在会隐园的竹林间落座。因为都是老朋友,彼此之间非常熟悉,酒宴中便不拘小节,开怀畅饮。

酒过三巡,欧阳修想起了王羲之的"茂林修竹"和"曲水流觞"之饮,又想起白居易的"诗吟两句神还王,酒饮三杯气尚粗"的"九老"之会,兴致越来越高涨,就起身举杯说:"今天是个高兴的日子,我们应该像前贤那样尽情赋诗吟诵。"

听了欧阳修的话,文朋友人都异口同声地表示赞同。

欧阳修随即差人取来笔墨纸砚,并书写前贤佳句放在桌上,宾主各自随意抽取一句,字字为韵,赋诗成篇,共同为这次聚会助兴。

席间,欧阳修抽到的是南北朝时期诗人柳恽的"亭皋木叶下",梅尧臣抽到的是唐代诗人沈佺期的"高树早凉归",两个人很快就依韵各作绝句五首。

欧阳修在《初秋普明寺竹林小饮饯梅圣俞分韵得亭皋木叶下绝句五首》中写道:

临水复欹石,陶然同醉醒。山霞坐未敛,池月来亭亭。
洛城风日美,秋色满蘅皋。谁同茂林下,扫叶酌松醪。
野水竹间清,秋山酒中绿。送子此酣歌,淮南应落木。
劝客芙蓉杯,欲搴芙蓉叶。垂杨碍行舟,演漾回轻楫。
山水日已佳,登临同上下。衰兰尚可采,欲赠离居者。

梅尧臣在《得高树早凉归》中写道:

翻然思何苦，昨夜秋风高。良友念将别，幅巾邀此邀。
清梵隔寒流，乱蝉鸣古树。谁知林下游，复得杯中趣。
池上暑风收，竹间秋气早。回塘莫苦留，已变王孙草。
未坠高梧叶，初生玉井凉。愁心异潘岳，独自向河阳。
不减阮家会，所嗟当北归。厌厌敢辞醉，明发此欢非。

饯行宴会的第二天，欧阳修就将文友席间所作的诗歌编辑成册，并由梅尧臣撰写了序言。

这次会隐园竹林间的愉快相聚，不仅给大家留下了极为深刻的印象，还影响到了洛阳一大批文人雅士。就是从这次聚会开始，绿竹由诗文主题背景，逐渐变成了文人雅士的吟咏对象。后来又经过发展和丰富，绿竹逐渐成为宋人理想人格最高型范的象征，也成为体现宋诗理性化特征的一大题材。欧阳修的长诗《初夏刘氏竹林小饮》，就是吟咏洛阳绿竹的代表作之一。

春荣忽已衰，夏叶换初秀。披荒得深蹊，扫绿荫清昼。
万竿交已笋，千亩蔚何富。惊雷迸狂鞭，雾箨舒文绣。
虚心高自擢，劲节晚愈瘦。虽惭桃李妖，岂愧松柏后。
川源湛新霁，林麓洗昏霭。猗猗色可餐，滴滴翠欲溜。
况兹夏首月，景物得嘉候。晚蝶舞新黄，孤禽弄清味。
穷深入窅蒙，玩密爱林茂。依依带幽涧，隐隐见孤岫。
林荪缛堪眠，野汲冷可漱。鸣琴泻山风，高籁发仙奏。
暑却自蠲渴，心闲疑愈疲。杯盘杂芬芳，图籍罗左右。
怡然忘簪组，释若出羁廐。矧予怀一丘，未得解黄绶。
官事偶多闲，郊扉须屡叩。新篁渐添林，晚笋堪荐豆。

谁邀接䍦公，有酒幸相就。

让人意想不到的是，就在这次会隐园聚会不久，洛阳绿竹竟然遭受了一场毁灭之灾。

明道元年（1032年）八月，东京汴梁皇宫发生严重火灾，烧毁了文德、崇德、长春、滋福等九座宫殿。为了尽快修复这些被烧毁的殿宇，朝廷诏令各个州府全力供给建筑材料，供给材料其中就包括绿竹。

对于西京洛阳的各级地方官员来说，朝廷的诏令无疑是一个邀功请赏的大好机会。他们不问京城的实际需要，也不管砍伐时间是否合适，只管层层加码，从而导致无度砍伐，原本茂密繁盛的竹园，数日之间就变得一片荒芜。结果，砍伐的竹材远远超过了汴京的需要，造成大量的竹子堆积废弃，任其腐烂。欧阳修见状，内心气愤万分，写下了《戕竹记》一文：

洛最多竹，樊圃棋错。包箨榯笋之赢，岁尚十数万缗，坐安侯利，宁肯为渭川下。然其治水庸，任土物，简历芟养，率须谨严。家必有小斋闲馆在亏蔽间，宾欲赏，辄腰舆以入，不问辟疆，恬无怪让也。以是名其俗，为好事。

壬申之秋，人吏率持镰斧，亡公私谁何，且戕且椓，不竭不止。守都出令：有敢隐一毫为私，不与公上急病，服王官为慢，齿王民为悖。如是累日，地榛园秃，下亡有啬色少见于颜间者，由是知其民之急上。

噫！古者伐山林，纳材苇，惟是地物之美，必登王府，以经于用。不供谓之畔废，不时谓之暴殄。今土宇广斥，赋入委叠；上益笃俭，非有广居盛囿之侈。县官材用，顾不衍溢朽蠹，而一有非常，敛取无艺。意者营饰像庙过差乎！《书》不云："不作无益害有益。"又曰："君子节用而爱人。"天子有司所当朝夕谋虑，守官与道，不可以忽也。推类而广之，则竹事犹末。

文章结尾的"推类而广之，则竹事犹末"，是说在诸多类似的事件中，戕竹不过是小事一桩而已。这是欧阳修用讽刺的手法，将事情由小引大，来阐述当时严重的政治弊病。这篇文章，是欧阳修仕途与文坛起步之初的一篇重要作品，充分彰显了他宽简爱民、注重实际的为政主张，以及议论时事、干预现实的文学思想。

第三章 痛失娇妻，安得独洒一榻泪

01. 灾难降临失娇妻

欧阳修是西京河南府（今河南省洛阳市）的一名推官，并没有多少具体事务，即便经常被留守临时抓差，也总能轻松应对，因此，欧阳修的心情一直是轻松快乐的。

有一位贤惠的妻子，也是让欧阳修始终轻松快乐的一个重要原因。欧阳修的妻子是恩师胥偃的女儿，年方十五岁嫁给欧阳修。胥氏虽然是官宦人家的小姐，从小就生长在富贵人家，但她出嫁后，很快就适应了欧阳家的环境，并做到了安于清贫，恪守妇道。她起早贪黑地操持家务，尽心尽力地侍奉婆母，周到细致地照顾丈夫。她与欧阳修情投意合，相亲相爱，夫唱妇随。欧阳修将他与胥氏燕尔新婚的甜美片段，写在了《南歌子·凤髻金泥带》这首词中：

凤髻金泥带，龙纹玉掌梳。走来窗下笑相扶。爱道画眉深浅、入时无。

弄笔偎人久，描花试手初。等闲妨了绣工夫。笑问双鸳鸯字、怎生书。

词的上阕写胥氏上妆的情景。为了博得夫婿的欢心,胥氏手持巴掌大小的龙形玉梳,用凤钗和金丝带把头发梳饰成髻。胥氏走到窗下,依偎在丈夫的怀里故意问道:眉色的深浅合不合时宜?

词的下阕写胥氏刺绣的情形。词中之句细腻地刻画了胥氏对夫婿的依恋之情及撒娇之态。她的纤手摆弄着笔管,长时间依偎在丈夫身边,尝试描绘刺绣的花样,在不知不觉中,已经耽搁了刺绣。她笑着问丈夫:"鸳鸯"二字怎么写?

欧阳修迎娶胥氏一年后,胥氏怀孕了,这对欧阳家来说,绝对是一个特大喜讯。欧阳修高兴,他的母亲郑氏更是高兴,整天都是笑容满面。难怪郑氏这么高兴,丈夫去世早,儿子成家后能早点抱上孙子,是她最大的心愿。

宋仁宗明道二年(1033年)正月,欧阳修到东京汴梁办理留守府的公事。办完公事后,他抽空前往随州(今湖北省随县)探望自己的叔叔欧阳晔。也不知是什么原因,这次外出,不管是到京城还是到随州,欧阳修的心里总有几分不踏实的感觉,总觉得有什么事情放心不下。一路上,不管看到什么样的风景,都不能吸引他的注意力,更不能让他欢心和快慰。他在《早春南征寄洛中诸友》中写道:

楚色穷千里,行人何苦赊。芳林逢旅雁,候馆噪山鸦。
春入河边草,花开水上槎。东风一樽酒,新岁独思家。

欧阳修在叔叔家逗留数日后,就再也待不下去了,只好匆匆踏上回家的归途。在寒食节①这一天，欧阳修到达了一个叫花山的地方。他在《花山寒食》中这样写道：

客路逢寒食，花山不见花。归心随北雁，先向洛阳家。

在花山，欧阳修似乎感到一种不祥之兆。他恨不得像北归大雁那样，展翅飞翔，迅速到达洛阳的家中看到母亲和妻子。

正像欧阳修所预感的那样，在洛阳的家中，一场灾难悄悄来临。这次欧阳修离开家仅仅过了一个多月，也就是明道二年三月，他的妻子胥氏生下一个男孩。这本是欧阳家的一件大喜事，可胥氏却出现了产后大疮不愈的症状，而且到了生命垂危的程度。当欧阳修日夜兼程赶回家里时，胥氏已是奄奄一息。即使他想尽办法寻医求药，也没能把妻子从死亡的边缘拉回来。胥氏丢下他和还未满月的儿子英年早逝，年仅十七岁。

年轻的妻子撒手人寰，让欧阳修陷入了极度的悲痛之中。他无奈地在《述梦赋》中写道：

夫君去我而何之乎？时节逝兮如波。昔共处兮堂上，忽独弃兮山阿。

呜呼！人羡久生，生不可久，死其奈何。死不可复，惟可以哭。病予喉使不得哭兮，况欲施乎其他。愤既不得与声而俱发兮，独饮恨而悲歌。歌不成兮断绝，泪疾下兮滂沱。行

---

① 寒食节，指清明节前两天的节日，这个节日要禁火三天，只吃冷食，所以称"寒食节"。

求兮不可过，坐思兮不知处。可见惟梦兮，奈寐少而寤多。或十寐而一见兮，又若有而若无，乍若去而若来，忽若亲而若疏。杳兮倏兮，犹胜于不见兮，愿此梦之须臾。尺蠖怜予兮，为之不动。飞蝇悯予兮，为之无声。冀驻君兮可久，怳予梦之先惊。梦一断兮魂立断，空堂耿耿兮华灯。

世之言曰：死者澌也。今之来兮，是也非也？又曰：觉之所得者为实，梦之所得者为想。苟一慰乎予心，又何较乎真妄。绿发兮思君而白，丰肌兮以君而瘠。君之意兮不可忘，何憔悴而云惜。愿日之疾兮，愿月之迟。夜长于昼兮，无有四时。虽音容之远矣，于恍惚以求之！

这无疑是一曲发自肺腑、无尽哀伤的挽歌。胥氏的英年早逝，让欧阳修痛断肝肠，那种难以言状的悲痛，唯有长歌当哭。在哀婉凄戚的悲歌中，那深切的爱与切肤的痛交织缠绕，相互撞击，迸发轰鸣。在儿子出生、妻子离世的双重节点，欧阳修把大喜融入大悲之中，在爱与痛的猛烈撞击下，产生了震撼人心的光焰，传达出刻骨铭心的爱的记忆和痛的悲戚。

在胥氏去世最初的那段日子，欧阳修始终是终日恍惚，打不起精神。他写下了《绿竹堂独饮》这首长诗，来倾诉自己的悲伤之情：

夏簟解箨阴加樛，卧斋公退无喧嚣。
清和况复值佳月，翠树好鸟鸣咬咬。
芳尊有酒美可酌，胡为欲饮先长谣。
人生暂别客秦楚，尚欲泣泪相攀邀。

况兹一诀乃永已，独使幽梦恨蓬蒿。
忆予驱马别家去，去时柳陌东风高。
楚乡留滞一千里，归来落尽李与桃。
残花不共一日看，东风送哭声嗷嗷。
洛池不见青春色，白杨但有风萧萧。
姚黄魏紫开次第，不觉成恨俱零凋。
榴花最晚今又拆，红绿点缀如裙腰。
年芳转新物转好，逝者日与生期遥。
予生本是少年气，瑳磨牙角争雄豪。
马迁班固自歆向，下笔点窜皆嘲嘈。
客来共坐说今古，纷纷落尽玉麈毛。
弯弓或拟射石虎，又欲醉斩荆江蛟。
自言刚气贮心腹，何尔柔软为脂膏。
吾闻庄生善齐物，平日吐论奇牙聱。
忧从中来不自遣，强叩瓦缶何譊譊。
伊人达者尚乃尔，情之所钟况吾曹。
愁填胸中若山积，虽欲强饮如沃焦。
乃判自古英壮气，不有此恨如何消。
又闻浮屠说生死，灭没谓若梦幻泡。
前有万古后万世，其中一世独蚑蟉。
安得独洒一榻泪，欲助河水增滔滔。
古来此事无可奈，不如饮此尊中醪。

欧阳修面对萧萧绿竹，寂寂空堂，一腔哀愁，把酒独酌，以此来抒发痛失亲人的悲凉之情。他甚至悔恨自己这次外出的时间太久，归来时已是花落人去。他不能再与妻子共赏落花，唯有独自临风而泣。他在诗中说，像庄子那样通达的先人，妻子死后尚且忧从中来，强叩瓦缶，更不要说像他这样的钟情之辈。"愁填胸中若山积，虽欲强饮如沃焦。""安得独洒一榻泪，欲助河水增滔滔。"借酒浇愁，舍此便无法求得心灵的解脱。

欧阳修的心里，对胥氏拥有太多太多美好的回忆。他在《少年游·去年秋晚此园中》这首词中写道：

去年秋晚此园中。携手玩芳丛。拈花嗅蕊，恼烟撩雾，拚醉倚西风。

今年重对芳丛处，追往事、又成空。敲遍阑干，向人无语，惆怅满枝红。

欧阳修在词中说，小园依旧、芳丛依旧，可那携手相伴、同醉西风的人却永远地逝去了。那烟笼雾绕中手拈花枝、细品清香的倩影，从此定格在了永久的往昔。他心灵的伤痛，只能在时光的流淌中慢慢抚平……

02. 依依惜别留守府

欧阳修担任西京留守推官，与留守钱惟演一起共事的那段时光，对他日后成为宋朝文坛领袖产生了极大的影响，甚至可以说起了决定性作用。

但让欧阳修没想到的是，宋仁宗明道二年（1033年）冬天，钱惟演遭人弹劾被贬知随州（今湖北省随县）。

明道二年腊月，钱惟演从洛阳启程前往随州。动身之时，西京留守府同僚友人几乎全员出动，与钱惟演依依道别。送行的场面充满浓郁的伤感气氛，钱惟演已是老泪纵横，久久地不忍离去。欧阳修等人无不伤心垂泪，啜泣不止。大家怀着比较沉重的心情，一直将钱惟演送到离城几十里的彭婆镇，并在那里举行了饯别宴。在饯别宴上，同僚友人再一次即席赋诗。欧阳修写了一首《留守相公移镇汉东》：

　　周郊彻楚坰，旧相拥新旌。路识青山在，人今白首行。
　　问农穿稻野，候节见梅英。腰组人稀识，偏应邸吏惊。

诗题中的"汉东"指的就是随州。"路识青山在，人今白首行"两句，化用钱惟演早年诗句，使伤离之情更加浓郁。

钱惟演在西京留守岗位上任职三年，为同僚文友进行文学创作、开展文学交流提供了许多方便。尤其对欧阳修、梅尧臣等人更是器重有加，总是尽其所能地不给他们安排繁杂的事务，让他们有充足的时间进行文学创作、从事理论研究。

钱惟演身上所具有的奖掖后生的精神，对宋代文学的发展起到了极其重要的推动作用。北宋邵伯温[①]所著的《邵氏闻见前录》记载："钱相谓希深曰：'君辈台阁禁从之选也，当用意史学，

[①] 邵伯温，字子文，北宋理学家邵雍之子。著有《邵氏闻见前录》《河南集》等。

以所闻见拟之。'故有一书，谓之《都厅闲话》者，诸公之所著也。一时幕府之盛，天下称之。"意思是说，钱惟演告诫年轻的僚属要专注史学，以古鉴今，培养自己的远见卓识，还组织大家集体撰写了《都厅闲话》一书。《都厅闲话》这部留守府同仁的著作，正是钱惟演对后辈培养和勉励成果的具体体现。他在北宋洛阳文人群体成长中所起的核心作用，是别人无法代替的。

钱惟演去随州赴任不久，欧阳修的同僚王顾、杨愈、谢绛等人也先后因为任满离开洛阳。梅尧臣也卸下河阳（今河南省孟州市）主簿之任，前往汴京准备参加第二年春天的礼部试。他是依靠叔叔梅询恩荫入仕的，还没取得进士资格，参加礼部试是他必须迈过的一道门槛。与梅尧臣一起前往汴京的，还有王复、王尚恭、王尚喆等人。与这么多的同僚文友辞别，欧阳修的心中总是充满着无限伤感。他在《别圣俞》这首诗中写道：

车马古城隅，喧喧分晓色。行人念归途，居者徒惨恻。
薄宦共羁旅，论交喜金石。荐以朋酒欢，宁知岁月适。
人事坐云变，出处俄乖隔。关山自兹始，挥袂举轻策。
岁暮寒云多，野旷阴风积。征蹄践严霜，别酒临长陌。
应念同时人，独为未归客。

钱惟演离任后，接替他任西京留守的人叫王曙，字晦叔，是宋朝著名宰相寇准的女婿，以对属下要求十分严格而著称。王曙看到欧阳修这拨年轻文人整天游山玩水，吟诗作赋，心中很是不满，便把他们叫到一起进行了严厉批评，使欧阳修等人不再大张旗鼓地公开搞文学活动。但王曙任职不长时间，就被朝廷调回汴京担任枢密使。虽然王曙与欧阳修仅仅共事两个多月，但欧阳修刚直敢言、做事慎重的个性，尤其是知识渊博、才华出众的品格，给他留下了极为深刻的印象。赴京就职前，王曙很真诚地对欧阳修说："朝廷近有新令，大臣可举荐德才兼备者应试学士院[①]。待老夫回京，定当保奏。"

宋仁宗景祐元年（1034年）二月，三年一次的礼部试放榜，欧阳修的好友王复、王尚恭、王尚喆等都喜中进士，但梅尧臣仍然没能及第。梅尧臣的再次落榜不第，让欧阳修一连数日叹息不已，他甚至开始质疑科举制度的合理性。

此时梅尧臣已三十二岁，这次落榜后，他再没参加过科考。直到他五十岁那年，仁宗皇帝才赐他一个进士出身。宋代是一个重视科举的时代，即便是恩荫入仕，但如果不能考中进士，也只能担任职位比较低微的官吏。

朋友相继辞别离开，梅尧臣礼部试落榜不第，加之爱妻也是刚刚去世不久，对于欧阳修来说，景祐元年的早春成为一个不快乐的早春。一首《浪淘沙·把酒祝东风》表达了他此时的心情：

把酒祝东风，且共从容。垂杨紫陌洛城东。总是当时携手处，游遍芳丛。

聚散苦匆匆，此恨无穷。今年花胜去年红。可惜明年花更好，知与谁同？

---

① 学士院，是昭文馆、史馆、集贤院、秘阁的总称，掌管禁中图书，负责编书、校书等工作。

这首词的意思是，端起酒杯向东风祈祷，请同僚友人再留些时日不要匆匆离去。洛阳城东郊外的小道已是柳枝满垂，那里大多是去年同僚友人携手游览的地方，当时更是游遍了姹紫嫣红的花丛。人生的相聚总是匆匆而短暂，而离别的遗憾久久激荡在心田。今年的花红胜过去年，明年的花儿肯定会更加美好，但不知那时将和谁一起游览？

景祐元年三月，欧阳修的京西留守推官一职即将任满，也将辞别洛阳，等候朝廷另行安排官职。欧阳修离别前，同僚文友一次次摆下饯别的筵席，一次次相互倾诉即将离别的伤感。他在《玉楼春·春山敛黛低歌扇》中写道：

春山敛黛低歌扇，暂解吴钩登祖宴。画楼钟动已魂销，何况马嘶芳草岸。

青门柳色随人远，望欲断时肠已断。洛阳春色待君来，莫到落花飞似霰。

欧阳修是说，画楼的钟声，岸边的马嘶，似乎在催促他踏上征程。可是，人非草木，孰能无情？黛眉紧敛的美丽歌女，婉转忧伤的阵阵离歌，又让他欲去还留。随后，他又在《玉楼春·尊前拟把归期说》中表达了越发难舍难离的伤感之情：

尊前拟把归期说，欲语春容先惨咽。人生自是有情痴，此恨不关风与月。

离歌且莫翻新阕，一曲能教肠寸结。直须看尽洛城花，始共春风容易别。

这首词的意思是，饯行的酒席前，就想先把归期说定，一杯心切情切，欲说时佳人无语滴泪，如春风妩媚的娇容，先自凄哀低咽。人的多愁善感是与生俱来的，这种情结和风花雪月无关。饯别的酒宴前，不要再按旧曲填新词，清歌一曲就已让人愁肠寸寸郁结。一定要将这洛阳城中的牡丹看尽，继而才能与春风轻松地告别。

他还在《玉楼春·洛阳正值芳菲节》中表达了依依惜别的深情：

洛阳正值芳菲节，秾艳清香相间发。游丝有意苦相萦，垂柳无端争赠别。

杏花红处青山缺，山畔行人山下歇。今宵谁肯远相随，惟有寂寥孤馆月。

这首词的意思是，洛阳春浓花满城，姹紫嫣红香正浓。游丝有意，苦留游客丝萦绕。杨柳无情，争相送别为哪般。杏花红处，遮去青山一片青。山路远，行人山下歇驿站。相去远，今宵谁能与我伴，唯有寂寞、孤馆与明月。

毫无疑问，欧阳修在洛阳度过了一生中最为快意的三年，得到众多良师益友的提携与砥砺。当他任满离开洛阳时，撰写并留下了《洛阳牡丹记》一文，分为《花品序》《花释名》《风俗记》三部分，详细记叙了各种牡丹品种的特色和得名的由来，描述了洛阳赏花的风俗与盛况，以及牡丹的种植方法、栽培技术等，成为中国现存最早的关于牡丹的专著。在欧阳修的心目中，牡丹和洛阳已合为一体，不可分离。

03. 顺利考中学士院

宋仁宗景祐元年（1034年）三月，欧阳修离开西京（今河南省洛阳市）留守府前往襄城（今河南省襄城县），边在自己的房屋小住，边等待朝廷新的任命。

前几年，欧阳修的妹妹嫁给了襄城人士张龟正做续弦。为了经常陪伴妹妹，他拿一部分俸禄在襄城购置了几间房屋。襄城隶属于汝州（今河南省汝州市），距洛阳不足二百里。

来到襄城后，欧阳修很快忘记了西京离别的忧愁和烦恼，开始了一段悠然闲适的田园生活。他在《罢官后初还襄城弊居述怀十韵回寄洛中旧僚》中写道：

路尽见家山，欣然望吾庐。陋巷叩紫扉，迎候遥惊呼。
儿童戏竹马，田里邀篮舆。春桑郁已绿，岁事催农夫。
朝日飞雉雏，东皋新雨余。植杖望远林，行歌登故墟。
夙志在一壑，兹焉将荷锄。言谢洛社友，因招洛中愚。
马卿已倦客，严安犹献书。行矣方于役，岂能遂归欤。

景祐元年四月，朝廷宣布选拔文才杰出者充实馆阁①，枢密使王曙极力推荐欧阳修作为选拔对象，兑现了他任西京留守时对欧阳修做出的承诺。得知自己被王曙推荐，欧阳修立即动身赶往汴京。

---

① 馆阁，宋初，史馆、昭文馆、集贤院为三馆，后来又建秘阁，合称为"馆阁"，地点在皇家藏书处崇文院内，掌管修史、藏书、校书等事宜。

欧阳修来到汴京后，身在京城的许多朋友都争相邀请。二月揭榜的礼部试，苏舜钦、王复、陈经、王尚恭、王尚喆等人均进士及第，并被授予官职，即将赴任。同时，谢绛、石延年、杨愈等人均在朝廷任职，富弼、梅尧臣等人也在汴京等候新任。欧阳修来到京城后，大家便借机诗酒相酬，填词吟诗。

到了景祐元年六月，欧阳修才静下心来准备迎接学士院的考试。

欧阳修一直怀有范仲淹①所秉持的那种"先天下之忧而忧，后天下之乐而乐"的责任感和使命感。他与范仲淹相识于明道二年（1033年），缘于他给范仲淹写了一封直言不讳的书信。这年的四月十八，陈州（今河南省周口市）通判范仲淹被诏入京，被任命为右司谏②。在宋朝，司谏一职位虽不尊，却具有非同一般的重要作用，由皇帝亲自除授，直接向皇帝建言，议论朝政。

对于欧阳修的人生来说，范仲淹无疑是一位产生了重要影响的人物。范仲淹，字希文，两岁时就失去了父亲，母亲改嫁后随继父姓朱，名说。宋真宗大中祥符八年（1015年），范仲淹以朱说之名进士及第，后获准恢复范仲淹之名，并被授广德（今江苏省扬州市）军司理参军；天禧五年（1021年），调任泰州（今江苏省泰州市）西溪盐仓监；宋仁宗天圣三年（1025年），调任兴化（今江苏省兴化市）县令。天圣六年（1028年）十二月，入京

---

① 范仲淹，字希文，北宋杰出的政治家、文学家，世称"范文正公"。在地方治政、守边皆有成绩，文学成就尤为突出。他倡导的"先天下之忧而忧，后天下之乐而乐"思想和仁人志士节操，对后世影响深远。有《范文正公文集》传世。

② 右司谏，官名，掌规谏讽谕，七品。

担任秘阁校理,负责皇家图书典籍的校勘和整理;天圣八年(1030年),请求离京外任,担任河中府(今山西省永济县)通判;天圣九年(1031年),调任陈州通判;明道二年(1033年),仁宗皇帝亲政,入京担任右司谏。

范仲淹担任陈州通判时,欧阳修虽然与他素不相识,但出于对朝政的关切和对改革的期望,在范仲淹任职仅仅一个月后,担任西京留守推官的欧阳修便给范仲淹写了一封私人信件,就是著名的《上范司谏书》。最后三段这样写道:

> 夫七品之官,任天下之责,惧百世之讥,岂不重邪!非材且贤者,不能为也。近执事始被召于陈州,洛之士大夫相与语曰:"我识范君,知其材也。其来,不为御史,必为谏官。"及命下,果然,则又相与语曰:"我识范君,知其贤也。他日闻有立天子陛下,直辞正色面争廷论者,非他人,必范君也。"拜命以来,翘首企足,伫乎有闻,而卒未也,窃惑之。岂洛之士大夫能料于前而不能料于后也,将执事有待而为也?
>
> 昔韩退之作《争臣论》,以讥阳城不能极谏,卒以谏显。人皆谓城之不谏盖有待而然,退之不识其意而妄讥,修独以谓不然。当退之作论时,城为谏议大夫已五年,后又二年,始庭论陆贽,及沮裴延龄作相,欲裂其麻,才两事尔。当德宗时,可谓多事矣,授受失宜,叛将强臣罗列天下,又多猜忌,进任小人。于此之时,岂无一事可言,而须七年耶?当时之事,岂无急于沮延龄、论陆贽两事也?谓宜朝拜官而夕奏疏也。幸而城为谏官七年,适遇延龄、陆贽事,一谏而罢,以塞其责。向使止五年六年,而遂迁司业,是终无一言而去也。何所取哉!

今之居官者，率三岁而一迁，或一二岁，甚者半岁而迁也，此又非一可以待乎七年也。今天子躬亲庶政，化理清明，虽为无事，然自千里诏执事而拜是官者，岂不欲闻正议而乐谠言乎？然今未闻有所言说，使天下知朝廷有正士，而彰吾君有纳谏之明也。夫布衣韦带之士，穷居草茅，坐诵书史，常恨不见用。及用也，又曰彼非我职，不敢言；或曰我位犹卑，不得言；得言矣，又曰我有待；是终无一人言也，可不惜哉！伏惟执事思天子所以见用之意，惧君子百世之讥，一陈昌言，以塞重望，且解洛士大夫之惑，则幸甚幸甚！

欧阳修的这封书信，说理缜密，环环紧扣，层层深入，无一疏漏。而且语言质朴，款款道来，既像面对面地直言相告，又十分注意语言的分寸感，显得有理有据，不卑不亢。书信中没有一句议论时政的话，但字里行间却渗透出对时政的关心，传达出时不我待的急切。书信中多有设问句和反问句的运用，巧妙地增加了说理的力量。

范仲淹接到欧阳修的来信后，反复阅读，大加赞赏。尽管范仲淹比欧阳修大十八岁，但二人就此成为志同道合的忘年之交。

景祐元年（1034年）闰六月，欧阳修顺利通过了学士院考试，被诏命为宣德郎、试大理评事兼监察御史、充镇南军节度掌书记、馆阁校勘①。

这一次，尹洙与欧阳修一同考入了学士院。馆阁校勘虽无实权，

---

① 宣德郎、试大理评事兼监察御史、充镇南军节度掌书记、馆阁校勘，宣德郎、试大理评事兼监察御史、镇南军节度掌书记为虚衔，不是具体实职，为文官迁转官阶。馆阁校勘是实际职务，负责宫廷的图书校对，为馆职中的最低等。

却十分显贵，跻身其中的多为社会名流。馆阁实际是朝廷养士的地方，担任馆阁校勘可以在崇文院内随意浏览皇室收藏的珍本图书，这对酷爱读书的欧阳修来说，无疑是一份难得的美差。

随后，已经有了公务在身的欧阳修，派人前往襄城的私人住所，接母亲郑氏来京城团聚。

欧阳修担任馆阁校勘后，诸多公卿之家托媒上门提亲。经过反复考虑，欧阳修选择已故谏议大夫杨大雅①的女儿杨氏为妻。杨大雅生前不仅勤俭节约，而且偏爱古文，在士林中拥有德才兼备的声望。欧阳修觉得，在这种家庭长大的小姐，一定有着良好的教养和端庄的品性。

景祐元年十二月，在母亲郑氏的主持下，欧阳修与杨氏举行了成婚大礼。正像欧阳修所预料的那样，杨氏虽出身官宦之家，但没有骄娇二气。她觉得婆婆上了年纪，一辈子吃苦耐劳不容易，家务活尽量不让婆婆干。在杨氏的精心打理下，一家人的日子过得温馨而快乐。

04. 极力倡导言事风

欧阳修考中学士院担任馆阁校勘一职，做事的地点就在皇家藏书处崇文院内。这份差事虽然高雅尊贵而且自在闲适，但俸禄

---

① 杨大雅,字子正,初名侃,因避宋真宗旧名改大雅。著有《大隐集》五十卷、《职林》二十卷、《两汉博闻》十二卷及《西垣集》等。

比较低。由于京城的物价比较高，欧阳修一家人的生活自然要过得清苦一些，而和谐的家庭氛围，让欧阳修感到非常满足。

景祐二年（1035年）七月的一天，欧阳修的妹夫张龟正不幸病逝的消息从襄城传来，欧阳修的母亲郑氏抱头痛哭。郑氏想到自己的女儿婚后一直没有子女，将来会更加孤苦伶仃，便越哭越伤心。

欧阳修安慰一番母亲后，就向朝廷告假赶往襄城处理丧事。

张龟正只有前妻所生的七岁大的女儿，欧阳修便决定处理完丧事后，将这个孩子与自己的妹妹一起带回京城，与母亲和妻子杨氏一起生活。

景祐二年九月，欧阳修带着妹妹和外甥女回到汴京后，妻子杨氏便卧病在床，而且病情一天比一天加重。尽管欧阳修多方寻医求药，但杨氏的病情没见一点好转，十月，杨氏撒手人寰，年仅十八岁。

接连遭受两次痛失爱妻的打击，欧阳修终于承受不住了，他病倒了，而且一病就是一个多月。病中，他拿出家藏的《黄庭经》①石本来读，希望从中学一些养生之道，慢慢地调理身体。他本不相信神仙道术，甚至给自己取了一个"无仙子"的雅号。此时，他觉得《黄庭经》并不是一无是处。养病期间，他以东晋永和十二年（356年）石本为标准，对市面上流行的各种新本《黄庭经》加以勘正，并作序。

---

① 《黄庭经》，又名《老子黄庭经》，是道教养生修仙专著，起初包括《黄庭外景玉经》《黄庭内景玉经》，后来又新增了《黄庭中景玉经》。作者为天师道魏华存。

景祐二年十一月，仁宗皇帝下诏大赦，并录用五代及诸国宗室。石介①看到诏令后立即上书，反对仁宗皇帝录用五代及诸国宗室。石介在御史中丞杜衍的荐举下，刚由南京（今河南省商丘市）留守推官晋升为御史台主簿，但还没到任。石介的上书，让仁宗皇帝非常生气，立即诏令对石介革职不用。对石介的上书，宰臣们也认为不妥。身为留守推官，对皇帝旨意妄加谏阻，被革职是罪有应得。

此时，病情好转、刚回崇文院处理公事的欧阳修得知石介被革职，觉得石介的上书并无过失，反倒认为杜衍没有据理力争是不坚持原则的表现。为此，欧阳修非常气愤，提笔写下了《上杜中丞论举官书》：

修前见举南京留守推官石介为主簿，近者闻介以上书论赦被罢，而台中因举他吏代介者。介，一贱士也，用否未足害政，然可惜者，中丞之举动也。介为人刚果有气节，力学，喜辩是非，真好义之士也。

始执事举介，议者咸曰知人之明，今闻其罢，皆谓赦乃天子已行之令，非疏贱当有说，曰当罢，修独以为不然。主簿于台中，非言事之官，然大抵居台中者，必以正直、刚明、不畏避为称职。今介未履台门之阈，而已因言事见罢，度介之才，不止为主簿，直可任御史也。是执事有知人之明，而

---

① 石介，字守道，小字公操，北宋学者、思想家、理学先驱，"泰山学派"创始人，号称"徂徕先生"，与孙复、胡瑗并称"宋初三先生"。著有《徂徕集》二十卷。

介不负执事之知矣。

修尝闻长老说，赵中令相太祖皇帝也，为某事择官，中令列二臣姓名以进，太祖不肯用。他日又问，复以进，又不用。他日以问，复以进，太祖大怒，裂其奏，掷殿阶上，中令色不动，插笏带间，徐拾碎纸袖归中书。他日又问，则补缀之复以进，太祖大悟，终用二臣者。彼之敢尔者，盖先审知其人之可用，然后果而不可易也。今执事之举介也，若知而举，则不可遽止。

且中丞为天子司直之臣，上虽好之，其人不肖，则当弹而去之。上虽恶之，其人贤，则当举而申之。非谓随上好恶而高下者也。故曰主簿虽卑，介虽贱士，其可惜者中丞之举动也。

况今斥介而他举，必亦择贤而举也。夫贤者固好辩，若举而入台，又有言，则又斥而他举乎？如此，则必得愚暗懦默者而后止也。伏惟执事如欲举愚者，则岂敢复云；若将举贤也，愿无易介而他取也。故敢布狂言，窃献门下，伏惟幸察焉。

欧阳修在这封信中提出，朝廷官员的任免应该重点考察官员的才德是否胜任，而不能以当朝皇帝的喜怒为衡量标准。他对杜衍说，中丞举荐石介时，朝廷信而将用之；而当朝廷革职石介时，中丞却默认石介不可用。这不能不说明，中丞对自己信心不足，没能尽到自己应该承担的责任。

杜衍确实不愧为一代名臣。他看到欧阳修的信函后，欣然接受了欧阳修的批评，而且还与欧阳修结下了比较牢固的忘年之交。

景祐二年（1035年）冬季的一天，欧阳修从邸报①上看到范仲淹以吏部员外郎权知开封府②的消息后非常高兴。

范仲淹因明道二年（1033年）十二月上书言事而得罪了仁宗皇帝及宰相吕夷简③，被外放知睦州（今浙江省建德市），后又移知苏州。景祐二年三月，范仲淹被诏还朝，拜尚书礼部员外郎、天章阁待制、判国子监。回到朝廷后，他有机会就与仁宗皇帝谈论古今治乱之道。他的观点，让因循守旧的吕夷简感到很不安，总担心他会惹出什么乱子来。吕夷简还托人对范仲淹说："天章阁待制是皇帝的文学侍从，并非台谏之官，你何必言事不休？"而范仲淹却回答说："向皇帝进言，正是侍从官的职责，我怎敢不尽职尽责？"

吕夷简感觉自己没法阻止范仲淹言事，便采取一个折中的策略，让他离开皇帝身边权知开封府，这样可以用繁杂的知府事务牵住他，让他无暇顾及言事，甚至还暗自希望他出点岔子，借机将他贬出京城。

可范仲淹料事谨慎，决策果断，就任一个月就让京师肃然称治，这也让吕夷简有些失望。

---

① 邸报，也叫"邸抄、邸钞"，抄发皇帝谕旨、臣僚奏议和有关政治情报的抄本。宋代发展成一种手抄的类似报纸的出版物。

② 吏部员外郎权知开封府，吏部是负责主持文武官吏的选试、考核并提出升迁意见等事项的部门；员外郎是该部门尚书、侍郎以下的高级部员；权知开封府就是开封府知府。

③ 吕夷简，字坦夫，北宋名相，杰出的政治家。太子太师吕蒙正之侄，大理寺丞吕蒙亨之子。为"昭勋阁二十四功臣"之一。

此时，在纠察在京刑狱司①任职的欧阳修的岳父胥偃与吕夷简一样，对范仲淹热衷言事有些不满，常与范仲淹发生冲突，还经常干预他判案，说他不顾法律严谨，擅自改判狱案，因此多次上书弹劾范仲淹。但欧阳修却极力倡导言事之风，非常赞赏范仲淹的言事风格，对岳父弹劾贬低范仲淹的做法很是不满，翁婿二人的矛盾也日渐加深，关系日渐疏远，欧阳修内心因此感到对不起岳父。他从来没有忘记岳父的知遇之恩，可他不想在岳父面前说假话，委曲求全。他更愿意做一个豁达直率，有所作为的人，这样才能不辜负恩人的栽培与厚望。但胥偃始终没有理解和接受欧阳修的这一初衷，翁婿二人就此变得形同路人。

05. 遭受贬谪赴夷陵

宋仁宗景祐三年（1036年）春天，范仲淹向仁宗皇帝呈上一份"百官图"，详细列出了朝廷各个职能部门的主要官员名单，并一一做了标注，指出哪些官员是循序升迁的，哪些官员是越级提拔的，哪些官员做事是为了公道，哪些官员做事是为了私利。随后，范仲淹又连上《帝王好尚》《选贤任能》《近名》《推诿》四篇奏章，详细剖析了当时朝政的种种弊端。

范仲淹所言之事，很快被吕夷简知道了。吕夷简自宋仁宗天

---

① 纠察在京刑狱司，官署名，主要负责东京开封城狱案件审查，徒刑以上即时呈报，如审理不当或积压者，据其情节驳奏。

圣七年（1029年）出任宰相以来，无论是刘太后摄政，还是仁宗皇帝亲政，处理朝政都习惯依赖于他，他在朝中的个人势力极为膨大。范仲淹献出一个"百官图"，吕夷简感觉自己的势力班底被揭穿，不免恼怒万分。他立即以越职言事为由上书弹劾范仲淹，并利用荐引朋党来离间仁宗皇帝与范仲淹的关系。

吕夷简对范仲淹提出弹劾后，为了达到自己的目的，还以请辞向仁宗皇帝施压。仁宗皇帝权衡再三，最终决定罢免范仲淹天章阁待制、权知开封府之职，外放知饶州（今江西省鄱阳县）。同时，集贤院校理余靖[①]、馆阁校勘尹洙因极力为范仲淹辩护被贬。余靖被贬为监筠州（今江西省高安市）酒税，尹洙则被贬为监郢州（今湖北省钟祥市）酒税。

余靖、尹洙二人被贬，让欧阳修感到非常气愤，而就在此时，左司谏高若讷也出面贬毁范仲淹，说范仲淹遭贬是罪有应得。高若讷的话让欧阳修更加气愤，他立即在《与高司谏书》中写道：

> 前日范希文贬官后，与足下相见于安道家。足下诋诮希文为人。予始闻之，疑是戏言；及见师鲁，亦说足下深非希文所为，然后其疑遂决。希文平生刚正、好学、通古今，其立朝有本末，天下所共知。今又以言事触宰相得罪。足下既不能为辨其非辜，又畏有识者之责己，遂随而诋之，以为当黜，是可怪也。夫人之性，刚果懦软，禀之于天，不可勉强。虽圣人亦不以不能责人之必能。今足下家有老母，身惜官位，惧饥寒而顾利禄，

[①] 余靖，本名余希古，字安道，号武溪，北宋政治家，有"庆历四谏官"之称。

不敢一忤宰相以近刑祸，此乃庸人之常情，不过作一不才谏官尔。虽朝廷君子，亦将闵足下之不能，而不责以必能也。今乃不然，反昂然自得，了无愧畏，便毁其贤以为当黜，庶乎饰己不言之过。夫力所不敢为，乃愚者之不逮；以智文其过，此君子之贼也。

且希文果不贤邪？自三四年来，从大理寺丞至前行员外郎，作待制日，日备顾问，今班行中无与比者。是天子骤用不贤之人？夫使天子待不贤以为贤，是聪明有所未尽。足下身为司谏，乃耳目之官，当其骤用时，何不一为天子辨其不贤，反默默无一语；待其自败，然后随而非之。若果贤邪？则今日天子与宰相以忤意逐贤人，足下不得不言。是则足下以希文为贤，亦不免责；以为不贤，亦不免责，大抵罪在默默尔。

昔汉杀萧望之与王章，计其当时之议，必不肯明言杀贤者也。必以石显、王凤为忠臣，望之与章为不贤而被罪也。今足下视石显、王凤果忠邪？望之与章果不贤邪？当时亦有谏臣，必不肯自言畏祸而不谏，亦必曰当诛而不足谏也。今足下视之，果当诛邪？是直可欺当时之人，而不可欺后世也。今足下又欲欺今人，而不惧后世之不可欺邪？况今之人未可欺也。

伏以今皇帝即位以来，进用谏臣，容纳言论，如曹修古、刘越虽殁，犹被褒称。今希文与孔道辅皆自谏诤擢用。足下幸生此时，遇纳谏之圣主如此，犹不敢一言，何也？前日又闻御史台榜朝堂，戒百官不得越职言事，是可言者惟谏臣尔。若足下又遂不言，是天下无得言者也。足下在其位而不言，便当去之，无妨他人之堪其任者也。昨日安道贬官，师鲁待罪，足下犹能以面目见士大夫，出入朝中称谏官，是足下不复知人间有羞耻事尔。所可惜者,圣朝有事,谏官不言而使他人言之,书在史册,他日为朝廷羞者,足下也。

《春秋》之法,责贤者备。今某区区犹望足下之能一言者,不忍便绝足下,而不以贤者责也。若犹以谓希文不贤而当逐,则予今所言如此,乃是朋邪之人尔。愿足下直携此书于朝,使正予罪而诛之,使天下皆释然知希文之当逐,亦谏臣之一劾也!

高若讷看到欧阳修的信后,气得暴跳如雷,立即将信交给朝廷,说欧阳修攻击天子以忤意逐贤人,惑乱众听。仁宗皇帝也被欧阳修的书信震怒。景祐三年(1036年)五月廿一,仁宗皇帝诏令,将欧阳修逐出朝廷,贬为夷陵(今湖北省宜昌市)县令。

范仲淹、余靖、尹洙和欧阳修先后被贬外任,让馆阁校勘蔡襄气愤至极,写了一组《四贤一不肖诗》,洋洋千言,气势磅礴,来表达心中的愤愤不平。"四贤"指范仲淹、余靖、尹洙和欧阳修,"一不肖"指高若讷。此诗一出,汴京城内争相传阅,一时洛阳纸贵。

景祐三年五月廿八,欧阳修乘船启程赴夷陵县任职。此时,最让欧阳修放心不下的,是年已五十六岁高龄的母亲,要跟随他一同前往夷陵。好在母亲深明大义,听说欧阳修要远赴夷陵任职,就安慰他说:"我们本来就是穷苦出身,苦日子都已经过惯了,你不用担心我,我肯定能够适应那里的生活。"经过五个月的水上漂泊后,欧阳修一家人于景祐三年十月廿六抵达夷陵。

夷陵地处长江上游和中游的分界处,素有"三峡门户"和"川鄂咽喉"之称。夷陵虽为峡州(今湖北省宜昌市)州治,但条件简陋艰苦。春秋时代,夷陵原本是楚国先王的墓名。秦楚之战时,楚国先王的陵墓被秦国大将白起烧毁，但夷陵之名一直沿用至今。三国时代，这里是吴蜀争夺的战略要地，曾发生过著名的夷陵之战。不过，这一切都已成为历史，而依然完整保存着的，只有那些古朴的民间风俗。

对于欧阳修来说，贬谪到偏远的夷陵，无疑是政治生活中的一次挫折。在这个偏僻小城，欧阳修感觉生活非常枯燥乏味。他热爱读书，可夷陵偏偏没什么书可读。没有诗酒文会，也没有歌舞游宴，终日相对的是江上寒山与岩壁的野花。凄厉的猿声与怪异的鸥鸣不时交错，让人不免觉得毛骨悚然。他在《初至夷陵答苏子美见寄》这首诗中写道：

三峡倚岩峣，同迁地最遥。物华虽可爱，乡思独无聊。
江水流青嶂，猿声在碧霄。野笪抽夏笋，丛橘长春条。
未腊梅先发，经霜叶不凋。江云愁蔽日，山雾晦连朝。
斫谷争收漆，梯林斗摘椒。巴宾船贾集，蛮市酒旗招。
时节同荆俗，民风载楚谣。俚歌成调笑，撵鬼聚喧嚣。
得罪宜投裔，包羞分折腰。光阴催晏岁，牢落惨惊飙。
白发新年出，朱颜异域销。县楼朝见虎，官舍夜闻鸮。
寄信无秋雁，思归望斗杓。须知千里梦，长绕洛川桥。

欧阳修常常将夷陵与洛阳对比，与汴京对比，希望在对比中找到一些似曾相识之处，从而给自己一些心灵上的慰藉。他在《初至虎牙滩见江山类龙门》这首诗中写道：

晓鼓潭潭客梦惊，虎牙滩上作船行。

山形酷似龙门秀，江色不如伊水清。
平日两京人少壮，今年三峡岁峥嵘。
卧闻乳石淙流响，疑是香林八节声。

没过多久，欧阳修就提醒自己，不可沉溺于怀旧的伤感与自怜的忧思之中，而应该以一种全新的眼光来面对这片陌生的土地，毕竟，自己的任期才刚刚开始。

夷陵的山谷间生长着许多黄杨树，这是一种常绿灌木，多少年来都生长在沿江的山崖险绝上，具有极其顽强的生命力。欧阳修每次沿江散步时，都会情不自禁地望着黄杨树的青枝绿叶发呆，一种赞美之情油然而生。他在《黄杨树子赋（并序）》中写道：

夷陵山谷间，多黄杨树子。江行过绝险处，时时从舟中望见之。郁郁山际，有可爱之色。独念此树生穷辟，不得依君子封殖，备爱赏，而樵夫野老又不知其惜，作小赋以歌之。

若夫汉武之宫，丛生五柞；景阳之井，对植双桐。高秋羽猎之骑，半夜严妆之钟，凤盖朝拂，银床暮空。固以葳蕤近日，的皪含风，婆娑万户之侧，生长深宫之中。

岂知绿藓青苔，苍崖翠壁，枝翁郁以含雾，根屈盘而带石。落落非松，亭亭似柏，上临千仞之盘薄，下有惊湍之濆激。涧断无路，林高暝色，偏依最险之处，独立无人之迹。江已转而犹见，峰渐回而稍隔。

嗟乎！日薄云昏，烟霏露滴。负劲节以谁赏，抱孤心而谁识？徒以窦穴风吹，阴崖雪积，哢山鸟之嘲哳，袅惊猿之寂历。无游女兮长攀，有行人兮暂息。节既晚而愈茂，岁已寒而不易。

乃知张骞一见，须移海上之根；陆凯如逢，堪寄陇头之客。

随着时间的推移，欧阳修逐渐喜欢上夷陵的山山水水。他开始约请峡州军事判官丁宝臣、峡州州府推官朱处仁等一起出游，时而踏雪寻梅，时而饮酒填词，时而寻幽览胜。每次相约出游，欧阳修与同僚友人都是兴致满满，以至于流连忘返。

第四章 许州成婚，却喜坡头见峡州

01. 许州迎娶薛小姐

宋仁宗景祐四年（1037年）春天，身为夷陵（今湖北省宜昌市）县令的欧阳修收到了好友薛仲孺[①]的来信，就是这封来信，给欧阳修带来了婚姻的福音。

景祐元年（1034年）闰六月，欧阳修担任馆阁校勘时，刚刚卸去参知政事官职[②]的薛奎，就想把自己的四女许配给欧阳修，但欧阳修担心相门之女未免沾有骄娇二气，心中有些犹豫，准备先暗中了解一下薛氏小姐的状况再做答复。可这年八月，薛奎竟一病不起，撒手人寰。薛氏小姐与家人扶柩归许州守丧，欧阳修在这一年的十二月迎娶杨氏为妻，因而错过了这段姻缘。

过了三年，薛氏小姐守父丧期满，欧阳修的妻子杨氏也已经

[①] 薛仲孺，字公期，北宋资政殿学士、尚书户部侍郎薛奎的侄子，也是养子。薛奎，字宿艺。

[②] 参知政事，官职名，与同平章事、枢密使、枢密副使合称"宰执"，相当于副宰相。

病故一年多。薛氏的堂兄薛仲孺便奉伯母薛夫人之命写信给欧阳修,重提将堂妹嫁予欧阳修。得知薛家要将女儿嫁给儿子,欧阳修的母亲郑氏非常高兴,立即让儿子回信议婚。

欧阳修是个孝子,马上就按母亲的意思向朝廷告假,于景祐四年三月与好友薛仲孺一起乘舟东下,前往许州(今河南省许昌市)迎娶薛氏小姐。

就在欧阳修赶往许州时,他的叔叔欧阳晔于四月九日去世,享年七十九岁。欧阳修不能奔丧,只能遥祭叔叔英灵。七年后,欧阳晔安葬在应城县(今湖北省应城市)时,欧阳修才得以给叔叔撰写了《祭叔父文》和《尚书都官员外郎欧阳公墓志铭》。

欧阳修抵达许州后,经过一番精心筹备,于景祐四年八月与薛氏小姐举行了成婚大礼。由于朝廷批准的假期有限,婚后没几天,欧阳修就带着二十岁的新婚妻子薛氏踏上了返回夷陵的路途。

八月已是秋风送爽的季节。为了节省时间,欧阳修选择从陆路返回。路过唐州(今河南省唐河县)时,晴朗的秋天清新怡人,美丽的霞光映射在波光粼粼的水面,淡淡的云雾缭绕着枝疏叶朗的秋林。晨光隐没了星河,枝头上的小鸟机灵鸣叫,远处重重叠叠的青山掩映在白云深处。清爽的时节,美丽的景色,愉快的心情,不免让欧阳修诗意大发。他在《将至淮安马上早行学谢灵运体六韵》中写道:

> 晴霞煦东浦,惊鸟动烟林。曙河兼斗役,沓嶂隐云深。
> 寒鸡隔树起,曲坞留风吟。征夫倦行役,秋兴感登临。
> 衡皋积涂迥,江蘺香露沉。行矣岁华晚,归欤劳叹音。

欧阳修带着新婚的薛氏返回夷陵，心情格外愉快，夫妻二人似乎总有说不完的话题。他们昼行夜宿，一路虽然非常辛苦，但在崎岖艰险的路途中常常能够看到美丽别致的风景，让夫妻二人大饱眼福，也让欧阳修对新婚的爱妻更加呵护。在距离枝江（今湖北省枝江市）仅有一百余里的平陆驿，欧阳修欣然写下了一首《自枝江山行至平陆驿五言二十四韵》：

枝江望平陆，百里千余岭。萧条断烟火，莽苍无人境。
峰峦互前后，南北失壬丙。天秋云愈高，木落岁方冷。
水涉愁蜮射，林行忧虎猛。万仞悬岩崖。一彴履枯梗。
缘危类猿猱，陷淖若蛙黾。腰舆惧倾扑，烦马倦鞭警。
攀跻诚畏涂，习俗美蛮犷。度隘足虽踠，因高目还骋。
九野画荆衡，群山乱巫郢。烟岚互明灭，点缀成图屏。
时时度深谷，往往得佳景。翠树郁如盖，飞泉溜垂绠。
幽花乱黄紫，蓊䕺弄光影。山鸟啭成歌，寒蜩嘒如哽。
登临虽云劳，巨细得周省。晨装趁徒旅，夕宿访闾井。
村暗水茫茫，鸡鸣星耿耿。登高近佳节，归思时引领。
溪菊荐山樽，田鹜佐烹鼎。家近梦先归，夜寒衾屡整。
崎岖念行役，昔宿已为永。岂如江上舟，棹歌方酩酊。

从许州到夷陵，走陆路有一千多里。欧阳修带着新婚的妻子，可谓跋山涉水，尤其要经过许多荒无人烟的地方，虽有高山峻岭的奇妙景观，但也有各种野兽的处处威胁。这样的新婚之旅，不仅对欧阳修是一种考验，对出生并成长于官宦大户人家的薛氏来说，更是一种考验。

但是，人生还是第一次离开家人的薛氏，没有丝毫的畏惧与胆怯，而是以非凡的意志品格，默默地承受着一路遇到的各种困难与考验。薛氏知书识礼，通晓琴棋书画，为人精明清正，处事机智敏锐，深得家父薛奎严于事、敏于行、厚于人的谆谆教诲。薛氏在未出嫁前，就常听父母和兄长谈论欧阳修，更是读过欧阳修的许多诗文，相信父母为她选择的这门婚事一定没错。她从与欧阳修举行大婚的那天起，就下决心今生今世与丈夫同甘苦、共命运。她愉快地跟随新婚的丈夫踏上返回夷陵的路途，将这次漫长的旅途，当成自己的一次人生磨砺。

行程虽然漫长而艰难，但有知书达理的新婚妻子陪伴，欧阳修的内心既感慨万千，又无比欣慰。

欧阳修与薛氏经过一个多月的长途跋涉，到达了峡州（今湖北省宜昌市）城外的望州坡。此时，欧阳修的心情格外激动，他站在望州坡上，望着僻静而又熟悉的夷陵县城，一种特有的归乡喜悦油然而生。他在《望州坡》中写道：

闻说夷陵人为愁，共言迁客不堪游。

崎岖几日山行倦，却喜坡头见峡州。

欧阳修自景祐四年三月向朝廷告假北上许州，离开夷陵一晃已经半年有余，县衙积压了许多公务没有办理。于是，他抓紧时间梳理，逐一进行办理。因为家里有了薛氏这个贤内助，欧阳修的心里踏实多了，处理公务也更加得心应手。

薛氏主理家政，大小事务都被她安排得井然有序。她悉心照顾年迈的婆婆，起居饮食都做得无微不至。在欧阳修的心里，一个天性柔弱的大家闺秀，从富贵繁华的许州跋涉千里之远，历经千辛万苦，跟随着他来到偏僻落后的夷陵山城，脸上却丝毫看不见埋怨的神色，他的心里不免产生了一种难以名状的感激之情，庆幸自己娶到了一个可以执子之手、与子偕老的好妻子。欧阳修在《与薛少卿（薛仲孺）》（其二）中写道：

> 自公期东门之别，忽已逾年。南北之殊，相去万里，音信疏绝，于理固然。昨至许州，蒙讯问，备审官下为况甚佳。迩来谅惟自公之余，与闱内贵属各保清休。某居此，为况皆如常。亲老，幸甚安。室中骤过僻陋，便能同休戚，甘淡薄，此吾徒之所难，亦鄙夫之幸也。多荷多荷。公期游宦故乡，其乐可量。思昔月中琴、弈、尊酒之会，何可得邪？某久处穷僻，习成枯淡，顿无曩时情，惟觉病态渐侵尔。敝性懒于作书，区区思慕之心非有怠也，惟仁者察之。谗谤未解，相见何由？惟慎疾加爱。因人至京，频示三两字为祷。其如方寸莫能尽也。

此时，欧阳修的内心自然非常感激已经成为他大舅哥的薛仲孺。

后来的数十年间，薛氏作为欧阳修生活中的亲密伴侣，跟随着欧阳修走南闯北，无论是穷乡僻壤，还是艰难处境，她都是泰然处之，毫无怨言。她默默地相夫教子，让欧阳修安心履行官职，极尽一个妻子应尽的责任。

02. 量移乾德任县令

宋仁宗景祐四年（1037年）十二月，东京汴梁发生强烈地震，京城之内因此人心惶惶。就在汴京发生地震的同一天，河东地区的忻州（今山西省忻县）、代州（今山西省代县）等地也发生强烈地震，而且余震持续三天，毁坏房舍无数，人员伤亡和牲畜死亡数以万计。

那时科学还不发达，人们所信奉的是天人感应。在人们的心目中，发生强烈地震造成重大人员伤亡和重大财产损失，不是单纯的自然灾害，而是上天对统治者的惩戒。据《宋史·叶清臣传》记载，地震发生后，直史馆叶清臣[①]奏疏言道："陛下忧勤庶政，方夏泰宁，而一岁之中，灾变仍见。必有下失民望、上戾天意者，故垂戒以启迪清衷。而陛下泰然不以为异，徒使内侍走四方，治佛事，修道科，非所谓消复之实也。顷范仲淹、余靖以言事被黜，天下之人，钳舌不敢议朝政者，行将二年。愿陛下深自咎责，许延忠直敢言之士，庶几明威降鉴，而善应来集也。"

叶清臣的奏疏让仁宗皇帝百感交集，他因此想起了范仲淹，也想起了欧阳修。景祐四年十二月廿五，仁宗皇帝诏令徙知饶州（今江西省鄱阳县）的范仲淹移知润州（今江苏省镇江市），监筠州（今江西省高安市）税；余靖[②]监泰州税；夷陵县令欧阳修为光化军乾德（今湖北省老河口市北）县令。这样，范仲淹和欧阳修都从偏

---

① 叶清臣，字道卿，北宋名臣，著有《述煮茶小品》等。

② 余靖，本名余希古，字安道，号武溪，北宋政治家，"庆历四谏官"之一。著有《武溪集》二十卷。

远之地量移①到了距京城较近的郡县，以示恩赦。

景祐五年（1038年）二月，收到量移诏令的欧阳修马上和家人一起收拾物品，乘舟东下，前往乾德任所。

当动身离开夷陵这座绿水青山、四野寂寥的边城时，欧阳修突然觉得有些依依不舍。这里的乡邻友人，这里的淳朴民风，已经与他相通相融，都变得非常亲切。自景祐三年十月来到夷陵担任县令以来，夷陵的山山水水，夷陵的黎民百姓，让他的意志得以磨砺，精神得以振奋，就像一只浴火的凤凰一样，在夷陵得以重生。他和家人坐在东行的船舶之上，仿佛漫游于夷陵城外的青草渡和武牙滩，但现实之中夷陵已是渐行渐远，一切都将珍藏于记忆之中。后来，他将自己的这种心情写在了《离峡州后回寄元珍表臣》之中：

经年迁谪厌荆蛮，惟有江山兴未阑。
醉里人归青草渡，梦中船下武牙滩。
野花零落风前乱，飞雨萧条江上寒。
荻笋时鱼方有味，恨无佳客共杯盘。

景祐五年四月初，当船舶行驶到江陵（今湖北省荆州市）时，欧阳修的同父异母兄欧阳晒领着家人早已等候在岸边。欧阳晒，字晦叔，比欧阳修年长二十余岁，此时已是年过半百之人。欧阳晒胸怀大志，为人豁达，敢于直言，性情慷慨，但困于人轻位卑，始终未被重用。欧阳修赴夷陵任职县令于景祐三年八月途经江陵时，曾派人去黄陂（今武汉市黄陂区）邀请兄长来聚。而此时，

---

① 量移：指官吏因罪远谪，遇赦酌情调迁近处任职。有时，也泛指迁职。

欧阳晒已从黄陂移居江陵,得知弟弟量移乾德,内心非常高兴,便留弟弟一家人小住几天。

兄弟二人再次相见,彼此之间都感到非常亲热。欧阳晒家的院子里有一处小小的水池,水池中养着色彩鲜艳的小鱼,水池上修建了一座风格别致的亭子。欧阳修与兄长在亭子里临池赏鱼,把酒畅饮,尽情欢言。欧阳修还将亭子命名为"游鯈亭",并写下一篇《游鯈亭记》,表达自己对兄长"困于位卑,无所用以老"状况的感慨之情。

在江陵,欧阳修与欧阳晒兄弟两家聚得非常开心,但因赴任有期限,欧阳修只好与家人一起辞别兄长,启程赶赴乾德。

乾德位于京西南路的中部,汉水中游东岸,邻近中原。欧阳修来到乾德后,正赶上乾德春季大旱,他不敢怠慢,立即出城视察灾情。他清楚地意识到,这春播春耕无雨,老百姓就会整年没有收成。他在《求雨祭汉景帝文》写道:

> 具官修告于汉孝景帝之神:县有州帖,祈雨诸祠。县令至愚,以谓雨泽颇时,民不至于不足,不敢以烦神之视听。癸丑,出于近郊,见民稼之苗者荒在草间,问之,曰:"待雨而后耘籽。"又行见老父,曰:"此月无雨,岁将不成。"然后乃知前所谓雨泽颇时者,徒见于城郭之近,而县境数百里山陂田亩之间,盖未及也。修以有罪,为令于此,宜勤民事神以塞其责。今既治民狱讼之不明,又不求民之所急,至去县十余里外,凡民之事皆不能知,顽然慢于事神,此修为罪又甚于所以来为令之罪。惟神为汉明帝,生能惠泽其民,布义行刚,威灵之名,照临后世,而尤信于此土之人。神其降休,以答此土民之信。

欧阳修认为，灾害之因在人而不在天。阴阳失调，或涝或旱，是由百姓的怨气上冲于天所造成的，百姓的怨气是由人间的不平所造成的，人间的不平是由官吏贪腐暴戾造成的。人怨而后天怨，因而阴阳失调导致出现灾害。这种认识虽然不科学，但其中所具备的怜悯百姓和严于律己思想是非常难能可贵的。

不久，天降喜雨，旱情得以解除。看到百姓又可以正常地耕作和生活，欧阳修在《答杨辟喜雨长句》中写道：

> 吾闻阴阳在天地，升降上下无时穷。
> 环回不得不差失，所以岁时无常丰。
> 古之为政知若此，均节收敛勤人功。
> 三年必有一年食，九岁常备三岁凶。
> 纵令水旱或时遇，以多补少能相通。
> 今者吏愚不善政，民亦游惰离于农。
> 军国赋敛急星火，兼并奉养过王公。
> 终年之耕幸一熟，聚而耗者多于蜂。
> 是以比岁屡登稔，然而民室常虚空。
> 遂令一时暂不雨，辄以困急号天翁。
> 赖天闵民不责吏，甘泽流布何其浓。
> 农当勉力吏当愧，敢不酾酒浇神龙。

在乾德，欧阳修和家人的生活水平虽然得到了很大的改善，但欧阳修的心里总感觉乾德缺少浓郁的文化氛围，没人与他谈文论道，而这对于他来说，无异于一种精神上的摧残。

其实，让欧阳修做县令，纯属大材小用，县衙里的那些事务，处理起来是非常轻松的。这样，欧阳修就有了很多闲暇时间从事文学方面的创作和研究。在此前所撰《十国志》的基础上，欧阳修又进一步搜集资料加以整理，初步完成了《新五代史》纪传部分。

来到乾德后，欧阳修对古碑帖产生了比较浓厚的兴趣。他处处留心，随时随地寻访和收集古碑帖。在查阅乾德的地方志地图时，发现乾德境内有一块东汉熹平三年所立的《玄儒娄先生碑》（又名《娄寿碑》），便惊喜万分，马上按图求碑，在乾德县与谷城县（今湖北省谷城县）交界处找到了娄寿之墓，而这块具有很高文物价值的《玄儒娄先生碑》就立在墓侧。他还寻访发现了《魏刘熹学生冢碑》《晋南乡太守颂碑》等古碑，这些古碑帖后来都搜集在了《集古录》之中。遇到因年代久远古碑上的字迹或古奥生僻，或轮廓模糊无法辨识的状况时，欧阳修就写信向博学多闻的王洙[①]求教。

宋仁宗景祐五年（1038年）十一月，朝廷举行南郊祀典，诏令改年号为宝元。这时，欧阳修的家里突发变故，他的前妻胥氏所生的孩子突染重病，不幸夭折。痛失年仅六岁的爱子，欧阳修的心情极度悲伤，精神极度失落。

03. 痛失亲友撰祭文

宋仁宗宝元二年（1039年）六月廿五，朝廷诏令，欧阳修起

---

① 王洙，字原叔，一作源叔，北宋大臣、目录学家。

复镇南军节度掌书记①职衔，调往武成军所在地滑州（今河南省滑县）任判官。但武成军原任判官的任期未满，欧阳修还不能马上就任，他便借机应谢绛之邀，前往谢绛任知州的邓州（今河南省邓州市）居住一些日子。

宝元二年八月末，欧阳修携家眷抵达邓州暂居。在谢绛那里，欧阳修得知自己的恩师、岳父胥偃已病逝于汴京，内心痛惜不已。他永远也忘不了岳父对自己的谆谆教诲。因与岳父在范仲淹言事和范仲淹判案上产生严重分歧，欧阳修始终在岳父面前无法陈述以释前嫌。如今，岳父已逝，他选择自己的旧交好友刁约②作为倾诉对象，来表达自己的悼念之情。他在《与刁景纯学士书》中写道：

近自罢乾德，遂居南阳，始见谢舍人，知丈丈内翰凶讣，闻问惊怛，不能已已。丈丈位望并隆，然平生亦尝坎坷，数年以来，方履亨途，任要剧，其去大用尺寸间尔，岂富与贵不可力为，而天之赋予多少有限邪？凡天之赋予人者，又量何事而为之节也？前既不可诘，但痛惜感悼而已。

某自束发为学，初未有一人知者。及首登门，便被怜奖，开端诱道，勤勤不已，至其粗若有成而后止。虽其后游于诸公而获齿多士，虽有知者，皆莫之鬻民。然亦自念不欲效世俗子，一遭人之顾己，不以至公相期，反趋走门下，胁肩谄笑，甚者献谀谀而备使令，以卑昵自亲。名曰报德，非惟自私，

---

① 节度掌书记，官名，品级为从八品，掌管朝觐、慰问、聘荐、祭祀、祈祝之文及号令、升黜之事。

② 刁约，字景纯，胥偃的内弟，有"刁学士"之称，范仲淹、欧阳修、司马光、王安石、王存、苏轼等对他都很敬爱。

直亦待所知以不厚。是故惧此，惟欲少励名节，庶不泯然无闻，用以不负所知尔。某之愚诚，所守如此，然虽胥公，亦未必谅某此心也。自前岁得罪夷陵，奔走万里，身日益穷，迹日益疏，不及再闻语言之音，而遂为幽明之隔。嗟夫！世俗之态既不欲为，愚诚所守又未克果，惟有望门长号，临柩一奠，亦又不及。此之为恨，何足道也！徒能惜不永年与未大用，遂与道路之人同叹尔。

知归葬广陵，遂谋京居，议者多云不便，而闻理命若斯，必有以也。若须春水汴，某岁尽春初，当过京师，尚可一拜见，以尽区区，身贱力微，于此之时当有可致，而无毫发之助，惭愧惭愧。

欧阳修暂住邓州两个多月后的宝元二年十一月廿二，谢绛因突发疾病溘然长逝，年仅四十五岁。好友的突然去世，让欧阳修简直无法接受。他在《祭谢希深文》中写道：

呜呼谢公！性明于诚，履蹈其方。其于死生，固已自达，而天下之士所以叹息而不已者，惜时之良。况于吾徒，师友之分，情亲义笃，其何可忘？景祐之初，修走于峡，而公在江东，寓书真州，哀其亲老，而勉以自强。其后二年，再迁汉上，风波雾毒，凡万二千里，而会公南阳。初来谒公，迎我而笑，与我别久，怜其貌若故而气扬。清风之馆，览秀之凉。坐竹林之修荫，泛水芰之清香。及告还邑，得官灵昌。走书来报，喜咏于章。罢县无归，来客公邦。欢言未几，遽问于床。不见五日，而入哭其堂。

宋仁宗康定元年（1040年）六月廿八，朝廷再次下诏，复欧阳修为馆阁校勘，召还京师，仍修《崇文总目》。欧阳修在赶往滑州（今河南省滑县）出任判官的路上得到这一诏令，便随即调整行程，改向汴京进发。

康定元年八月初一，欧阳修携家眷抵达汴京，从而结束了长达四年的贬谪经历重返都门。回到京城没多久，欧阳修又接到张先弟弟的来信，他这才知道张先已于宝元二年（1039年）二月在亳州鹿邑县任上去世。欧阳修眼含泪水，在《张子野墓志铭》中写道：

> 初，天圣九年，予为西京留守推官，是时，陈郡谢希深、南阳张尧夫与吾子野，尚皆无恙。于时一府之士，皆魁杰贤豪，日相往来，饮酒歌呼，上下角逐，争相先后以为笑乐，而尧夫、子野退然其间，不动声气，众皆指为长者。予时尚少，心壮志得，以为洛阳东西之冲，贤豪所聚者多，为适然耳。其后去洛来京师，南走夷陵，并江汉，其行万三四千里，山礓水压，穷居独游；思从曩人，邈不可得。然虽洛人至今皆以谓无如向时之盛，然后知世之贤豪不常聚，而交游之难得为可惜也。初在洛时，已哭尧夫而铭之；其后六年，又哭希深而铭之；今又哭吾子野而铭之。于是又知非徒相得之难，而善人君子欲使幸而久在于世，亦不可得，呜呼，可哀也已！

中秋节原本是一家人团圆的喜庆日子，可欧阳修却心生一种壮年早衰的悲凉之感。他在《渔家傲·八月微凉生枕簟》这首词中写道：

八月微凉生枕簟。金盘露洗秋光淡。池上月华开宝鉴。波潋滟。故人千里应凭槛。

蝉树无情风苒苒。燕归碧海珠帘掩。沈臂昌霜潘鬓减。愁黯黯。年年此夕多悲感。

这首词的上阕写的是中秋夜晚月色如洗，清澈的水池澄明如镜，在月光的映照下，水池波光荡漾，远在千里之外的故人此刻也许正倚着栏杆思念着欧阳修，正如欧阳修思念他们一样，表达了对故人的千里之思。词的下阕所描写的景物，表现出时光的无情。在时光的催迫之下，欧阳修强烈地体会到壮年早衰、时不我待的悲凉境界。欧阳修的这首词，回归了写景抒情的传统写词模式，词的内容走出了闺阁，走向了自然，开阔了词境。

康定元年（1040年）秋天，欧阳修夫人薛氏的哥哥、薛家唯一的儿子薛直孺[①]因病去世，年仅二十四岁。为了安慰年迈的岳母，欧阳修让薛氏回娘家住一段时间，陪母亲度过最初的痛苦期。欧阳修在《薛质夫墓志铭》中这样写道：

质夫少多病，后公六年以卒，享年二十有四。初娶向氏，某人之孙，某人之女；再娶王氏，某人之孙，某人之女，皆无子。呜呼！简肃公之世，于是而绝。孟子曰："不孝有三，无后为大。"此为舜娶妻而言耳，非万世之通论也。

不娶而无后，罪之大者可也；娶而无子，与夫不幸短命未及有子而死以正者，其人可以哀，不可以为罪也。故曰孟子

[①] 薛直孺，字质夫，父亲薛奎死后作为独生子被恩荫授大理寺丞。

之言非通论，为舜而言可也。质夫再娶皆无子，不幸短命而疾病以死，其可哀也，非其罪也。

自古贤人君子，未必皆有后，其功德名誉垂世而不朽者，非皆因其子孙而传也。伊尹、周公、孔子、颜回之道著于万世，非其家世之能独传，乃天下之所传也。有子莫如舜，而瞽不得为善人，卒为顽父，是为恶者有后而无益，为善虽无后而不朽。然则为善者可以不懈，为简肃公者可以无憾也。使简肃公无憾，质夫无罪，全其身，终其寿考，以从其先君于地下，复何道哉？

欧阳修一改墓志铭叙述死者生平事迹的文体特点，着重辨析"不孝有三，无后为大"的传统观念，就薛直孺无后、薛氏绝世这一不幸事实，提出了自己独到的见解。欧阳修还写了岳父薛奎一生的刚毅自守，于国有补，于民有恩。虽然不幸无后绝世，但他的功德名誉终将不朽。

04. 三大主张御西夏

宋仁宗康定元年（1040年）秋天，欧阳修重回馆阁担任馆阁校勘一职，主要负责修撰《崇文总目》。对于欧阳修来说，这无疑是一个驾轻就熟的业务。

就在此时，一直剑拔弩张的宋夏边界爆发战争。宋朝建立以来，边疆地区一直受到契丹和西夏的威胁和侵扰。宋朝号称"海内混一"，但疆域面积不但不及汉、唐两朝，甚至还不如晋、隋两朝。

晋天福元年（936年），原后唐河东节度使石敬瑭反唐自立。为了坐上皇位，石敬瑭以割让燕云十六州并认契丹皇帝为父作为条件，来争取契丹的出兵援助，成为历史上著名的"儿皇帝"。石敬瑭割让给契丹的燕云十六州，始终未能归入宋朝版图。

西夏历来是以附庸的姿态臣事宋朝。宋仁宗明道元年（1032年），元昊继位西夏王。元昊继位后，不甘于臣事宋朝，于宋仁宗景祐元年（1034年）就开始屡屡侵扰宋朝边境。宋仁宗宝元元年（1038年），元昊宣布称帝建国，号大夏，正式拉开了与宋朝分庭抗礼的序幕。宋仁宗康定元年（1040年），元昊正式对中原地区发动大规模的侵扰战争。

元昊显然是蓄谋已久，有备而来。他先是用计谋麻痹延州（今陕西省延安市）知州兼鄜延环庆安抚使范雍，在州城不设守备，然后试探性地进攻鄜延西北的保安（今陕西省志丹县），得手以后便以重兵攻打延州外围的要塞金明寨（今陕西省延安市安塞区）。因金明寨守将李士彬骄横轻敌，积怨部下，又不听劝阻，结果遭受大败，不仅父子被擒，而且部下数万党项族士兵尽降元昊。元昊随后乘胜进攻延州，在三川口（今陕西省子洲县）一带连战连捷，而宋军节节败退，元昊很快就控制了陕北横山以南至延州一带的大部分地区。

宋军在三川口遭到惨败，充分暴露了宋朝政治和军事体制的腐败。腐败就要落后，落后就要挨打。对此，仁宗皇帝震惊了，朝野上下震惊了。范仲淹、富弼、欧阳修等有识之士逐步认识到外患源自内忧，而内忧源自放任官僚荒淫腐败。

在疆域饱受困扰的形势下，朝廷宰臣们开始关注和思考有关"正统"问题。"正"指的是儒家的政治伦理，即王道、王德；"统"

指的是地域上的统一。宋朝建立后,真宗时期官修的大型政书《册府元龟》最先提出"正统"问题,目的是使王朝的存在神圣化。

朝廷被辱挨打的窘迫形势,让欧阳修也不得不思考正统论问题。他一连写了《原正统论》《明正统论》《秦论》《魏论》《东晋论》《后魏论》《梁论》七篇文章,来讨论和阐释"正统"问题,七篇文章总名就是《正统论》。在七篇文章中,欧阳修所表达的都是对现实的深切关注,目的是为朝廷寻找神圣莫渎的根据,从而维护和巩固中央集权制度。

对于西夏元昊的侵扰,欧阳修重点撰写了三篇策论,但文章写成后,没有进呈朝廷,而是在这三篇策论的基础上,又详细写了一篇洋洋数千字的《通进司上书》,于宋仁宗康定元年十二月廿四奏上,希望此篇论文能给朝廷做出相应的战略决策提供参考。

欧阳修在论文中分析指出:元昊取得胜利但不继续前进,这种没有失败却自己撤退的策略,充分证明元昊率领西夏是要打持久战的。欧阳修分析道:"或击吾东,或击吾西,乍出乍入,所以使吾兵分备多而不得减息也。吾欲速攻,贼方新锐;坐而待战,彼则不来。"他认为,这样相持下去,不出三四年,宋朝就会兵乏民疲。如果再遇上水旱灾害,盗贼群起,那么,宋朝与西夏无论是战是和,一切主动权就都掌握在西夏的手中。

欧阳修在论文中建议,朝廷应该"外料贼谋之心,内察国家之势,知彼知此,因谋制敌",做好打持久战的准备。朝廷在宋、夏边境驻扎着四五十万兵力的军队,依靠的却是西部地区的财力供给,导致当地民众不堪其苦,一旦发生水旱灾害,很难保证不出现事变。欧阳修认为,应该"通漕运,尽地利,权商贾,三术并施",保证军需充足,也使西部民众的困苦得到缓解。这样,

就可以保证宋朝部队长久驻扎,无论是守是攻,都能从容有备。关于"三术并施",欧阳修在《通进司上书》中这样写道:

> 夫小琐目前之利,既不足为长久之谋,非旦夕而可效。故为长久而计者,初若迂愚而可笑,在必而行之,则其利溥矣。故臣区区不敢避迂愚之责,请上便宜三事,惟陛下裁择。
>
> 其一曰通漕运。臣闻今为西计者,皆患漕运之不通,臣以谓但未求之耳。今京师在汴,漕运不西,而人之习见者遂以为不能西。不知秦、汉、隋、唐其都在雍,则天下之物皆可致之西也。山川地形非有变易于古,其路皆在,昔人可行,今人胡为而不可……
>
> 其二曰尽地利。臣闻昔之画财利者易为工,今之言财利者难为术。昔者之民,赋税而已。故其不足,则铸山煮海,榷酒与茶,征关市而算舟车,尚有可为之法以苟一时之用。自汉、魏迄今,其法日增,其取益细,今取民之法尽矣。昔者赋外之征,以备有事之用……
>
> 其三曰权商贾。臣闻秦废王法,启兼并,其上侵公利,下刻细民,为国之患久矣。自汉以来,尝欲为法而抑夺之,然不能也。盖为国者兴利日繁,兼并者趋利日巧,至其甚也,商贾坐而权国利。其故非他,由兴利广也。夫兴利广则上难专,必与下而共之,然后通流而不滞……

欧阳修提出的"通漕运,尽地利,权商贾"三大主张,是建立在他对宋朝交通、经济、商贸的长期研究基础之上的,既有历史资料为旁证,又有对当前时势的深入分析,是有极强的针对性和前瞻性。

05. 真诚面对求教者

宋仁宗庆历元年（1041年）十二月，经过一年多的不懈努力，《崇文总目》六十卷修撰完成，并进呈仁宗皇帝御览。仁宗皇帝看后非常高兴，对所有参加修撰的人员进行封赏，尤其将具体负责撰修事务的欧阳修，从馆阁校勘职位晋升为集贤校理①职位。

《崇文总目》的编纂始于宋仁宗景祐元年（1034年）六月，历时长达七年半时间。成书后总计六十六卷，收录图书三千四百四十五部，三万零六百六十九卷，分编为四部四十五类。每类下面有类叙，每书下面有提要。四十五类叙释文字，有三十类出自欧阳修之手，今存的《欧阳文忠公集》中，就有《崇文总目叙释》一卷。这些叙释文字，分类介绍学科的源流演变，界定类别、说明存类的依据及其社会意义与学术评价，既有宏观把握，又有细微洞察，全面反映了欧阳修的学问根底与知识素养，更集中体现了他为编纂该书所付出的心血和精力。先后参加《崇文总目》的名人很多，起初并未将欧阳修的名字列入其中。后来，随着欧阳修地位的不断提高，最终将主编者署名定为王尧臣、欧阳修。

《崇文总目》修成后，一位来自建昌南丰（今江西省南丰县）的青年叩开了欧阳修家的大门。这个青年叫曾巩，字子固，时年

---

① 集贤校理，官名，为集贤院下属文职散官。

二十三岁,刚刚进入国子监广文馆就读。曾巩聪明好学,十二岁时每天就能写出几千字的文章,而且出手不凡。欧阳修于天圣八年(1030年)获得试礼部进士魁首时,年少的曾巩就记住了欧阳修的名字。此后,曾巩经常搜集和阅读欧阳修的文章。

景祐三年(1036年),欧阳修因朋党风波之事被贬谪夷陵县令时,曾巩的父亲曾易占①担任信州(今江西省上饶市)知县。曾巩在父亲的身边,常听士大夫谈论朋党风波之事,心中暗自称赞欧阳修是"不顾流俗之态,卓然以体道扶教为己务"的风范。

曾巩这次来京城,是来参加国子监广文馆入学考试的,考试结束后就呈上了《上欧阳学士第一书》,并登门拜访欧阳修。

看了曾巩的《上欧阳学士第一书》,欧阳修顿觉耳目一新,随后就非常热情地接待了这位敢于登门拜访的年轻人。他将曾巩请到书房内,边喝茶边交流。欧阳修平和亲切的话语,让曾巩感到如沐春风一般温暖,心灵上的距离感很快被清除。此后,曾巩经常来欧阳修的家里以文求教。在欧阳修的悉心指导下,曾巩进步很快,也让欧阳修深感欣慰。他常对别人说:"过吾门者百千人,独于得曾生为喜。"

可在庆历二年的礼部试中,曾巩再次遭到黜落,让欧阳修感到惋惜与不平。他在《送曾巩秀才序》中写道:

> 广文曾生,来自南丰,入太学,与其诸生群进于有司。有司敛群才,操尺度,概以一法。考。其不中者而弃之;虽有魁

---

① 曾易占,字不疑,历任太子中允、太常博士,知如皋、玉山、信州三县,著有《南丰县兴学记》。

垒拔出之才，其一累黍不中尺度，则弃不敢取。幸而得良有司，不过反同众人叹嗟爱惜，若取舍非己事者。谚曰："有司有法，奈何不中！"有司固不自任其责，而天下之人亦不以责有司，皆曰："其不中，法也。"不幸有司度一失手，则往往失多而得少。

呜呼！有司所操果良法邪？何其久而不思革也？况若曾生之业，其大者固已魁垒，其于小者亦可以中尺度；而有司弃之，可怪也！然曾生不非同进，不罪有司，告予以归，思广其学而坚其守。予初骇其文，又壮其志，夫农夫不咎岁而蓄播是勤，甚水旱则已；使一有获，则岂不多邪？

曾生橐其文数十万言来京师，京师之人无求曾生者，然曾生亦不以干也。予岂敢求生，而生辱以顾予。是京师之人既不求之，而有司又失之，而独予得也。于其行也，遂见于文，使知生者可以吊有司而贺余之独得也。

除了曾巩之外，欧阳修对其他勤勉好学的年轻人也同样给予热情关爱。一位来自大庾岭北（今江西省大余县）的唐姓寒门学子，在东京汴梁无亲无故，不仅生活比较困苦，精神也比较孤独。欧阳修知道这情况后，像对亲人一样关心照顾他。唐姓学子一旦遇到不快乐的事情时，就会想到欧阳修，就跑到欧阳修家里倾听他的指点和开导。这位年轻人离京还乡时，欧阳修作了一首《送唐生》加以勉励：

京师英豪域，车马日纷纷。唐生万里客，一影随一身。
出无车与马，但踏车马尘。日食不自饱，读书依主人。

> 夜夜客枕梦，北风吹孤云。翩然动归思，旦夕来叩门。
> 终年少人识，逆旅惟我亲。来学愧道瞽，赠归惭橐贫。
> 勉之期不止，多获由力耘。指家大岭北，重湖浩无垠。
> 飞雁不可到，书来安得频。

在众多的求学者中，欧阳修即使不喜欢一些人的性格气质，但心里也不嫌弃这些人。他总是以循循善诱、诲人不倦的态度，对这些他认为在性格上有所缺陷的年轻人进行教育指导，而杜默就是其中的代表。杜默，字师雄，曾是"道学三先生"之一石介的学生。石介主持太学时，杜默与石介辞别还乡，石介作了一首《三豪诗送杜默师雄》赠给杜默：

> 曼卿豪于诗，社坛高数层。永叔豪于辞，举世绝俦朋。
> 师雄歌亦豪，三人宜同称。曼卿苦汩没，老死殿中丞。
> 身虽埋黄泉，诗名长如冰。永叔亦连蹇，病骞方寒腾。
> 四海让独步，三馆最后登。师雄二十二，笔距狞如鹰。
> 才格自天来，辞华非学能。迥顾李贺辈，粗俗良可憎。
> 玉川月蚀诗，犹欲相凭陵。曼卿苟不死，其才堪股肱。
> 永叔器甚闳，用之王道兴。师雄子勉旃，勿便生骄矜。

石介在诗中将石延年、欧阳修与杜默并称为"三豪"。

庆历二年（1042年）夏天，杜默带着自己平时写的几百篇诗歌来到汴京，请欧阳修加以指导。

欧阳修读后，觉得杜默的诗作以狂怪炫人眼目，有哗众取宠之弊，但他没有直言不讳地加以批评，而是在《赠杜默》一诗中加以指点：

> 南山有鸣凤，其音和且清。鸣于有道国，出则天下平。
> 杜默东土秀，能吟凤凰声。作诗几百篇，长歌仍短行。
> 携之入京邑，欲使众耳惊。来时上师堂，再拜辞先生。
> 先生颔首遣，教以勿骄矜。赠之三豪篇，而我滥一名。
> 杜子来访我，欲求相和鸣。顾我文字卑，未足当豪英。
> 岂如子之辞，铿鍠间镛笙。淫哇俗所乐，百鸟徒嘤嘤。
> 杜子卷舌去，归衫翩以轻。京东聚群盗，河北点新兵。
> 饥荒与愁苦，道路日以盈。子盍引其吭，发声通下情。
> 上闻天子聪，次使宰相听。何必九包禽，始能瑞尧庭。
> 子诗何时作，我耳久已倾。愿以白玉琴，写之朱丝绳。

欧阳修在这首诗中，告诫杜默要脚踏着坚实的大地，目光注视着普通人的生活，力求做到自然真实，切莫求高骛远、追奇逐异，并殷切期望他写出反映民生疾苦的好诗歌。

欧阳修一直怀着强烈的爱才惜才情愫，以识拔贤才、奖掖后进为己任，真诚面对每一位求教者。后来宋朝的数十年间，许多文学之士都出于他的门下，受到过他的指点。

第五章 出任谏官,新年风色日渐好

01. 大书特书忠义士

宋仁宗庆历二年(1042年)八月,欧阳修经过再三考虑,最终还是上书朝廷,申请离京外任。而他申请外任的理由,是因为京城的物价高致使家庭生活困难,外任可以节省一点生活开支。

欧阳修自景祐四年(1037年)八月与薛氏结婚,至今已整整五年,他们共同生育了一男一女。随着家庭添丁进口,单靠欧阳修的俸禄来维持家庭的生活开支,不免有些捉襟见肘。由于欧阳修请求外任的态度非常诚恳,朝廷便批准他出任滑州(今河南省滑县)通判。

庆历二年九月,欧阳修带着母亲和妻子儿女从京城起身,一个月后顺利到达滑州任所,就任通判一职。这已是欧阳修第二次到滑州任职。宝元二年(1039年)第一次到滑州,欧阳修担任判官,而这一次担任的职务,是可与知州共同签署文书的州府通判,权力已经大不一样。

到任后,欧阳修马上到各属县视察蝗虫灾情。视察中,他清楚地看到了朝廷政策的弊端所在，心中意识到应该建议朝廷改变政策，像唐代名相姚崇那样，以物质奖励来取代严刑峻法。

公余之暇，欧阳修在继续撰写《新五代史》的过程中，觉得朝代频繁更替、政权屡倾屡覆的五代时期，身处其中的士人大多身事数姓，不断易主，屈己苟活，丧失节义，直接导致了道德的沦丧和风俗的败坏。而这一切，无疑加剧了社会动荡。他觉得，如今的宋朝，这种自私卑琐、以个人得失为中心的丑陋士风仍然盛行，严重危害朝政，严重影响着朝廷机构的正常运转。他感到应该大声疾呼地让朝廷认识到，必须采取相应对策来振作士气，改变士风。因此，他开始大书特书五代时期的忠义之士，引导大宋出现更多为江山社稷而奋不顾身的忠义之士。他在《王彦章画像记》这样写道：

> 太师王公，讳彦章，字子明。郓州寿张人也。事梁，为宣义军节度使，以身死国，葬于郑州之管城。晋天福二年，始赠太师。
>
> 公在梁以智勇闻。梁、晋之争数百战，其为勇将多矣；而晋人独畏彦章。自乾化后，常与晋战，屡困庄宗于河上。及梁末年，小人赵岩等用事，梁之大臣老将，多以谗不见信，皆怒而有怠心；而梁亦尽失河北，事势已去，诸将多怀顾望。独公奋然自必，不少屈懈，志虽不就，卒死以忠。公既死而梁亦亡矣。悲夫！
>
> 五代终始才五十年，而更十有三君，五易国而八姓。士之不幸而出乎其时，能不污其身，得全其节者，鲜矣！公本武人，不知书，其语质，平生尝谓人曰："豹死留皮，人死留名。"

盖其义勇忠信出于天性而然。予于《五代书》，窃有善善恶恶之志。至于公传，未尝不感愤叹息。惜乎旧史残略，不能备公之事。

康定元年，予以节度判官来此。求于滑人，得公之孙睿所录家传，颇多于旧史，其记德胜之战尤详。又言：敬翔怒末帝不肯用公，欲自经于帝前；公因用笏画山川，为御史弹而见废。又言：公五子，其二同公死节。此皆旧史无之。又云：公在滑，以谏自归于京师，而史云"召之"。是时，梁兵尽属段凝，京师羸兵不满数千；公得保銮五百人之郓州，以力寡，败于中都。而史云将五千以往者，亦皆非也。公之攻德胜也，初受命于帝前，期以三日破敌；梁之将相闻者皆窃笑。及破南城，果三日。是时，庄宗在魏，闻公复用，料公必速攻，自魏驰马来救，已不及矣。庄宗之善料，公之善出奇，何其神哉！

今国家罢兵四十年，一旦元昊反，败军杀将，连四五年，而攻守之计，至今未决。予尝独持用奇取胜之议，而叹边将屡失其机。时人闻予说者，或笑以为狂，或忽若不闻；虽予亦惑，不能自信。及读公家传，至于德胜之捷，乃知古之名将，必出于奇，然后能胜。然非审于为计者不能出奇；奇在速，速在果，此天下伟男子之所为，非拘牵常算之士可到也。每读其传，未尝不想见其人。

后二年，予复来通判州事。岁之正月，过俗所谓铁枪寺者，又得公画像而拜焉。岁久磨灭，隐隐可见。亟命工完理之，而不敢有加焉，惧失其真也。公尤善用枪，当时号"王铁枪"。公死已百年，至今俗犹以名其寺，童儿牧竖皆知王铁枪之为良将也。一枪之勇，同时岂无？而公独不朽者，岂其忠义之节使然欤？

画已百余年矣，完之复可百年。然公之不泯者，不系乎画之存不存也。而予尤区区如此者，盖其希慕之至焉耳。读其书，尚想乎其人；况得拜其像，识其面目，不忍见其坏也。画既完，因书予所得者于后，而归其人，使藏之。

欧阳修在文中所写的王彦章，是五代时期后梁的一员骁勇善战的武将。后梁末帝龙德三年（923年），王彦章在与后唐庄宗李存勖①的交战中受伤被俘，不屈而死。欧阳修每次读到有关他的资料，都会觉得他的忠诚义勇非常值得大书特书。但让他感到可惜的是，薛居正②所编的《旧五代史》没有详细叙述王彦章的生平事迹。

王彦章曾经担任过后梁宣义军节度判官，而宣义军的治所就在滑州，他的后人也因此定居滑州。欧阳修这次被诏令担任滑州通判，在铁枪寺偶然发现了王彦章的画像，并了解到王彦章善于用枪，当年有"王铁枪"之称，而铁枪寺就是当地民众为了祭祀他而修建的。虽然王彦章去世已经一百多年了，可滑州百姓都知道"王铁枪"是一位忠义之士。因此，欧阳修怀着无比崇敬的心情，在王彦章的画像前虔诚跪拜。见王彦章的画像已经老旧，而且模糊不清，欧阳修就立即请来工匠进行修缮。

《王彦章画像记》这篇人物杂记，读来亲切感人，真实可信。

---

① 李存勖，本姓朱邪，字亚子。五代时期后唐开国皇帝、后唐太祖李克用之子。

② 薛居正，字子平，五代至北宋初年大臣、史学家。历仕后晋、后汉、后周、北宋四朝，"昭勋阁二十四功臣"之一。曾主持编撰《旧五代史》。

当时宋朝边境不断受到西夏侵扰，宋朝军队连续四五年战事失利，朝廷迫切需要像王彦章这样的骁勇战将。欧阳修的这篇杂记，歌颂了王彦章的忠义之节和骁勇善战，尤其展示了王彦章用兵的速战速决和出奇制胜，更是表达了王彦章的精神能够光照千秋和永生不灭的强烈愿望。

02. 晏殊推荐补谏官

宋仁宗庆历三年（1043年），宋朝发生了一系列重大事件，让这一年成了一个非同寻常的年份。

庆历三年正月，西夏因国困兵疲，难以承受与宋朝的持久战争，加之担心遭到宋朝与契丹的联合夹攻，便派遣使者向宋朝请求议和。宋夏议和一旦达成后，历时长达四年的宋夏之战就将告一段落，宋夏边界就将迎来一个和平时期，在边界地区生活的百姓就将不再遭受战乱的侵扰。西夏主动请求议和，双方达成协议只是个时间问题。

庆历三年三月廿一，执政长达二十年、已经六十六岁的宰相吕夷简因年老多病辞去相位。自仁宗皇帝即位以来，虽然养母刘太后曾经临朝听政，但由于吕夷简的长期辅政，朝廷内外基本无杂言，天下也比较安定。仁宗皇帝一直留恋吕夷简这位老臣，朝政方面的事情也总是依赖于他。

吕夷简也确实是一位足智多谋、经验丰富的宰相，能屈能伸，操持有度。虽然一直担任宰执大臣，掌管朝中事务，有些独断专权，压制异己，但他从不将自己的政敌置于死地，即使是被他责怪并处理过的官吏，也有机会被重新任用。他多次遭到谏官的奏请弹劾，但仁宗皇帝始终不为弹劾所动，坚用不疑。

这次见吕夷简去意已决，仁宗皇帝才无奈诏命恩准，并赐予极高礼遇。其实，对正值盛年的仁宗皇帝来说，吕夷简的辞职是一件好事。他一直想革除朝政时弊，立志重振朝纲，而吕夷简的辞职，相当于解除了对仁宗皇帝的一种约束。

吕夷简辞职后，仁宗皇帝果然开启了改革弊政的序幕。他实施的第一个策略就是广开言路，增补谏官。有了称职的谏官，才能发现时弊。此时，宰相兼枢密使晏殊看到时机已经成熟，就立即向仁宗皇帝推荐滑州（今河南省滑县）通判欧阳修出任谏官，并得到仁宗皇帝的恩准。

欧阳修接到任命后，马上收拾行囊赶赴汴京。做一名谏官是欧阳修多年的愿望，他决心不辜负宰相晏殊的举荐，做到知无不言，言无不尽，为仁宗皇帝改革弊政贡献自己的一份力量。当他来到汴京时，四月的京城已处处呈现出生机盎然的春意。

这次与欧阳修同时被任命为谏官的还有王素[①]、余靖、蔡襄[②]三人。他们上任不久，就被宰臣们称为"一棚鹘"[③]。他们以锐利的眼光审视朝野上下，以忘我的精神指陈朝政阙失。他们敢于挑战官员权威，敢于指责陈规陋习，以无比积极的心态，在改革弊

[①] 王素，字仲仪，北宋名相魏国公王旦之子。

[②] 蔡襄，字君谟，北宋名臣，书法家、文学家、茶学家。书法浑厚端庄，淳淡婉美，自成一体，与苏轼、黄庭坚、米芾合称为"北宋书法四大家"。著有《蔡忠惠集》等。

[③] 鹘，又名隼，是一种形状似鹰的猛禽。

政的过程中充当先锋和斗士。

庆历三年四月初七，仁宗皇帝诏命韩琦和范仲淹同时出任枢密副使。自康定元年（1040年）以来，韩琦和范仲淹一同在西北地区奔波劳碌，忙于整顿军队、加强防务、大兴屯田、招抚边地少数民族等事务，为提高宋军战斗力、抵御西夏侵扰、安定边陲百姓生活立下了汗马功劳。他们也因此深得民心，声名大振，被人们并称为"韩范"。这次二人被诏命担任枢密副使，实乃众望所归。

此时，刚刚辞去丞相位的吕夷简举荐守旧派人物夏竦出任枢密使。夏竦，字子乔，虽然聪明好学、才气过人，但他生性贪婪，喜欢玩弄权术，被许多朝臣称为"奸邪小人"。吕夷简任职宰相期间，一直不愿与他共事，始终不肯让仁宗皇帝起用他。但吕夷简辞职后，为摒弃前嫌才特意推荐他出任枢密使。

得知吕夷简推荐夏竦担任枢密使，欧阳修和蔡襄等几位谏官都上书表示极力反对。他们甚至一连上了十一道奏疏，迫使仁宗皇帝最终收回成命，任命枢密副使杜衍担任枢密使。这样，在都门之外候任枢密使的夏竦只好悻悻离京，赶赴亳州任知州。

朝廷的这些人事变动，充分彰显了仁宗皇帝革新弊政的坚定意愿，一大批关心国运的士大夫为此欢欣鼓舞。在国子监担任直讲的石介抑制不住内心的激动，心情澎湃地写下了一首长达一百九十句的四言诗《庆历圣德颂》，热情讴歌了范仲淹、富弼、杜衍、韩琦、欧阳修、余靖、王素、蔡襄等辅佐圣君的贤德俊良，并极力痛斥夏竦为朝廷奸臣。石介的这首切中时事的四言长诗，在朝野产生的了巨大影响。

欧阳修等四位谏官对石介很了解，尤其对他遇事愤然敢为的个性大加推崇。他们准备联名上书，推荐石介担任谏官，与他们同道共事。但这一提议遭到了范仲淹的坚决抵制。他说："石介刚正不阿，天下皆知。可他过分追求标新立异，又倔强劲直，如果这样的人当了谏官，必定会逼迫皇上做一些难为的事情。而皇上一旦不采纳他的建议，他就会不顾一切地进行死谏，这种谏官后患无穷，实不能用。"对于石介所作的《庆历圣德颂》，范仲淹持有反对意见。诗歌刚刚流传，范仲淹就对韩琦说："石介太过于急功近利，皇上的大事将要坏在这个人手上！"

听了范仲淹的话，韩琦也深有同感地说："成就改革弊政这件大事，怎会这样简单？照他这样做必定要坏事的。"

范仲淹和韩琦自入仕以来，在朝廷，在地方，在京师，在边关，都积累了非常丰富的执政经验。复杂的人际关系让他们深深感到，改革弊政是一场极为艰巨、极其复杂的斗争，在推进的过程中，必须拥有足够的全局观念和理性眼光。而石介意气用事，以写诗的方式行一时之快，很可能将严肃的改革弊政，导向无休止的人事纠纷。

而此时的欧阳修，还不能站在范仲淹和韩琦的高度来思考改革弊政，他和其他几位谏官一样，为眼前所取得的胜利欢欣鼓舞。他们联手论罢夏竦，论罢凌景阳，论罢翰林学士、知制诰苏绅，论罢参知政事王举正……一时间，四位谏官大显身手，让所有朝臣心生畏惧。为了做好谏官，欧阳修要求自己必须首先做到恪尽职守。他在《答徐无党第二书》中写道：

前夜自外归，灯下得吾子书，言陈烈事。亟读之，未暇求陈君之所为，犹爱吾子辞意甚质，径知吾子之有成，不负其千里所以去父母而来之之意。修亦粗塞责，不愧于吾子之父母与亲戚邻里乡党之人。甚善甚善。

修今岁还京师，职在言责，值天下多事，常日夕汲汲，为明天子求人间利病，无小大，皆躬自访问于人。又夏大暑，老母病，故不得从今学者以游，得少如前岁之乐。自入京来，便闻陈君之名，数以问于人，多不识，今得吾子所言，如见其面矣。幸母病今已愈，望时过，且谋共见陈君。

对于欧阳修的忠诚刚正、论事切直，仁宗皇帝大加赞赏，他对身边的侍臣说："如欧阳修者，何处得来？"是啊，像欧阳修这样的人，到哪里去找啊？

03. 庆历新政参与者

宋仁宗庆历三年（1043年）八月十三日，朝廷诏令，枢密副使范仲淹改任参知政事，知制诰富弼改任枢密副使。对范仲淹、富弼两大宰臣的重新任命，足以说明仁宗皇帝改革弊政的决心和意志坚定不移。

改任参知政事后，范仲淹深感责任重大、任务艰巨。已经55岁的范仲淹，深知改革弊政的艰难，也深知仁宗皇帝对他寄予的厚望。他辗转反侧，寝食难安，昼夜梳理和思考朝政法纪的弊端及漏洞。经过一番精心谋划和反复推敲，范仲淹终于完成了著名的《答手诏条陈十事》，向仁宗皇帝提出了十大新政主张：

一是明黜陟，即严格官吏升降制度。这是针对当时的磨勘制度和因循苟且官风提出的；

二是抑侥幸，即限制官僚子弟"滥进"。这是针对当时的"恩荫"制度提出的；

三是精贡举，即科举考试制度的进一步精细化与严密化。这是针对当时僵固死板的科场考试内容和程式提出的；

四是择长官，即选派优秀的人担任转运使、提点刑狱和州县长官。这是针对当时官吏冗滥而无按察之法，致使老病庸懦、贪残害物之人"布在州县"的现状提出的；

五是均公田，即均衡地方官员的职田收入，使他们有足够的衣食养活自己，以便廉洁为政。这是针对官吏职田不均的现象提出来的；

六是厚农桑，即重视农业生产，大兴水利建设。这是针对农民生活贫苦、不能安居乐业的状况提出来的；

七是修武备，即参照唐代府兵制，整治军备，减省给养之费。这是针对军事防卫弱化提出来的；

八是覃恩信，即广泛落实朝廷的惠政和信义，从重处置那些违反或拖延赦令施行的人。这是针对朝廷恢复和重振威信提出来的；

九是重命令，即严肃对待和慎重发布朝廷政令，以取信于民。这是针对改变"有令不行、有禁不止"的现象提出来的；

十是减徭役，即减轻民间对官府的供给，对那些本不该承担公役的人，全部放回农村。这是针对安抚百姓促进农耕提出来的。

仁宗皇帝对范仲淹提出的新政主张大加赞赏。庆历三年十月，朝廷诏令，将范仲淹《答手诏条陈十事》颁行各地，正式付诸实施。《答手诏条陈十事》的颁布实施，标志着中国历史上著名的"庆历新政"正式拉开帷幕。庆历新政的核心内容为整顿吏治，革除朝政中普遍存在的不问贤愚、不较能否，人人因循、不复奋励的弊病。

对朝廷诏令实施《答手诏条陈十事》，欧阳修非常高兴。在他的心里，庆历新政正是他所期望的改革蓝图，他表示由衷地拥护和坚定地支持。此时，他不免不由地回想起他初任谏官时接连上书的《论按察官吏劄子》《论按察官吏第二状》，其中建议"特立按察之法""别议黜陟之法"，坚决淘汰那些年老、病患、赃污、不材的官吏，从根本上解决官吏冗滥的弊端。就在不久前的九月末，他还在《再论按察官吏状》中这样写道：

> 臣谓如欲用功少，为利博，及民速，于事切，则莫若精选明干朝臣十许人，分行天下，尽籍官吏能否而升黜之，如臣前所陈者而后可。臣闻治天下者如农夫之治田，不可一概也。蒿莱芜秽久荒之地，必先力加垦辟芟除，待其成田，然后以时耕耨。冗滥之官，芜秽天下久矣，必先力行澄汰，待其百职粗治，然后精选有司，常令纠举。今特遣之使如久荒而芟辟也，转运兼按察乃以时之耕耨者耳，宽猛疾徐，各有所宜也。汉时刺举，唐世黜陟使、考课使之类，岁岁遣出，祖宗朝亦有考课院。盖按察升黜，古今常法，非是难行之异事也。方今言事者，多以高论见弃，或以有害难行。如臣所言，只是选十余人明干朝臣，察视官吏善恶，灼然有迹易见者，著之簿籍，

朝廷详之，黜其甚者耳。臣自谓于论不为甚高，行之有利无害，然尚虑议者未以为然，谨条陈冗官利害六事，以明利博效速而可行不疑。伏望圣慈，特赐裁择，如有可采，乞早施行。

朝廷在紧锣密鼓地推进吏治整顿的同时，涉及人才选拔与培养的改革措施，也在仁宗皇帝的亲自部署下抓紧研究制定。

科举考试是宋朝选拔人才的主要途径，分乡试、省试和殿试三级，考试内容包括进士、九经、五经、开元礼、三史、三礼、三传、学究、明经等科目。考试科目虽然比较多，但朝廷最为重视的只是进士一科，人才也多出自进士一科的省试。

宋朝的进士省试也称"礼部试"，考试共分四场：第一场试诗赋；第二场试论；第三场试策；第四场试帖经。在许多有识之士的眼里，这种考试方式给许多死读书、读死书的人以可乘之机，而不利于选拔真才实干的人才。因此，要求改革这一弊制的呼声越来越高。范仲淹在《答手诏条陈十事》中这样写道："国家乃专以辞赋取进士，以墨义取诸科，士皆舍大方而趋小道，虽济济盈庭，求有才有识者，十无一二。"

欧阳修对科举考试的弊端早就了然于胸。他不仅先后经历了两次科场考试的失败，还切身感受了梅尧臣、曾巩等杰出之士在科场中一次次遭到淘汰。他多次撰文，不断质疑这种选人制度的合理性与可靠性。有了这样的切肤之痛，欧阳修积极自觉地参与到改革科举考试制度的讨论中来。他在《论更改贡举事件劄子》中，明确指出了科场考试选拔人才的两大致弊原因：一在于先诗赋而后策论，使学者不根经术，不本道理，只要死记硬背《六帖》《初学记》等类书，格式上符合基本要求，把诗文写得四平八稳，便能获选；二在于诗赋、策论通同杂考，人数既众而文卷又多，导致阅卷者心劳力竭，取舍失当。他在劄子中提出："今之可变者，知先诗赋为举子之弊，则当重策论；知通考纷多为有司之弊，则当随场去留。"他建议，首场试策，次场试论，最后试诗赋。他指出："比及诗赋，皆是已经策论，粗有学问、理识不致乖诞之人，纵使诗赋不工，亦足以中选矣。"

仁宗皇帝看到欧阳修的《论更改贡举事件劄子》后，心中大喜，随即诏命他与翰林学士宋祁、御史中丞王拱辰、知制诰张方平、殿中侍御史梅挚、天章阁侍讲曾公亮和王洙、右正言孙甫、监察御史刘湜等宰臣，一起讨论科举改革方案，尽早形成完善科场考试制度的新主张。

庆历四年（1044 年）三月十二，欧阳修起草上奏了《详定贡举条状》，并得到仁宗皇帝的高度认同。第二天，朝廷就诏令发布，正式成为宋朝新的科举考试条例：

> 敕：夫儒者通乎天地人之理，而兼明古今治乱之原，可谓博矣。然学者不得骋其说，而有司务先声病章句以牵拘之，则吾豪隽奇伟之士何以奋焉？有纯明朴茂之美，而无敩学养成之法，其饬身励节者使与不肖之人杂而并进，则夫懿德敏行之贤何以见焉？此士人之甚弊，而学者自以为患，议者屡以为言。朕慎于改更，比令详酌，仍诏宰府，加之参定。皆以谓本学校以教之，然后可求其行实。先策论，则辨理者得尽其说；简程式，则闳博者可见其材。至于经术之家，稍增新制，兼行旧式，以勉中人。其烦法细文，一皆罢去，明其赏罚，俾各劝焉。如此，则待士之意周，取人之道广。夫遇人以薄者，

不可责其厚。今朕建学兴善以尊子大夫之行，而更制革弊以尽学者之材，予于教育之方，勤亦至矣。有司其务严训道，精察举，以称朕意。学者其思进德修业，而无失其时。凡所科条，可为永制。

紧接着，仁宗皇帝又诏令天下州县皆立学，各类官私学校如雨后春笋般兴办起来，有力推动了宋朝教育事业逐步走向全面兴盛。

04. 擢升担任知制诰

宋仁宗庆历三年（1043年）九月初四日，作为朝廷谏官的欧阳修因为自己的忠勤，受到了仁宗皇帝的奖谕，被赐予绯衣银鱼[①]。当时，五品京官才能穿绯色朝服，佩戴银制鱼形饰物。而谏官只是正七品官，能够被授以五品服，足以证明仁宗皇帝对他的器重。与他一起受到奖谕的，还有王素、余靖、蔡襄等朝廷谏官。

自范仲淹担任参知政事、富弼担任枢密副使以来，欧阳修一直坚定地支持朝中的改革派宰臣实施庆历新政。他上奏了《论韩琦、范仲淹乞赐召对事劄子》，请求皇帝"出御便殿"，特召二人便殿倾谈，商讨军国大事。他上奏了《论乞主张范仲淹、富弼等行事劄子》，请求仁宗皇帝义无反顾地推行范仲淹所提出的改革举措。

---

① 绯衣银鱼：绯衣，红色官服；银鱼，官服上的鱼形银饰品。绯衣银鱼称为"银绯"，为五品官服，一旦受赐，十分荣耀。

他上奏了《论方田均税劄子》《论台官不当限资考劄子》《再论台官不可限资考劄子》《论举馆阁之职劄子》《论内出手诏六条劄子》等一系列劄子，竭尽全力地履行一名谏官应该担负的职责。

庆历三年十月十四，朝廷诏令，欧阳修由谏官升任修起居注，专门负责记录皇帝的言行。修起居注一职，源于自古相传的史官传统。西周时期，朝廷就分设左史官和右史官，负责记录皇帝的言行。二者之间的分工也很明确：左史官负责记言，右史官负责记行。史官最重要的职责就是秉笔直书，真实地记录历史，不得道听途说，以千秋万代的道德评判，来威慑处于权力巅峰的君王，警醒君王注意自己的言行。

在履行修起居注职责的过程中，欧阳修发现，仁宗皇帝的一些做法有违古训，很不妥当。仁宗皇帝提出，修起居注所撰述完成的起居注，要誊录副本进呈他御览，美其名曰这是修正谬误。这样一来，凡是一些有讳避的事情，修起居注虽想记录、也觉得应该记录，但却不敢记录，怕皇帝怪罪。

欧阳修随即上奏皇上，主张由修起居注者撰写完成的起居注，不再进呈给皇帝预览，以保证修起居注的独立公正判断和起居注的真实性。仁宗皇帝看到欧阳修的上书建议后，虽然内心有些不太情愿，但还是采纳了他的建议。

欧阳修担任修起居注仅仅过了一个多月，仁宗皇帝再次诏命，擢升欧阳修为知制诰。知制诰的职责就是专门负责起草皇帝诏令，相当于皇帝的机要秘书，有权参与朝廷的重大决策。这一职位，被朝廷大臣们称之为宰相的摇篮。由于知制诰职位的极端重要性，按照宋朝的选人用人惯例，其人选必须参加任职资格考试，考试合格后再行任命。但是，对于欧阳修，仁宗皇帝却打破了这个惯例，直接任命，免去了资格考试这一环节。

对仁宗皇帝的破格提拔，欧阳修充满无限感激。他觉得，这是仁宗皇帝对他的一种充分认可。于是，他将这种无以言表的感激之情，转化为一种强大的精神动力，投身到庆历新政的践行之中。

一晃，时光来到了庆历四年（1044年）初春。一天，在一个卖花郎的担子前，欧阳修被一束束鲜花所吸引。他深吸了一口花香，忽然想起汴京流行的"卖花担上看桃李，拍酒楼头听管弦"这两句诗来。轻吟之中，他忽然觉得自己变成了诗中人，心情无比充实，也无比快乐。他饶有兴致地挑选了几束鲜花买了下来，然后继续走自己的路。

回到家里，欧阳修浪漫地将鲜花献给了薛氏夫人。他七岁的小女师师和比师师小两岁的长子发儿见状，都高兴得又蹦又跳。两个孩子马上行动，找来了花瓶帮母亲把鲜花插在上面。

正当一大家子人为这些鲜花忙碌时，家里的书童给欧阳修送来一封书简。书简是好友苏舜钦寄来的。苏舜钦因母亲去世离京赴山阳（今江苏省淮阴区境内）守制，不久前除丧刚刚还京。他还京后，范仲淹立即推荐他参加了学士院考试，并授集贤院校理①、监进奏院②。朝廷的任命下达后，苏舜钦随即前往山阳迎接家眷。在返回途中，苏舜钦写了一首《舟中感怀寄馆中诸君》抒发自己奋发有为的志向，并寄给欧阳修。欧阳修看了苏舜钦的诗后，大加赞赏，随即写了一首《答苏子美离京见寄》：

---

① 集贤校理，官名，集贤院下属文职散官。

② 监进奏院，官名，主要职责就是监管进奏院。进奏院，各州镇官员到京师朝见皇帝或办理其他事务时的寓所、联络地。

众奇子美貌，堂堂千人英。我独疑其胸，浩浩包沧溟。
沧溟产龙鼍，百怪不可名。是以子美辞，吐出人辄惊。
其于诗最豪，奔放何纵横。众弦排律吕，金石次第鸣。
间以险绝句，非时震雷霆。两耳不及掩，百痾为之醒。
语言既可骇，笔墨尤其精。少虽尝力学，老乃若天成。
濡毫弄点画，信手不自停。端庄杂丑怪，群星见挽枪。
烂然溢纸幅，视久无定形。使我终老学，得一已足矜。
而君兼众美，磊落犹自轻。高冠出人上，谁敢揖其膺。
群臣列丹陛，几位缺公卿。使之束带立，可以重朝廷。
况令参国议，高论吐峥嵘。惜哉三十五，白发今已生。
近者去江淮，作诗寄离情。口诵不及写，一日传都城。
退之序百物，其鸣由不平。天方苦君心，欲使发其声。
嗟我非鸐鸐，徒思和嘤嘤。因风幸数寄，警我盲与聋。

欧阳修非常敬仰苏舜钦如沧海一般豁达的胸怀。在他的心目中，苏舜钦的每一首诗都是风格豪迈、感情奔放、富有个性。他觉得，这样的杰出之士一旦拥有参与朝政的机会，就一定能为宋朝的江山社稷发挥出非常突出的作用。《答苏子美离京见寄》这首诗，就足以看出欧阳修以一种无比期待的心情，盼望着苏舜钦尽快返回京城，与改革派宰臣同心携手，尽心竭力地推行庆历新政，为实现仁宗皇帝提出的富国强兵的宏伟目标作出应有的贡献。

05. 震惊朝野《朋党论》

宋仁宗庆历四年（1044年）正月，宋朝与西夏经过近一年长期艰苦谈判，终于达成和平协议。宋夏战争自宋仁宗宝元二年（1039年）爆发以来，已经持续了5年有余，耗费了大量的人力、物力和财力。而宋夏战争最终以和解的方式宣告结束，无论对西夏，还是对宋朝，都是一件大快人心的事情。

在持续四年之久的宋夏战争中，处于宋朝西北边境前沿的麟州（今陕西省神木市），周围的百姓几乎被西夏军队掳掠殆尽，麟州城几乎成为一座空城。宋朝与西夏和解后，许多朝中大臣奏请朝廷废弃麟州，将治所迁移到府州（今陕西省府谷县）附近，或迁移到岚州（今山西省岚县）附近，城中剩余百姓与州治一同迁移。但朝中还有一部分大臣坚决反对废弃麟州，并奏请仁宗皇帝向麟州增加移民，以此来固防边疆。

仁宗皇帝认为，提出废弃和保留意见的双方都有充足的理由。为了做出更加合理的弃留决策，仁宗皇帝于庆历四年四月初八，诏令知制诰欧阳修前往麟州进行实地考察，并提出具体的弃留方案。

接到诏令后，欧阳修立即动身，于庆历四年五月上旬抵达麟州开展调查。经过反复研究推敲，欧阳修上奏了《论麟州事宜劄子》，力陈麟州不可移废。他在劄子中说，麟州及其下辖的五个兵寨与府州遥相呼应，构成西部边境的一道屏障，可拒虎视眈眈的少数民族侵扰者于二三百里以外。若麟州移废，所辖下的五个兵寨也必然难以久存，府州就会成为孤城，给守卫带来困难。麟州移废，黄河沿岸各州县将成为边戍，会常年遭受寇扰。因此，欧阳修强烈建议保留麟州，增加移民。

欧阳修的上书，不仅受到了朝廷大臣的高度认同，所提建议也被仁宗皇帝采纳，麟州最终得以原址保留。

庆历新政的实施，无疑不同程度地触犯了一些官僚权贵的利益。那些因循腐败官员的各种罪状被大量检举揭发出来后，这些官员整日担惊受怕，寝食难安。他们相互联系，密谋再次利用"朋党"策略，来攻击以范仲淹为首的改革派，贬损改革派是以朝廷爵禄为私惠，做一些误朝迷国、挟恨报仇的事情。人多势众的守旧派大造特造有关朋党的舆论，以此来蛊惑仁宗皇帝。

果然，仁宗皇帝被来势汹汹的朋党舆论所挟制，便疑惑不解地问范仲淹："我只听说小人结党营私，难道君子也真的有朋党吗？"

范仲淹坦然地回答说："我在边地领兵时，发现那些勇敢的士兵成为一群，而那些胆小的士兵也成为一群。自古以来，邪正在朝，各为一党，关键在于主上的辨别。假使君子相朋为善，对于朝廷又有何害？"仁宗皇帝听了，觉得很有道理。

在从麟州返回汴京的途中，欧阳修得知改革派遭到了守旧派朋党之说的猛烈攻击，深知推进改革不仅需要勇气和智慧，更需要仁宗皇帝的信任和支持。于是，他决定变被动为主动，痛斥守旧派居心邪恶的朋党之说，让仁宗皇帝看清守旧派的阴谋嘴脸。他奋笔疾书，一篇震惊朝野的《朋党论》就这样诞生了：

臣闻朋党之说，自古有之，惟幸人君辨其君子、小人而已。大凡君子与君子以同道为朋，小人与小人以同利为朋，此自然之理也。

然臣谓小人无朋，惟君子则有之。其故何哉？小人所好者禄利也，所贪者财货也。当其同利之时，暂相党引以为朋者，伪也；及其见利而争先，或利尽而交疏，则反相贼害，虽其兄弟亲戚，不能自保。故臣谓小人无朋，其暂为朋者，伪也。君子则不然。所守者道义，所行者忠信，所惜者名节。以之修身，则同道而相益；以之事国，则同心而共济；终始如一，此君子之朋也。故为人君者，但当退小人之伪朋，用君子之真朋，则天下治矣。

尧之时，小人共工、驩兜等四人为一朋，君子八元、八恺十六人为一朋。舜佐尧，退四凶小人之朋，而进元、恺君子之朋，尧之天下大治。及舜自为天子，而皋、夔、稷、契等二十二人并列于朝，更相称美，更相推让，凡二十二人为一朋，而舜皆用之，天下亦大治。《书》曰："纣有臣亿万，惟亿万心；周有臣三千，惟一心。"纣之时，亿万人各异心，可谓不为朋矣，然纣以亡国。周武王之臣，三千人为一大朋，而周用以兴。后汉献帝时，尽取天下名士囚禁之，目为党人。及黄巾贼起，汉室大乱，后方悔悟，尽解党人而释之，然已无救矣。唐之晚年，渐起朋党之论。及昭宗时，尽杀朝之名士，或投之黄河，曰："此辈清流，可投浊流。"而唐遂亡矣。

夫前世之主，能使人人异心不为朋，莫如纣；能禁绝善人为朋，莫如汉献帝；能诛戮清流之朋，莫如唐昭宗之世；然皆乱亡其国。更相称美推让而不自疑，莫如舜之二十二臣，舜亦不疑而皆用之；然而后世不诮舜为二十二人朋党所欺，而称舜为聪明之圣者，以能辨君子与小人也。周武之世，举其国之臣三千人共为一朋，自古为朋之多且大，莫如周；然周用此以兴者，善人虽多而不厌也。

嗟呼！兴亡治乱之迹，为人君者，可以鉴矣。

欧阳修在文章的开篇，就一针见血地指出问题的实质，着重论说了朋党的君子与小人之别。

欧阳修提醒仁宗皇帝及其他不明真相的大臣官吏，不要一提"朋党"就害怕和排斥。他说，小人以个人私利为最高追求，没有原则、更无操守，翻手为云、覆手为雨，他们的聚合是短暂的、虚伪的。而君子则完全不同。欧阳修列举了尧、舜、商、周以及东汉、晚唐六件相关的历史事例，从正反两个方面论述了朝廷治乱与朋党的关系。

《朋党论》前半部分重在讲明道理，后半部分重在引证史实。全文立意新颖，分析透彻，尤其是排比句式的运用，更增强了文章的气势和论辩的力量。

《朋党论》从理论上公开阐明士大夫结党的正当性和必要性，体现了宋代士大夫为政治主张趋群结党的理论自觉，从而震惊朝野。

但是，《朋党论》也存在着一个致命的问题，就是将政治立场与个人道德相混同，由此引发的君子小人之辨，不仅不能说服仁宗皇帝接受有关君子和小人的观点，反而激化了改革派与守旧派之间的矛盾，甚至激化了改革派与皇权专制的矛盾。在仁宗皇帝看来，范仲淹等改革派大臣大多是品德高尚、精忠报国的君子，但守旧派也并非都是见利忘义、蝇营狗苟的小人。尤其是君子有党论，在本质上与封建专制皇权存在着不可调和的矛盾，试图以君子有党这一理论，来回击守旧派自然是适得其反。因此，《朋党论》出乎意料地成为庆历新政失败的一个转折点。在此之前，仁宗皇帝所关心的是范仲淹等改革派大臣到底有没有结党，而不是关心君子与小人之辨。当《朋党论》提出君子有党论后，等于改革派不打自招。于是，《朋党论》上奏不久，范仲淹、富弼、韩琦三人先后离京外任，欧阳修也被贬到滁州（今安徽省滁州市）任职。欧阳修写《朋党论》，本意是为改革派辩护，不曾想却间接坑害了以范仲淹、韩琦为首的改革派，也坑害了他自己。

　　毫无疑问，欧阳修上书《朋党论》，导致庆历新政推行的形势急转而下。

第六章　反对守旧，独倚危楼风细细

01. 离朝出任转运使

宋仁宗庆历四年（1044年）夏天，欧阳修历时三个月完成了考察麟州（今陕西省神木市）和巡视河东（今山西省长城以南、闻喜县北部、陕西省葭县北部一带）的任务后，回到汴京向朝廷交差。

巡视河东期间，欧阳修毫不懈怠，边巡视边梳理，先后撰写上书了《免晋、绛等州人户远请蚕牒》《倚阁忻代州和籴米奏状》《乞免诸州一年支移劄子》《乞减放逃户和籴劄子》《乞减乐平县课额劄子》《乞罢刈百草劄子》《乞免浮客及下等人户差科劄子》《乞免蒿头酒户课利劄子》《论与西贼大斤茶劄》《论西贼占延州侵地劄子》《论西北事宜劄子》《论宣毅、万胜等兵劄子》等一批奏折，为朝廷决策提出了许多参考建议，希望庆历新政在艰难中继续推进。

在返回汴京的途中，他还写出了在中国文学批评史上非常著名的论诗诗篇《水谷夜行寄子美圣谕》：

寒鸡号荒林，山壁月倒挂。披衣起视夜，揽辔念行迈。
我来夏云初，素节今已届。高河泻长空，势落九州外。
微风动凉襟，晓气清余睡。缅怀京师友，文酒邀高会。
其间苏与梅，二子可畏爱。篇章富纵横，声价相磨盖。
子美气尤雄，万窍号一噫。有时肆颠狂，醉墨洒滂霈。
譬如千里马，已发不可杀。盈前尽珠玑，一一难柬汰。
梅翁事清切，石齿漱寒濑。作诗三十年，视我犹后辈。
文词愈清新，心意虽老大。譬如妖韶女，老自有余态。
近诗尤古硬，咀嚼苦难嘬。初如食橄榄，真味久愈在。
苏豪以气轹，举世徒惊骇。梅穷独我知，古货今难卖。
二子双凤凰，百鸟之嘉瑞。云烟一翱翔，羽翮一摧铩。
安得相从游，终日鸣哕哕。问胡苦思之，对酒把新蟹。

在文学方面，欧阳修极其推崇韩愈，尤其在作诗上当以韩愈为法。这首五言诗，明显受到了韩愈诗的影响，把苏舜钦、梅尧臣诗风的特征进行了非常精准的描绘，对社会上排斥他们表达了心中的不平。诗前的叙事写景干净利落而且语句简练，中间的评论生动形象而且富有感情。全诗条理脉络清楚紧凑，是欧阳修五言诗中的一首佳作。

欧阳修回到汴京后，朝廷的守旧派以他的《朋党论》内容为由头，向朝中的改革派发起了新一轮猛烈攻击。欧阳修所论说的"君子有朋党""改革派有朋党"，让仁宗皇帝陷入了极大的迷惘之中。重压之下，他对实施新政产生动摇，甚至认为推行新政是自己陷入了党派斗争的漩涡。而作为实施新政的主要倡导者和执行者，范仲淹更是感受到了前所未有的危机和压力。

正当范仲淹感到步履艰难之时，契丹与西夏之间发生战争，契丹国主耶律宗真亲率大军征讨西夏。作为宋朝的重臣，范仲淹担心契丹出兵西夏的真正目的是觊觎宋朝的中原大地，就以自己对西北边陲情况熟悉为由，向仁宗皇帝请求罢黜参知政事之职，出镇西部边境。其实，他是想趁这个机会，在僻静一隅能够安度身心。庆历四年六月廿二，仁宗皇帝批准范仲淹以参知政事出任河东路安抚使[①]。

此时，曾被罢黜枢密使职位、怀着一种刻骨仇恨在亳州担任知州的夏竦，趁机向改革派朝臣发起攻击。因为石介曾将他斥责为奸臣，他便秘密派遣一名心腹女奴潜入石介家中，偷偷练习模仿石介的笔迹。不久，这名女奴涂改石介写给富弼的书信，伪造由富弼授意石介起草废立仁宗皇帝的诏书。此事一经传出，朝野上下无不感到震惊。庆历四年八月初五，富弼以枢密副使出任河北宣抚使[②]，离朝外任。随后，石介也被罢黜国子监直讲，通判濮州（今山东省鄄城县）。因前任濮州通判还任期未满，石介只得先回到自己的故乡徂徕（今山东省泰安县）候任。

富弼外任之命刚刚下达十天，欧阳修也接到了新的任命，以龙图阁直学士[③]出任河北都转运使[④]。

---

① 安抚使，官名，各路负责军务治安的长官，多以知州、知府兼任。

② 宣抚使，官名，掌管宣布威灵、抚绥边境及统护将帅、督视军旅之事，但不常设置。

③ 龙图阁直学士，官名，位在枢密直学士下，无吏守，无职掌，惟出入侍从备顾问。带此职者，皆享受超迁官阶的优待。

④ 转运使，官名，如果五品以上官充任则为都转运使，掌经度一路财赋，监察各州官吏。

得知欧阳修将要离京外任,蔡襄立即奏请求仁宗皇帝将欧阳修留任京城。蔡襄辩称,契丹与西夏交战之时,保持朝廷政局稳定尤为重要。改革派主帅范仲淹、富弼已先后离京外任,而作为新政舆论代言人的欧阳修如果也离京外任,实施庆历新政必将遭受致命打击。蔡襄在《乞留欧阳修劄子》中写道:"事有轻重,度才而处;才有长短,适用为宜。朝廷安危之论系于天下则为重,河北金谷之司系于一方则为轻。修之资性,善于议论,乃其所长,至于金谷出入之计,勤干之吏,则能为之。"他认为:"任修于河北,而去朝廷,于修之长,则失其所长,于朝廷之体,则轻其所重。"

此时,其他谏官与蔡襄一同上书,请求仁宗皇帝将欧阳修留在朝廷,但仁宗皇帝没有答应。

欧阳修这次离朝外任,是宰相兼枢密使晏殊暗中极力主张的,理由是欧阳修论事切直,锋芒毕露,尤其是《朋党论》打击面太大。欧阳修出任谏官虽然是晏殊推荐的,但他没想到欧阳修如此执着,论事不休,甚至还与他也当面争论,毫不容情。晏殊私下曾指着韩愈的画像说:"这样子很像欧阳修,怎知欧阳修不是韩愈转世?我看重韩愈的文章,但不看重他的为人。"显然,这是晏殊借贬低韩愈来贬低欧阳修。

欧阳修听说晏殊的话后,毫不留情地加以讥讽道:"晏公小词最佳,诗次之,文又次之,其为人又次于文也。"

最终,欧阳修还是打点行装赶赴河北出任都转运使。

对欧阳修的离朝外任,仁宗皇帝是非常矛盾的。他非常欣赏欧阳修的刚直忠诚,敢于谏言,但对欧阳修穷追不舍的论事风格,实在有些难以接受。欧阳修临行之前,仁宗皇帝诚恳地对他说:"用不了多久,你就可以回到京城,不会让你长期留在河北。对于朝政,还希望你知无不言。"仁宗皇帝这样说，显然是出于一种无奈。

02. 转任知成德军事

宋仁宗庆历四年（1044年）秋天，朝中的改革派与守旧派之间的对峙愈加激烈。但对峙无论激烈到什么程度，总体都维持在一个势均力敌的局面。这样的局面，也正是仁宗皇帝希望看到的，这样可以使两派互相牵制，皇权得以巩固。

庆历四年九月，一直在两派对峙中持中立立场的宰相晏殊被谏官上书罢免，出知颍州（今安徽省阜阳市颍州区），杜衍接替晏殊出任宰相兼枢密使。同时，贾昌朝被任命为枢密使，陈执中被任命为参知政事，而这两个人，都是朝野舆论极不认可的人。尤其是以恩荫得官的公卿子弟陈执中不学无术、刚愎自用，朝廷的任职诏令颁布后，立即遭到台谏官们的强烈反对。但仁宗皇帝坚持任用，谏官们的反对未能奏效。

庆历四年十月，又有几位改革派的重要人物先后离京外任。蔡襄出知福州，孙甫出使契丹，石介正式通判濮州。杜衍虽然担任宰相兼枢密使，但身边已是孤立无援。这位刚直倔强的老臣依靠自己的力量，独立支撑着新政的运转，让朝中的守旧派势力深感不便。为了进一步排挤孤立杜衍，守旧派煞费苦心寻找着一切罢免杜衍的可乘之机。最终，他们在苏舜钦身上找到了可以借题发挥的机会。

苏舜钦是杜衍的女婿。庆历四年三月，在范仲淹的极力推荐下，苏舜钦出任集贤院校理、监进奏院。由于杜衍和范仲淹都是改革派的重量级朝臣，守旧派便将苏舜钦作为重点打击对象。在守旧派看来，如果能将苏舜钦扳倒，也相当于扳倒了杜衍和范仲淹。

庆历四年十一月初，一场灾难悄悄向苏舜钦袭来。在进奏院祠神的那天，按照以往惯例，全院官吏集体凑钱进行一次聚餐娱乐。可一向好面子的苏舜钦，感觉自己身为集贤校理、监进奏院，让大家凑钱聚会实在有些不妥，便与同监进奏院的刘巽商量，决定两个人各出俸钱十千，再加上变卖办公废纸的四五十索，所需费用就足够了。

这次聚餐，除了本院官吏全部参加外，还包括馆阁同舍数人。这些馆阁同舍之人，都是与苏舜钦志同道合的才学之士，并在新政实施以来普遍受到朝廷的重用。聚餐时，大家尽情开怀畅饮。殿中丞①、集贤校理王益柔②极其尽兴，醉意朦胧之中作了一首《傲歌》，其中就有"醉卧北极遣帝扶，周公孔子驱为奴"这么一句。

聚餐前，太子中书舍人③李定非常想参加这次聚餐，特意请梅尧臣向苏舜钦转达了自己的意思。但苏舜钦内心鄙视李定的为人，没答应让他参加。怀恨在心的李定经过一番筹划，精心编造了苏舜钦以卖废纸公钱大宴宾客、王益柔醉后作《傲歌》亵渎先圣先

---

① 殿中丞，官名，殿中省副职官员，亦称"殿中省辅佐官"，实际仅为寄禄官。

② 王益柔，字胜之，绛州龙门（今山西省河津市）人。北宋初期宰相王曙的儿子。庆历四年授集贤校理，后出监复州酒税。宋神宗时，累迁知制诰、翰林学士。

③ 中书舍人，官名，从七品，实不任职。

师两大事件，并告知于御史中丞①王拱辰。

王拱辰原名王拱寿，字君贶，是一个极力反对庆历新政的人，素来与范仲淹、欧阳修等人政见对立，而与夏竦、贾昌朝为首的守旧派政见相合，并结为同盟。得到李定散播的消息后，夏竦等人如获至宝，立即指使部属鱼周询、刘元瑜奏劾苏舜钦，目的就是借机动摇杜衍和范仲淹的地位，进而阻挠新政的实施。

仁宗皇帝看到弹劾奏章后大为震惊，即刻下令将参加宴会的人全部拘捕入狱。接着，御史中丞王拱辰与知制诰张方平又联名上书，奏请仁宗皇帝处死王益柔。在王拱辰的心目中，处死王益柔就是打击范仲淹的势力，因为王益柔是范仲淹一手荐举的朝官。

就在王益柔即将走上断头台时，枢密副使韩琦急忙面见仁宗皇帝说："微臣以为，苏舜钦等所犯错误乃醉饱微过，交给有关部门处理即可，何劳陛下亲自过问？陛下一向圣德仁厚，为何要在这样的小事上大动干戈呢？"

韩琦毕竟是老臣，他的话在仁宗皇帝的心里还是非常有分量的。仁宗皇帝当即召集宰辅大臣讨论如何处理。韩琦当着诸大臣的面说："王益柔醉后狂语，何足深计？张方平等皆为陛下近臣，应该与国休戚。今西境用兵，有多少大事亟待筹划，他们置而不论，却联名攻讦一个身份卑微的王益柔，用心何在，岂不明白？"

王益柔最终免于一死，但被黜除集贤校理之职，贬为复州（今湖北省天门市）监税。苏舜钦以盗用公钱论罪，除名勒停，削职为民。参与宴会的另外十名人士均遭贬谪。这样一个结果，对于王拱辰

---

① 御史中丞，官名，从三品。宋代监察机关称"御史台"，御史台设有御史大夫和御史中丞。御史大夫名义上是御史台的最高长官，但宋初只作为加官。

来说还是非常满意的，他有些得意忘形地说："终于被我一网打尽了！"

在随后的日子里，因"进奏院事件"遭到贬谪的十二人先后离京，各奔东西。苏舜钦拉家带口前往苏州，开始了长达四年的放逐罢黜生涯。而身居相位的杜衍，因无力拯救自己的亲婿，内心有说不出的委屈。他深知那些守旧派是在舞项庄之剑，意不在苏舜钦，而在自己。他觉得自己无法再在朝廷待下去，便强烈请求外任，但仁宗皇帝没有批准。

苏舜钦在临行前，给远在河北担任都转运使的欧阳修写了一封书信，自辩其冤，用词极其激愤。欧阳修即使看到来信，也无法再像谏官那样谏止朝廷的非常举动。他不禁扼腕长叹，并在苏舜钦的书信上写道："子美可哀，吾恨不能为之言！子美可哀，吾恨不能为之言！"

庆历四年岁末，欧阳修河北都转运使一职任满后，仁宗皇帝没有履行让他回朝任职的诺言，而是诏命他暂时代理知成德军（今河北省正定县）事①。

庆历五年（1045年）春节刚过，欧阳修从汴京启程再次前往河北赴任。

---

① 知成德军事，军，与州平级的地方行政单位。知军事，军一级地方长官，掌本军户口、赋税、钱谷、刑狱及寇盗等公事。

03. 绝不屈服守旧派

宋仁宗庆历五年（1045年）正月，朝中的守旧派相互勾连，向改革派发起了更为猛烈的攻击，致使朝野上下人心惶恐，朝中的政局异常紧张而复杂。

右正言钱明逸首先代表守旧派登场，他趁苏舜钦和王益柔等人被严厉查处之机，以"更张纲纪，纷扰国经。凡所推荐，多挟朋党。心所爱者尽意主张，不附己者力加排斥。乞早罢免，使奸诈不敢效尤，忠实得以自立"为由，把庆历新政和改革派连在一起予以否定，毫不留情地对范仲淹、富弼提出弹劾。

紧接着，参知政事陈执中上书弹劾宰相兼枢密使杜衍，理由是杜衍结党营私、欺罔擅权，包庇范仲淹和富弼二人。这显然是守旧派不仅要罢免范仲淹和富弼，还要及早拔掉杜衍这根钉子。

而此时，被守旧派舆论所包围的仁宗皇帝，已变得越来越偏听偏信。庆历五年正月廿八，仁宗皇帝诏令，罢黜范仲淹参知政事一职，外任知邠州（今陕西省彬州市），兼陕西四路缘边安抚使①。罢富弼枢密副使一职，知郓州（今山东省郓城县），兼京东西路安抚使。正月廿九，仁宗皇帝诏令，罢杜衍宰相兼枢密使之职，为尚书左丞，外任知兖州（今山东省济宁市兖州区）。

仅仅两天时间，仁宗皇帝就连续罢免了三位改革派重臣，右司谏尹洙实在按捺不住，便上了一道《论朋党疏》。尹洙把欧阳

---

① 缘边安抚使，安抚使有四种职能，缘边安抚使是其中的一种，一般是本路有安抚使了，但任务特别还需要另设安抚使时，就加缘边字样。

修比作唐之魏徵，从而定下了不可诽谤欧阳修的基调。他在奏疏中直言："昔之见用，此一臣也；今之见疏，此一臣也……然或谓之公论，或谓之朋党。是则公论之与朋党，常系于上意，不系于忠邪也。惟圣明裁察！"尹洙指出，仁宗皇帝对欧阳修的态度是前后矛盾的。仁宗皇帝看了奏折后，自觉难以辩解，就悄然压奏折不批。

枢密副使韩琦也坐不住了。为了庆历新政能够继续推行下去，为了大宋江山的长治久安，韩琦不得不挺身而出，不顾一切地上书谏言。他在给仁宗皇帝的奏折中，历数范仲淹、富弼、杜衍等大臣的赫赫功绩，并诚恳地建议道："近日臣僚多务攻击忠良，取快私忿，非是国家之福，惟陛下久而察之。"仁宗皇帝不但没有采纳韩琦的谏言，而且一不做二不休，将韩琦也贬谪外任。庆历五年三月初五，仁宗皇帝诏令，罢黜韩琦的枢密副使一职，出知扬州。

范仲淹、韩琦、富弼、杜衍四位朝中重臣被贬谪外任后，庆历新政的各项措施陆续废止，庆历新政宣告结束。

欧阳修不断在邸报上看到改革派重臣遭到贬谪的消息，深知朝廷政局已经发生根本性逆转。但来自灵魂深处的那股子报效朝廷的正义感，驱使他不能再缄默不言、明哲保身。经过一番思考，欧阳修上了一折《论杜衍范仲淹等罢政事状》，向仁宗皇帝申辩朋党之诬，其中写道：

臣闻士不忘身不为忠，言不逆耳不为谏。故臣不避群邪切齿之祸，敢干一人难犯之颜。惟赖圣明，幸加省察。

臣伏见杜衍、韩琦、范仲淹、富弼等，皆是陛下素所委任之臣。一旦相继罢黜，天下之士皆素知其可用之贤，而不闻其可罢之罪。臣虽供职在外，事不尽知，然臣窃见自古小人谗害忠贤，其说不远。欲广陷良善，则不过指为朋党；欲动摇大臣，则必须诬以专权。其故何也？夫去一善人而众善人尚在，则未为小人之利；欲尽去之，则善人少过，难为一二求瑕，惟有指以为朋，则可一时尽逐。至如大臣已被知遇而蒙信任，则难以他事动摇，惟有专权，是上之所恶，故须此说，方可倾之。臣料衍等四人各无大过而一时尽逐，弼与仲淹委任尤深而忽遭离间，必有以朋党、专权之说上惑圣聪。臣请试辨之。

昔年仲淹初以忠言谠论闻于中外，天下贤士争相称慕，当时奸臣诬作朋党，犹难辨明。自近日陛下擢此数人，并在两府，察其临事，可以辨而明也。盖衍为人清慎而谨守规矩，仲淹则恢廓自信而不疑，琦则纯正而质直，弼则明敏而果锐。四人为性，既各不同，虽皆归于尽忠，而其所见各异，故于议事，多不相从。至如杜衍欲深罪滕宗谅，仲淹则力争而宽之。仲淹谓契丹必攻河东，请急修边备，富弼料以九事，力言契丹必不来。

至如尹洙，亦号仲淹之党，及争水洛城事，韩琦则是尹洙而非刘沪，仲淹则是刘沪而非尹洙。此数事尤彰著，陛下素已知者。此四人者，可谓天下至公之贤也。平日闲居，则相称美之不暇；为国议事，则公言廷诤而不私。以此而言，臣见衍等真得汉史所谓忠臣有不和之节，而小人谗为朋党，可谓诬矣。

……

随后，欧阳修又上了一折《论两制以上罢举转运使副省府推判官等状》，对朝廷废止新政的各项措施提出了自己的意见。

欧阳修连上了两道奏折，心中的积郁虽然得到了极大释放，仍觉满腹的愁绪无人领会、无人分担。他在《蝶恋花·独倚危楼风细细》这首词中写道：

独倚危楼风细细。望极离愁，黯黯生天际。草色山光残照里。无人会得凭阑意。

也拟疏狂图一醉。对酒当歌，强饮还无味。衣带渐宽都不悔。况伊销得人憔悴。

这首词是说，欧阳修久久地倚靠着高楼的栏杆，在微风习习中极目远望，一缕春愁在天边黯然升起。残阳中苍茫的大地云霭缭绕，有谁能理解他凭栏远望的意思呢？想要放纵身心一醉方休，以酒当歌，排遣心中的愁苦，怎奈强作的欢颜终究索然无味。那么，就让他无怨无悔地在相思中消瘦下去吧！为了心中的人而憔悴老去也心甘情愿。

词中，欧阳修把漂泊异乡的落魄感受，同怀念意中人的缠绵情思结合在一起写，采用曲径通幽的表现方式抒情写景，感情真挚。词中，字里行间都向人们透露着相思的信息，但却是影影绰绰，扑朔迷离。在最后两句中，当相思感情达到高潮时便戛然而止，任激情回荡，具有极强的感染力。

随着朝廷政局的起伏动荡，欧阳修已经感受到危难就在自己的眼前，并做好了经受磨难的准备。他暗暗发誓，绝不屈服于守旧势力。但他意识到，自己在经受磨难的同时，还要连累妻子和儿女们一同受苦，因此感到非常愧疚，也期望妻子和儿女们能够理解和支持他。

04. 无中生有"盗甥案"

宋仁宗庆历五年（1045年）四月，欧阳修暂时代理知成德军（今河北省正定县）事期满，回京复命后被任命为河北路（治所大名府，今河北省大名县）都转运按察使①，仁宗皇帝还是没让他在朝中任职。

庆历新政以失败而告终，让一度为实施庆历新政而振奋不已的欧阳修陷入了极度苦闷之中。他的心情虽然苦闷，但对待自身所担负的职责，却始终是一丝不苟、尽心竭力地履行好。

庆历五年六月，欧阳修八岁女儿欧阳师不幸夭折，这已经是他第三次遭受失去孩子的打击，他因此心力交瘁、倍感无助。回想女儿的成长经历，他悲伤至极，在《白发丧女师作》中写道：

吾年未四十，三断哭子肠。子割病莫忍，屡痛谁能当。
割肠痛连心，心碎骨亦伤。出我心骨血，洒为清泪行。
泪多血已竭，毛肤冷无光。自然须与鬓，未老先苍苍。

随后，他又写了一篇《哭女师》表达自己对爱女的悼念之情：

---

① 都转运按察使，官名，掌粮盐转运等事务。

暮入门兮迎我笑，朝出门兮牵我衣。戏我怀兮走而驰，旦不觉夜兮不知四时。忽然不见兮一日千思。日难度兮何长？夜不寐兮何迟？暮入门兮何望？朝出门兮何之？恍疑在兮杳难追，髡两毛兮秀双眉。不可见兮如酒醒睡觉，追惟梦醉之时。八年几日兮百岁难期，于汝有顷刻之爱兮，使我有终身之悲。

此时，朝中的改革派与守旧派斗争还未偃旗息鼓。随着守旧派臣僚势力的日渐强大，改革派大臣随时都可能受到守旧派诽谤与伤害，几乎每个人都提心吊胆，惶恐不安。

庆历五年七八月间，一场不可思议的政治迫害悄然降临在欧阳修的头上，应验了那句"越怕越有鬼"的俗语。这场迫害，就是无中生有的"盗甥案"。

宋仁宗景祐元年（1034 年）七月，欧阳修的妹夫张龟正在襄城病逝，遗下妻子和他前妻所生的七岁女儿。处理完妹夫的丧事后，欧阳修觉得一双孤儿寡母无依无靠，便将她们带到汴京，同家人一同生活，相互有个照应。

当甥女张氏到了及笄①的年龄时，已经出落得婀娜多姿。因张氏与欧阳家族并无血缘关系，欧阳修就做主将张氏嫁给了远房堂侄欧阳晟。当时，欧阳晟担任虔州（今江西省赣州市）司户②，这也叫肥水不流外人田。平时，欧阳修与堂侄各过各的日子，相互之间很少往来。

---

① 及笄，指女子年满十五岁。笄，束发用的簪子。古时女子满十五岁把头发绾起来，戴上簪子。

② 司户，官名，也称"司户参军"，掌户籍、赋税、仓库交纳等事。

庆历五年六七月间，欧阳晟的虔州司户任满，携家眷回到汴京等待新的任命。就在欧阳晟返京的途中，他的妻子张氏与家仆陈谏勾搭成奸。奸情败露后，欧阳晟一怒之下将二人交由开封府处理发落。

开封府尹[①]杨日严接到案子后，兴奋不已。他在担任益州（今四川省成都市）知州时，曾因贪污渎职遭到欧阳修的弹劾，让他名声扫地，因此对欧阳修一直怀恨在心。看到张氏通奸案，杨日严顿觉这是报仇雪恨的大好机会。他密令狱吏对张氏严加审问，想方设法将案情复杂化。结果，少年无知的张氏在狱吏的诱逼下，竟信口开河，胡编了出嫁之前与欧阳修通奸之事，而且内容污秽暧昧。这些内容，正是杨日严所需要的，他顿觉如获至宝，心中惊喜不已。

当朝宰相贾昌朝和陈执中都是守旧派核心人物，他们更想借此机会攻击陷害欧阳修。于是，他们联合授意谏官钱明逸上书弹劾欧阳修，理由是欧阳修与甥女张氏乱伦通奸。在弹劾奏折中，钱明逸还以欧阳修所作的《望江南·江南柳》这首词作为乱伦通奸的佐证：

江南柳，叶小未成阴。人为丝轻那忍折，莺嫌枝嫩不胜吟。留著待春深。

十四五，闲抱琵琶寻。阶上簸钱阶下走，恁时相见早留心。何况到如今。

[①] 开封府尹，官名，位在尚书下、侍郎上，一般是从一品或二品官衔，下属有判官、推官、府院、六曹等官吏。

实际上，欧阳修的这首词所歌咏的是一位天真可爱的少女。上阕是写：江南的柳树，叶子很小，成不了绿荫。人们看它仿佛轻丝一般不忍折断，连黄莺也嫌弃树枝太嫩不能在上面停留唱歌，只能等到春意深了再看。下阕是写：十四五日，得了空闲抱着琵琶再去看。堂上少女在玩簸钱①，我从堂下路过，以前见过就已经暗暗留在了心上，何况到现在呢？这首词写得含蓄蕴藉，形象优美，表达了欧阳修对一位可爱少女的无限爱怜。

而钱明逸用这首词作为弹劾证据时说："叶小未成阴"，所描写的不正是一个纯真幼女吗？而对这个纯真幼女，欧阳修"留着待春深"，就是等她长大了据为己有。最后的"恁时相见早留心，何况到如今"两句，分明是说幼女时我就对你上心了，你现在还想不依我的心愿吗？

钱明逸提出弹劾后，朝野上下将欧阳修与甥女乱伦通奸之事传得沸沸扬扬。仁宗皇帝看到弹劾奏折后，内心大为震怒。他认为，欧阳修身为朝廷命官，却做出此等伤风败俗的乱伦丑事，必须加以严惩。他随即诏命太常博士②、三司户部判官苏安世重审此案，又派内侍宦官王昭明为监勘官。

王昭明能够作为监勘官监勘此案，是宰相贾昌朝的刻意安排。贾昌朝事先就知道欧阳修不久前刚刚得罪过王昭明，由王昭明出面监勘重审欧阳修一案，必然会挟仇相对，落井下石。可王昭明并非像贾昌朝所想象的那样，是一个卑劣小人。他为人正直，处事公道，在整个审案过程中都不偏不倚，始终保持客观公正的态度。

---

① 簸钱，一种以掷钱赌输赢的游戏。
② 太常博士，官名，为太常寺掌管祭祀之事的官员。

经过一番审理，苏安世并未找到欧阳修与甥女乱伦通奸的证据，而欧阳修的《望江南·江南柳》一词与本案无关，根本无法定案。但作为案件审理人，苏安世深知贾昌朝的意图，便和王昭明商量道："不如虚构一些罪名，将欧阳修胡乱定案，也好给宰相一个交代。"

听了苏安世的话，王昭明坚决反对说："皇上令本人监勘，就是要主持公道，彰显正义，怎么能够随意罗织罪名定案呢？"他还说："我王昭明侍奉皇上，三天两头听皇上念叨欧阳修乃朝廷难得的忠臣。你如今这般草草定案，不过是为了迎合宰相的意旨，欲加欧阳修以大罪。如此胡为，将来有一天事实澄清，我王昭明可是吃罪不起的！"

王昭明的话让苏安世猛然觉醒，最终未敢判定欧阳修与甥女乱伦通奸一案成立。但他发现欧阳修妹妹的名下有一处田产，便以欧阳修变卖张氏金银首饰购买田产，并隶于妹妹名下为由，含糊地判定欧阳修犯有侵占张氏家产罪。

庆历五年八月廿一，仁宗皇帝以犯有侵占张氏家产罪之名，诏令欧阳修落龙图阁直学士，罢河北路都转运按察使，贬为滁州（今安徽省滁州市城区）知州。

一起无中生有的"盗甥案"，就这样成为欧阳修一生的梦魇。

05. 黯然流徙知滁州

宋仁宗庆历五年（1045年）七八月间，当朝宰相贾昌朝和陈执中等人编造"盗甥案"陷害欧阳修，即使无中生有，最终也将欧阳修以侵占张氏家产罪贬谪为滁州（今安徽省滁州市城区）知州。庆历五年九月，欧阳修离开河北路大名府（今河北省大名县）返回汴京，然后带上家眷，前往滁州任所赴任。

离开河北路大名府时，欧阳修的心里充满了无限感慨。他自担任河北路都转运按察使以来，积极对粮运、兵备等事务进行革弊图新，仅几个月就打开了新局面。但让他感到遗憾的是，已经谋划好的蓝图还没来得及实施，就要离开大名府去知滁州。

在前往滁州任所的路上，欧阳修的心情落寞而消沉，与九年前被贬为夷陵（今湖北省宜昌市）县令赴任时的心情极其相似。他看着空中雁群南飞和落叶飘零，总觉得雁群里和落叶中有自己的影子，于是，一首《自河北贬滁州初入汴河闻雁》油然而生：

阳城淀里新来雁，趁伴南飞逐越船。
野岸柳黄霜正白，五更惊破客愁眠。

欧阳修携家带口经过一个多月的辗转跋涉，于庆历五年十月廿二抵达滁州任所。滁州是一座群山环抱的偏僻小城，不仅环境空旷荒凉，而且交通闭塞不畅。欧阳修踏上这片土地，就知道这个远离汴京、远离朋友的僻静山城，就是他开启新生活的地方。即使他拥有多么强烈的天涯沦落之感，也要以积极的心态面对。他拿起笔来，一气呵成写下了《滁州谢上表》：

臣伏蒙圣恩，授臣依前右正言、知制诰、知滁州军州事，已于今月二十二日赴上讫者。谤谗始作，大喧群口而可惊；诬罔终明，幸赖圣君之在上。列职尚叨于清近，为邦仍窃于安闲。祗荷恩荣,惟知感涕。臣某伏念臣生而孤苦,少则贱贫。同母之亲,惟存一妹,丧厥夫而无讬,携孤女以来归。张氏此时,生才七岁。臣愧无蓍龟前知之识,不能逆料其长大所为,在人情难弃于路隅,缘臣妹遂养于私室。方今公私嫁娶,皆行姑舅婚姻。况晟于臣宗,已隔再从;而张非己出,因谓无嫌。乃未及笄,遽令出适。然其既嫁五六年后,相去数千里间,不幸其人自为丑秽,臣之耳目不能接,思虑不能知。而言者及臣,诚为非意,以至究穷于资产,固已吹析于毫毛。若以攻臣之人,恶臣之甚,苟罹纤过,奚遗深文?盖荷圣明之主张,得免罗织之冤枉。然臣自蒙睿奖,尝列谏垣,论议多及于贵权,指目不胜于怨怒。若臣身不黜,则攻者不休,苟令谗巧之愈多,是速倾危于不保。必欲为臣明辩,莫若付于狱官;必欲措臣少安,莫若置之闲处。使其脱风波而远去,避陷阱之危机。虽臣善自为谋,所欲不过如此。斯盖尊号皇帝陛下,推天地之赐,廓日月之明,知臣幸逢主圣而敢危言,悯臣不顾身微而当众怨,始终爱惜,委曲保全。臣虽木石之心顽,实知君父之恩厚。敢不虔遵明训,上体宽仁,永坚不转之心,更励匪躬之节。

在这道奏章中,欧阳修心怀坦荡地向仁宗皇帝做了自辩陈述。他说,这次他遭受朝中一些臣僚的极端谗谤与恶意陷害,是因为他在担任谏官时得罪了这些人。他们所编造的"盗甥案",虽然最终查明他是清白的,但仍以侵占张氏家产之名遭到贬谪。经过一番认真的思考,他得出了这样一个结论:"若臣身不黜,则攻者不休,苟令谗巧之愈多,是速倾危于不保。必欲为臣明辩,莫若付于狱官;必欲措臣少安,莫若置之闲处。使其脱风波而远去,避陷阱之危机。"也就是说，欧阳修最终感悟到，远谪滁州未尝不是一件远离是非之地、避免再遭迫害的好事。

围绕庆历新政的实施，朝中的改革派与守旧派始终没有停止明争暗斗。但让欧阳修没有想到的是，守旧派竟以捕风捉影的方式编造出一个"盗甥案"来，对他的私生活进行攻击，用最卑劣的手段羞辱陷害他。在他的心目中，那些巧舌如簧、公报私仇的谗佞小人，就像吸血的蚊虫一样，成为朝廷祸患、民众祸害。他拿起笔，一语双关地写了一首《憎蚊》：

扰扰万类殊，可憎非一族。甚哉蚊之微，岂足污简牍。
乾坤量广大，善恶皆含育。荒茫三五前，民物交相黩。
禹鼎象神奸，蛟龙远潜伏。周公驱猛兽，人始居川陆。
尔来千百年，天地得清肃。大患已云除，细微遗不录。
蝇虻蚤虱虮，蜂蝎蚖蛇蝮。惟尔于其间，有形才一粟。
虽微无奈众，惟小难防毒。尝闻高邮间，猛虎死凌辱。
哀哉露筋女，万古雠不复。水乡自宜尔，可怪穷边俗。
晨飧下帷帱，盛暑泥驹犊。我来守穷山，地气尤卑溽。
官闲懒所便，惟睡宜偏足。难堪尔类多，枕席厌缘扑。
熏檐苦烟埃，燎壁疲照烛。荒城繁草树，旱气飞炎燠。
羲和驱日车，当午不转毂。清风得夕凉，如赦脱囚梏。
扫庭露青天，坐月荫嘉木。汝宁无他时，忍此见迫促。
翾翾伺昏黑，稍稍出壁屋。填空来若翳，翳隙多可掬。
丛身疑陷围，聒耳如遭哭。猛攘欲张拳，暗中甚飞镞。
手足不自救，其能营背腹。盘餐劳扇拂，立寐僵僮仆。
端然穷百计，还坐瞑双目。于吾固不较，在尔诚为酷。

> 谁能推物理，无乃乖人欲。驺虞凤凰麟，千载不一瞩。
> 思之不可见，恶者无由逐。

欧阳修在这诗中说，蚊虫虽然只是成千上万种害虫中的一种，而且身体很小，但就是这种很小的蚊虫，却可以用自己体内毒液，置猛虎于死地。这些蚊虫，总是在无限黑暗中出现，总是在阴晦角落里聚集，让人们无可奈何，防不胜防。

就在欧阳修被守旧派朝臣所杜撰的"盗甥案"陷害时，并不是孤立无助，而是有许多正义臣僚为他挺身而出鸣不平。

知制诰赵概首先直言相谏。据《宋史·赵概传》记载："欧阳修遇概素薄，及修有狱，概独抗章明其罪，言为仇者所中伤，不可以天下法为人报怨。修得解，始服其长者。"意思是，欧阳修平时对赵概并不深厚，但欧阳修遇到牢狱之灾时，赵概义无反顾地站出来为他开脱，说欧阳修是被仇恨他的人所中伤，不能让朝廷的法律成为这些人报怨的工具。欧阳修知道赵概为他开脱后，非常感激和敬佩赵概。赵概在给仁宗皇帝的谏言中说："欧阳修以文章知名天下，乃皇帝最为亲近的大臣，不可以闺阁暧昧之事轻加污蔑。我与欧阳修私交甚浅，欧阳修待我也不友善，今天上书论救，完全是出于对朝廷体统的爱惜。"

远在家乡抚州（今江西省抚州市）的曾巩，也在给欧阳修和蔡襄的信中，对朝中卑鄙小人进行了强烈谴责。曾巩说："二公相次出，两府亦更改，而怨忌毁骂谗构之患，一日俱发，翕翕万状。至于乘女子之隙，造非常之谤，而欲加之天下之大贤，不顾四方人议论，不畏天地鬼神之临己，公然欺诬，骇天下之耳目，令人感愤痛切，废食与寝，不知所为。噫！二公之不幸，实疾首蹙额之民之不幸也！"

　　这些正义臣僚发出的声音，让欧阳修的内心得到了很大的安慰，但还不能一时让他从极度的压抑中走出来。

　　就在欧阳修心情极度郁闷之时，他的次子欧阳奕出生了。就是这个新生命，给欧阳修带来了生活上的快乐，他因此拥有了新的动力开始新的生活。

第七章　排遣忧烦，莫教一日不花开

01.《丰乐亭记》抒胸臆

滁州（今安徽省滁州市城区）大体上位于长江和淮河之间，既是淮南的屏障，又是金陵的前卫，是极其重要的战略要地。五代十国时期，滁州曾历经战火的洗礼。后周世宗显德三年（956年），后周大将赵匡胤在滁州的清流山下，与南唐中主李璟的部将皇甫晖、姚凤进行了一场激烈的交战，南唐军队败入滁州城。赵匡胤在东城门外亲手刺伤皇甫晖后生擒二将，并一举攻占滁州。仅仅过了四年，赵匡胤便成为大宋王朝的开国皇帝。由于太祖赵匡胤在滁州打过胜仗，滁州无疑增添了几分神秘的色彩，成为建立宋朝的功勋之地。

滁州虽然地处长江和淮河之间，但并不在水陆要冲之地，商贾宾客因为交通闭塞很少来到这个地方，当地百姓也很少与外界往来，基本不了解外界所发生的一切。滁州就像陶渊明笔下《桃花源记》里的世外桃源一样，百姓安心地过着自给自足的田园生活。

在欧阳修的心里，这一次被贬为滁州知州所受到的打击，比景祐三年（1036年）被贬为夷陵县令时所受到的打击更重。他来到滁州后，感觉这里虽然交通闭塞，但不乏山肴野味，也不乏山泉美景，便慢慢适应了这里的环境。

滁州西南的琅琊山上，刻有唐代著名书法家李阳冰①于唐代宗大历六年（771年）所篆书的、历来被学篆者所敬仰《庶子泉铭》。就在十年前，欧阳修初任馆阁校勘参与编修《崇文总目》时，曾见过《庶子泉铭》的拓本。如今，他来到琅琊山亲眼见到了保存完好的篆铭真迹，心中无比快意。更让他惊喜的是，在《庶子泉铭》之侧，还有另外一块李阳冰所篆的十八个字的碑石，比《庶子泉铭》的铭文更为奇绝。于是，他非常感叹地写下了一首《石篆诗》：

> 寒岩飞流落青苔，旁断石篆何奇哉。
> 其人已死骨已朽，此字不灭留山隈。
> 山中老僧忧石泐，印之以纸磨松煤。
> 欲令留传在人世，持以赠客比琼瑰。
> 我疑此字非律画，又疑人力非能为。
> 始从天地胚浑判，元气结此高崔嵬。
> 当时野鸟踏山石，万古遗迹于苍崖。
> 山祇不欲人屡见，每吐云雾深藏埋。
> 群仙发空欲下读，常借海月清光来。
> 嗟我岂能识字法，见之但觉心眼开。

---

① 李阳冰，字少温，唐代书法家，被称为"李斯后书写小篆第一人"。李白族叔，为李白编辑诗文集并作《草堂集序》，另著有《三坟记》《谦卦铭》《怡亭铭》等。

辞悭语鄙不足记，封题远寄苏与梅。

琅琊山上，还有一座供奉着宋初著名文学家王禹偁画像的祠庙。王禹偁为人刚直正义，为官直言敢谏。宋太宗至道元年（995年）四月，太祖孝章皇后病逝时，身为知制诰的王禹偁因言"后尝母仪天下，当遵用旧礼"，从而触怒了太宗皇帝，以工部郎中贬为知滁州，就是欧阳修这个职位，在滁州任职生活了一年半。王禹偁在滁州任职期间，为政宽简务实，深得百姓爱戴。欧阳修来到滁州后，非常敬仰王禹偁的厚重品德，因此经常到这座祠庙拜谒他的画像。欧阳修时常默念着王禹偁《滁州谢上表》中的名句："诸县丰登，绝少公事；全家饱暖，共荷君恩。"在深深的敬仰之中，欧阳修写下了一首《书王元之画像侧》：

偶然来继前贤迹，信矣皆如昔日言。
诸县丰登少公事，一家饱暖荷君恩。
想公风采常如在，顾我文章不足论。
名姓已光青史上，壁间容貌任尘昏。

宋朝之初，一度呈现出士风颓靡不振、文风卑微柔弱的态势。而王禹偁敢于直言的作风和简雅古淡的文风，对士风的振作和文风的创新都产生了重大而深远的影响。欧阳修非常敬仰王禹偁这位大德先贤，将他视为做人做事的榜样。

琅琊山的东北方向有座丰山，四周竹林环抱，景致极其优美。欧阳修被这里的景色深深吸引，便在小溪边建了一座让百姓赏景游乐的凉亭，并取名为"丰乐亭"。品赏着凉亭及周边的美景，欧阳修欣然写下了一篇《丰乐亭记》：

修既治滁之明年，夏，始饮滁水而甘。问诸滁人，得于州南百步之远。其上则丰山，耸然而特立；下则幽谷，窈然而深藏；中有清泉，滃然而仰出。俯仰左右，顾而乐之。于是疏泉凿石，辟地以为亭，而与滁人往游其间。

滁于五代干戈之际，用武之地也。昔太祖皇帝，尝以周师破李璟兵十五万于清流山下，生擒其皇甫晖、姚凤于滁东门之外，遂以平滁。修尝考其山川，按其图记，升高以望清流之关，欲求晖、凤就擒之所。而故老皆无在也，盖天下之平久矣。自唐失其政，海内分裂，豪杰并起而争，所在为敌国者，何可胜数？及宋受天命，圣人出而四海一。向之凭恃险阻，铲削消磨，百年之间，漠然徒见山高而水清。欲问其事，而遗老尽矣！

今滁介江淮之间，舟车商贾、四方宾客之所不至，民生不见外事，而安于畎亩衣食，以乐生送死。而孰知上之功德，休养生息，涵煦于百年之深也。

修之来此，乐其地僻而事简，又爱其俗之安闲。既得斯泉于山谷之间，乃日与滁人仰而望山，俯而听泉。掇幽芳而荫乔木，风霜冰雪，刻露清秀，四时之景，无不可爱。又幸其民乐其岁物之丰成，而喜与予游也。因为本其山川，道其风俗之美，使民知所以安此丰年之乐者，幸生无事之时也。

夫宣上恩德，以与民共乐，刺史之事也。遂书以名其亭焉。

文章的题目虽然为《丰乐亭记》，但欧阳修却用较大篇幅，记述了修建丰乐亭的经过及与滁州百姓共同赏景游乐的场景,描绘了滁州从战乱到太平的变迁过程,从而歌颂了大宋王朝的太平盛世,抒发了安定的生活来之不易、应倍加珍惜的思想感情。欧阳修认为,在战乱时期,好山好水只不过是"凭恃险阻";在世事变迁之时,好山好水也只是"漠然徒见山高而水清";而在百姓安居乐业之时,好山好水则成为"四时之景,无不可爱"。欧阳修在遭到贬谪、地位一落千丈的情况下,还能泰然处之地写出著名的《丰乐亭记》,足以说明欧阳修拥有政治家的气度,文学家的情怀。

这篇《丰乐亭记》,不仅具有借景抒情、情景交融的特点,更具有简洁凝练、情深意切的风格。欧阳修仅用"掇幽芳而荫乔木,风霜冰雪,刻露清秀"这十五个字,就把一年四季的景色特点表现得淋漓尽致。"掇幽芳而荫乔木"是通过人的动作来写春夏之景,"风霜冰雪,刻露清秀"是用人的感受来写秋冬之色,充分体现了欧阳修具有高度的概括能力和精确的表达能力。

02.《菱溪石记》与民乐

作为滁州(今安徽省滁州市城区)知州,欧阳修写下《丰乐亭记》一文后,丰山幽谷泉边的丰乐亭立即声名远扬。而在丰乐亭的南北两侧,摆放着六块奇形怪状的石头。这六块石头,有着非同一般的来历。传说在唐代末年,淮南节度使杨行密的部将刘金曾在丰山的小溪边建造了一座豪宅,这六块形状奇特、晶莹剔透的石头,就是刘金豪宅中的观赏之物。豪宅后来毁于战火,六块石头也随之销声匿迹。其实,这六块石头一刻都不曾消失过,只是无人眷顾而已。欧阳修看到六块奇石,非常感慨地写下了《菱溪石记》一文:

> 菱溪之石有六,其四为人取去,而一差小而尤奇,亦藏民家。其最大者,偃然僵卧于溪侧,以其难徙,故得独存。每岁寒霜落,水涸而石出,溪旁人见其可怪,往往祀以为神。
>
> 菱溪,按图与经皆不载。唐会昌中,刺史李渍为《荇溪记》,云水出永阳岭,西经皇道山下。以地求之,今无所谓荇溪者。询于滁州人,曰此溪是也。杨行密有淮南,淮人讳其嫌名,以荇为菱;理或然也。
>
> 溪旁若有遗址,云故将刘金之宅,石即刘氏之物也。金,伪吴时贵将,与行密俱起合淝,号三十六英雄,金其一也。金本武夫悍卒,而乃能知爱赏奇异,为儿女子之好,岂非遭逢乱世,功成志得,骄于富贵之佚欲而然邪?想其葭池台榭、奇木异草与此石称,亦一时之盛哉!今刘氏之后散为编民,尚有居溪旁者。
>
> 予感夫人物之废兴,惜其可爱而弃也,乃以三牛曳置幽谷;又索其小者,得于白塔民朱氏,遂立于亭之南北。亭负城而近,以为滁人岁时嬉游之好。
>
> 夫物之奇者,弃没于幽远则可惜,置之耳目则爱者不免取之而去。嗟夫!刘金者虽不足道,然亦可谓雄勇之士,其平生志意,岂不伟哉。及其后世,荒堙零落,至于子孙泯没而无闻,况欲长有此石乎?用此可为富贵者之戒。而好奇之士

闻此石者，可以一赏而足，何必取而去也哉。

范仲淹、富弼等人推行庆历新政失败后，欧阳修心中的远大抱负已经无法得以实现，同时又遭受了守旧派朝臣的无端陷害，但他仍然具有忧国忧民的宽广胸怀。他贬官滁州，提出了为政"宽简"的主张，重视民生之安定，大力倡导"节用以爱农"，努力缓和为官者与百姓之间的矛盾。他认为，为官者须时时刻刻视民如伤，爱民如子，一切事务应以宽简为原则，以宽简为治。他反对为官者为了向朝廷显示自己的政绩，聚敛苛剥，扰民害民。他觉得，为官者能否称得上是一个好官，关键在于他能否给百姓带来真正的福祉，能否得到百姓的拥戴。他的这种思想，在《菱溪石记》一文中得到充分体现。

在提起欧阳修所写的《菱溪石记》时，明朝茅坤①所著的《唐宋八大家文钞》是这样评价的："事虽不甚紧要，却自风致修然。"

《菱溪石记》一文，欧阳修以石为题，通过由此及彼的联想和对比，在平凡小事中挖掘出治国为政、以民为本的深刻道理，可谓于微见著、平中见奇。欧阳修深刻主旨的表达，不以深隐为奇，而以浅显平易为本，文不雕饰而辞切意明。所有这些，都充分体现了欧阳修散文既明白晓畅，又精炼含蓄、耐人寻味的艺术风格。

为了让丰乐亭周边的环境变得更加优美，更好地造福于滁州百姓，欧阳修又命人在丰乐亭的小溪边栽花种草。他甚至叮嘱负责种花事务的谢判官，在栽种花卉时要注意颜色的搭配。他在《谢

---

① 茅坤，字顺甫，号鹿门，明代散文家、藏书家。与王慎中、唐顺之、归有光等被称为"唐宋派"。著有《白华楼藏稿》《茅鹿门集》。

判官幽谷种花》中写道：

浅深红白宜相间，先后仍须次第栽。
我欲四时携酒去，莫教一日不花开。

欧阳修还命人在丰乐亭的附近平整出一块操练场，定期召集州兵、弓手来这里操练，在这里展示骑射武艺，以此来警戒周边可能作乱的盗贼，维护地方治安稳定。在给韩琦《与韩忠献王》这封信中，欧阳修这样写道：

山州穷绝，比乏水泉。昨夏秋之初，偶得一泉于州城之西南丰山之谷中水味甘冷。因爱其山势回抱，构小亭于泉侧，又理其傍为教场，时集州兵、弓手，阅其习射，以警饥年之盗，间亦与郡官宴集于其中。方惜此幽致，思得佳木美草植之，忽辱宠示芍药十种，岂胜欣荷！山民虽陋，亦喜遨游。今春寒食，见州人靓装盛服，但于城上巡行，便为春游。自此得与郡人共乐，实出厚赐也。愧刻愧刻。

在不知不觉中，庆历六年（1046年）翻开了崭新的一页。滁州所独有的幽静闲适的景色，淳朴安然的民风，让欧阳修的思想活力再一次焕发出来。他用一首《春日独居》写滁州的春天：

众喧争去逐春游，独静谁知味最优。
雨霁日长花烂漫，春深睡美梦飘浮。
常忧任重才难了，偶得身闲乐暂偷。

因此益知为郡趣，乞州仍拟乞山州。

他用一首《幽谷泉》写滁州的夏天：

踏石弄泉流，寻源入幽谷。泉傍野人家，四面深篁竹。
溉稻满春畴，鸣渠绕茅屋。生长饮泉甘，荫泉栽美木。
潺湲无春冬，日夜响山曲。自言今白首，未惯逢朱毂。
顾我应可怪，每来听不足。

他用一首《秋晚凝翠亭》写滁州的秋天：

黄叶落空城，青山绕官廨。风云凄已高，岁月惊何迈。
陂田寒未收，野水浅生派。晴林紫榴坼，霜日红梨晒。
萧疏喜竹劲，寂寞伤兰败。丛菊如有情，幽芳慰孤介。
嘉客日可携，寒醅美新醅。登临无厌频，冰雪行即届。

他用一首《永阳大雪》写滁州的冬天：

清流关前一尺雪，鸟飞不渡人行绝。
冰连溪谷麋鹿死，风劲野田桑柘折。
江淮卑湿殊北地，岁不苦寒常疫疠。
老农自言身七十，曾见此雪才三四。
新阳渐动爱日辉，微和习习东风吹。
一尺雪，几尺泥，泥深麦苗春始肥。
老农尔岂知帝力，听我歌此丰年诗。

身为滁州知州,欧阳修以宽简不扰为执政宗旨,使滁州大地呈现出民风一派祥和、百姓安居乐业的喜人局面。对此,他深感欣慰,心情也变得越来越好。他在写给梅尧臣的《与梅圣俞》(其二十)这封信中得意地说:"某此愈久愈乐,不独为学之外有山水琴酒之适而已,小邦为政,期年粗有所成,固知古人不忽小官也。"

03.《醉翁亭记》成高峰

欧阳修任职滁州(今安徽省滁州市城区)知州以来,大力实施了为政宽简的策略,使滁州大地呈现出一派物阜年丰的喜人局面。安定祥和的政治局面,美丽幽静的自然环境,淳朴敦厚的乡俗民风,极大地激发了欧阳修的文思与灵感,因此创作了许多产生重大影响的诗文作品。

欧阳修深深体会到,朝野上下普遍存在着不思进取、安于现状的弊病,尤其那些改革派朝臣接连遭受打击后,朝廷的积弊更难得到有效根除。这些,都让他倍感忧虑和痛苦。这种忧国忧民的危机意识,给欧阳修的创作增添了丰富的思想内涵,也引领他的创作进入了一个高峰期。这一时期,最具标志性的作品,就是名震朝野并流传千古的《醉翁亭记》:

环滁皆山也。其西南诸峰,林壑尤美,望之蔚然而深秀者,琅琊也。山行六七里,渐闻水声潺潺,而泻出于两峰之间者,酿泉也。峰回路转,有亭翼然临于泉上者,醉翁亭也。作亭者谁？山之僧智仙也。名之者谁？太守自谓也。太守与客来饮于此，饮少辄醉，而年又最高，故自号曰醉翁也。醉翁之意不在酒，在乎山水之间也。山水之乐，得之心而寓之酒也。

若夫日出而林霏开，云归而岩穴暝，晦明变化者，山间之朝暮也。野芳发而幽香，佳木秀而繁阴，风霜高洁，水落而石出者，山间之四时也。朝而往，暮而归，四时之景不同，而乐亦无穷也。

至于负者歌于途，行者休于树，前者呼，后者应，伛偻提携，往来而不绝者，滁人游也。临溪而渔，溪深而鱼肥，酿泉为酒，泉香而酒洌，山肴野蔌，杂然而前陈者，太守宴也。宴酣之乐，非丝非竹，射者中，弈者胜，觥筹交错，起坐而喧哗者，众宾欢也。苍颜白发，颓然乎其间者，太守醉也。

已而夕阳在山，人影散乱，太守归而宾客从也。树林阴翳，鸣声上下，游人去而禽鸟乐也。然而禽鸟知山林之乐，而不知人之乐；人知从太守游而乐，而不知太守之乐其乐也。醉能同其乐，醒能述以文者，太守也。太守谓谁？庐陵欧阳修也。

这是一篇极其优美的散文名作。欧阳修描写了滁州自然景物的秀美和百姓生活的宁静，展现了作为知州的他与百姓在山林中共同游赏宴饮的情景，通篇贯穿一个"乐"字，戏说一个"醉"字，既暗示了欧阳修与民共乐的情怀，又隐藏着欧阳修有口难言的苦衷。他写百姓："负者歌于途，行者休于树，前者呼，后者应，伛偻提携，往来而不绝者，滁人游也。"他写官吏："射者中，弈者胜，觥筹交错，起坐而喧哗者，众宾欢也。"他自号"醉翁"，经常出游山水之间，处于一种"饮少辄醉""颓然乎其间"的状态，足以表明他是借山水之乐，来排遣贬谪生活的压抑与苦闷。显然，欧阳修既是醉于山水美景之中，又是醉于与民同乐之中。

《醉翁亭记》不仅条理清楚，而且构思精巧，堪称有宋以来的散文一绝。青州（今山东省青州市）知州兼京东路安抚使富弼看到此文后，惊喜万分，在《寄欧阳公》这首诗中盛赞道：

滁州太守文章公，谪官来此称醉翁。
醉翁醉道不醉酒，陶然岂有迁客容。
公年四十号翁早，有德亦与耆年同。
意古直出茫昧始，气豪一吐阊阖风。

欧阳修的《醉翁亭记》，第一段写醉翁亭所在位置，并引出具体的人和事；第二段分述琅琊山朝暮四季的不同景色；第三段写滁人游乐的状态和太守宴饮的状态；第四段写宴会散去、众人回归的情景。

在艺术手法上，《醉翁亭记》所具有的特点尤为突出，主要表现在：

一是意境优美。《醉翁亭记》通篇贯穿着一个"乐"字，而且是"醉"中之乐，这一思想意脉像一根金线一样连缀各幅画面。欧阳修表面上是把酒放情，醉意山水，但"醉翁之意不在酒，在乎山水之间也"才是他的真意所在。这就犹如设了张本一样，欧阳修就是根据醉翁这样的"意"，写了山水秀丽的"境"，从而达到情景交融，意境和谐。在欧阳修的笔下，山水相映之美，朝暮变化之美，四季变幻之美，动静对比之美，无不得到了充分的体现。

二是结构精巧。《醉翁亭记》无疑有着金线串珠之妙。欧阳修时而山色露布卷面,时而水流泻进画幅,时而人情喧于纸上,看似零散随意,但散而有序,散而不乱。在欧阳修的手中,有一根金线将看似零散的内容贯穿起来。这根金线,就是他心中的"乐",醉中的"乐"。欧阳修的笔法,有着曲径通幽之妙。"峰回路转,有亭翼然"这一句,完全可以用来形容《醉翁亭记》的结构特点。欧阳修在用笔之时,就像围野狩猎一样,逐渐缩小包围圈,不仅让人了解到醉翁亭之所在,而且通过层层烘托,又突出了醉翁亭的美之所在。在笔法上,欧阳修呼应有方。前有伏笔,后必照应;藏墨于首,显豁于尾。他首先这样写道:"名之者谁?太守自谓也。"然后又写"名之者谁",暂按不表,埋下伏笔。到了文章收尾才明示:"太守谓谁?庐陵欧阳修也。"由此收到了首尾照应的效果。

三是语言出色。《醉翁亭记》的语言格调清丽、遣词凝练、音节铿锵,极富特色,既有图画美,又有音乐美,进入了一种炉火纯青的境界。首先语言高度概括,含义丰富;其次语言凝练精粹,晶莹润畅;再次语言抑扬抗坠,铿锵悦耳。更值得一提的是,《醉翁亭记》巧妙地运用了许多成语。"觥筹交错",酒器和酒筹交互错杂,形容宴饮尽欢;"峰回路转",亦作"山回路转",谓山势曲折,道路随之迂回,比喻事情经历曲折后,出现新的转机;"醉翁之意不在酒",用以比喻本意不在此,而在别的方面,也比喻别有用心;"水落石出",本指水位下降后石头显露出来,用以比喻事物真相完全显露;"山肴野蔌",野味和野菜,亦作"山肴野湋";"风霜高洁",天气高爽霜色洁白;"前呼后应",本意是前面的人在呼喊,后面的人在应答,多用来比喻写文章首尾呼应。

《醉翁亭记》一经成篇,迅速得以流传,很快就达到了家喻户晓的程度。提起《醉翁亭记》的影响,琅琊山琅琊寺中的僧人感触最为深刻。当《醉翁亭记》按照欧阳修的手迹在醉翁亭之畔刻石立碑后,全国各地前来观赏的人一直络绎不绝,并纷纷求取拓本。琅琊寺库存的毡子很快因为拓碑被用尽,后来就连僧人睡觉用的卧毡也不得不拿出来满足人们的拓碑需求。到琅琊山求取《醉翁亭记》的拓本,不仅仅是读书人的愿望,也是许多商人的愿望。这些商人感觉到,如果自己随身携带一套《醉翁亭记》的拓本,遇到关征时赠给监官,可以得到免税的照顾。这股求取拓本的热潮,一直延续,历久不衰。

04. 身体力行新诗风

欧阳修在滁州(今安徽省滁州市城区)担任知州期间,被滁州的山水风光及淳朴民风所感染,也升华了他的思想境界和人生涵养,让他以更加豁达的眼光来审视人生的价值,以更加乐观的态度来面对遭受贬谪的生活。历经贬谪的磨砺,欧阳修的创作激情再次爆发,佳作频出。在滁州任职期间,他先后创作了六七十首诗词以及大量的散文和书信,《丰乐亭记》《菱溪石记》《醉翁亭记》《梅圣俞诗集序》《重读徂徕集》《题滁州醉翁亭》《丰乐亭游春》《别滁》等诗文是其中的代表作。这些优秀诗文作品的广泛流传,标志着欧阳修的诗文创作尤其是散文创作,进入了一个前所未有的黄金时期,而《醉翁亭记》恰恰成为一个难以逾越的新高峰。

欧阳修在散文创作上取得巨大成就的同时,在诗歌创作上也不断地进行新的尝试。他反复而深入地研究了以韩愈、孟郊①为代表的中唐时期韩孟诗派的作品,为的是在继承前人的基础上有所创新和发展。他认为,韩孟诗派是中唐以来极具创新精神的诗歌流派。在贬谪滁州期间,欧阳修所创作的诗歌作品,都有意效仿韩孟诗派的风格。他的七言诗《春寒效李长吉体》就是其中的代表作:

东风吹云海天黑,饥龙冻云雨不滴。
嗔雷隐隐愁烟白,宿露无光瑶草寂。
东皇染花满春国,天为花迷借春色。
呼云锁日恐红蔫,几日春阴养花魄。
悠悠远絮萦空掷,愁思织春挽不得。
高楼去天无几尺,远岫参差乱屏碧。

他的五言诗《弹琴效贾岛体》也是代表作之一:

古人不可见,古人琴可弹。弹为古曲声,如与古人言。
琴声虽可听,琴意谁能论。横琴置床头,当午曝背眠。
梦见一丈夫,严严古衣冠。登床取之坐,调作南风弦。
一奏风雨来,再鼓变云烟。鸟兽尽嘤鸣,草木亦滋蕃。

---

① 孟郊,字东野,唐代著名诗人。诗作多写世态炎凉、民间疾苦,有"诗囚"之称,与贾岛并称为"郊寒岛瘦"。现存诗500多首,以短篇五古最多。传本为《孟东野诗集》10卷。

乃知太古时，未远可追还。方彼梦中乐，心知口难传。
既觉失其人，起坐涕丸澜。

这两首诗，欧阳修既充分吸收了韩愈诗派以文为诗的特点，深入探索诗歌散文化、议论化创作路径；又在保持韩孟诗雄伟畅达风格的同时，巧妙地规避了韩孟诗用语怪异、枯燥艰涩的缺陷，将清新流畅的语言与委婉平易的章法结合起来，从而形成了婉转流丽的独特风格。

在诗歌理论方面，欧阳修潜下心来进行了深入研究，取得了比较丰硕的成果。这些成果，被他集中归结在了《梅圣俞诗集序》一文中：

予闻世谓诗人少达而多穷，夫岂然哉？盖世所传诗者，多出于古穷人之辞也。凡士之蕴其所有，而不得施于世者，多喜自放于山巅水涯之外，见虫鱼草木风云鸟兽之状类，往往探其奇怪，内有忧思感愤之郁积，其兴于怨刺，以道羁臣寡妇之所叹，而写人情之难言。盖愈穷则愈工。然则非诗之能穷人，殆穷者而后工也。

予友梅圣俞，少以荫补为吏，累举进士，辄抑于有司，困于州县，凡十余年。年今五十，犹从辟书，为人之佐，郁其所蓄，不得奋见于事业。其家宛陵，幼习于诗，自为童子，出语已惊其长老。既长，学乎六经仁义之说，其为文章，简古纯粹，不求苟说于世。世之人徒知其诗而已。然时无贤愚，语诗者必求之圣俞；圣俞亦自以其不得志者，乐于诗而发之，故其平生所作，于诗尤多。世既知之矣，而未有荐于上者。昔王文康公尝见而叹曰："二百年无此作矣！"虽知之深，亦不果荐也。若使其幸得用于朝廷，作为雅、颂，以歌咏大宋之功德，荐之清庙，而追商、周、鲁颂之作者，岂不伟欤！奈何使其老不得志，而为穷者之诗，乃徒发于虫鱼物类，羁愁感叹之言。世徒喜其工，不知其穷之久而将老也！可不惜哉！

圣俞诗既多，不自收拾。其妻之兄子谢景初，惧其多而易失也，取其自洛阳至于吴兴以来所作，次为十卷。予尝嗜圣俞诗，而患不能尽得之，遽喜谢氏之能类次也，辄序而藏之。

其后十五年，圣俞以疾卒于京师，余既哭而铭之，因索于其家，得其遗稿千余篇，并旧所藏，掇其尤者六百七十七篇，为一十五卷。呜呼！吾于圣俞诗论之详矣，故不复云。

庐陵欧阳修序。

当时，梅尧臣在宋朝诗坛的影响虽然越来越大，但他从不留意整理自己的诗稿，整理诗稿的事，都是他的妻侄儿——谢绛之子谢景初来完成的。谢景初不仅是梅尧臣的妻侄儿，更是梅尧臣诗歌作品的忠实读者。他看到姑父不善于整理自己的诗稿，便自告奋勇代为姑父加以整理。经过一段时间的精心努力，谢景初终于将梅尧臣自天圣九年以来的诗作辑为十卷，并请欧阳修作序。

欧阳修的《梅圣俞诗集序》，紧紧围绕"诗穷而后工"的核心观点层层展开。首段批驳"诗人少达而多穷"的观点，从而树立"诗穷而后工"的论点。第二段通过叙述梅圣俞一生的经历遭遇及他所作的诗文，用具体事实阐明"穷而后工"的理论。第三段写因为懂得"穷之久而将老"的道理，圣俞才"以疾卒于京师"。正因为梅诗之工，欧阳修才能"尝嗜圣俞诗，而患不能尽得之"，并为诗集作序。

作为诗集的序言，《梅圣俞诗集序》全面体现了"序"所应有的内容要素：一是交代成书的基本情况。文章的三、四段完成了这一任务。二是介绍作者及该书有关的思想、创作情况，述评其著作的主要特点。三是要有作序者的主导思想，而且这一主导思想要与该书及其作者密切相关，从而形成融贯全序乃至全书的灵魂。

欧阳修在序言中提出的"然则非诗之能穷人，殆穷者而后工也"的观点，明确了生活与创作关系的理论问题，从强调诗歌必然反映作者生平境遇、强调诗歌必须反映真情实感的角度，对韩愈提出的"穷苦之言易好"的论断做出了切实合理的阐释。欧阳修在文中无比痛惜地写道："世徒喜其工，不知其穷之久而将老也！可不惜哉！"这是对梅尧臣半生怀才不遇的一种无奈叹息。

05. 真情切切悼挚友

宋仁宗赵祯在推行庆历新政的过程中，由于触动了诸多朝臣的政治和经济利益，在朝中引发了一场改革派与守旧派激烈的政治斗争，最终导致庆历新政半途而废，许多改革派之士遭到排挤、打压甚至迫害，石介就是遭到守旧派阴谋迫害的朝中宰臣。

庆历四年（1044年）秋天，石介被夏竦一手制造的假诏书案所陷害，被迫辞去国子监直讲，回到老家山东奉符县徂徕山。庆历五年七月，石介因病去世，年仅四十一岁。而他病逝四个月后的庆历五年十一月，再次遭到夏竦的无端陷害，险些被开棺验尸。后来，经兖州知州杜衍、提点刑狱吕居简①先后两次协调，才以石氏家族及门生数百人联名具保的方式，免于开棺。

担任滁州（今安徽省滁州市城区）知州的欧阳修得知石介死后仍遭守旧派迫害，心中极为愤慨。他反复阅读石介的遗著《徂徕先生文集》，奋笔疾书写下了两首五言长诗。第二首《重读徂徕集》这样写道：

> 我欲哭石子，夜开徂徕编。开编未及读，涕泗已涟涟。
> 勉尽三四章，收泪辄忻懽。切切善恶戒，丁宁仁义言。
> 如弲子谈论，疑子立我前。乃知长在世，谁谓已沉泉。
> 昔也人事乖，相从常苦艰。今而每思子，开卷子在颜。
> 我欲贵子文，刻以金玉联。金可铄而销，玉可碎非坚。
> 不若书以纸，六经皆纸传。但当书百本，传百以为千。
> 或落于四夷，或藏在深山。待彼谤焰熄，放此光芒悬。
> 人生一世中，长短无百年。无穷在其后，万世在其先。
> 得长多几何，得短未足怜。惟彼不可朽，名声文行然。
> 谗诬不须辨，亦止百年间。百年后来者，憎爱不相缘。
> 公议然后出，自然见媸妍。孔孟困一生，毁逐遭百端。
> 後世苟不公，至今无圣贤。所以忠义士，恃此死不难。
> 当子病方革，谤辞正腾喧。众人皆欲杀，圣主独保全。
> 已埋犹不信，仅免斫其棺。此事古未有，每思辄长叹。

---

① 吕居简，宋许国公、赠中书令吕蒙正子。历仕仁宗、英宗、神宗三朝。历官广东东路经略使、龙图阁学士、中丞、兵部侍郎等。

> 我欲犯众怒，为子记此冤。下纾冥冥忿，仰叫昭昭天。
> 书于苍翠石，立彼崔嵬巅。询求子世家，恨子儿女顽。
> 经岁不见报，有辞未能铨。忽开子遗文，使我心已宽。
> 子道自能久，吾言岂须镌。

后来，南宋著名文人许颛在其所著的《彦周诗话》一文中，是这样评价欧阳修这首诗的："欧阳文忠公《重读岨崃集诗》，英辩超然，能破万古毁誉。"在这首诗中，欧阳修坚信，当所有的谎言和诟病消散之际，石介的精神必将重见光芒。

宋仁宗庆历八年（1048年）正月十六日，皇帝诏令，欧阳修由朝散大夫转起居舍人，依旧知制诰，徙知扬州。在一派春和景明的气象中，欧阳修离开了任职三年的滁州。他在《别滁》中深情地写道：

> 花光浓烂柳轻明，酌酒花前送我行。
> 我亦且如常日醉，莫教弦管作离声。

一个多月后的二月廿二日，欧阳修携家眷到达扬州任所。

此时，欧阳修的好友谢绛、张先、杨愈已去世多年，尹洙也在庆历七年（1047年）四月病故，年仅四十七岁。尹洙去世后，欧阳修慷慨解囊，资助尹洙的遗属扶柩还乡，并在《祭尹师鲁文》中悲愤地写道：

> 具官欧阳修谨以清酌庶羞之奠，祭于亡友师鲁十二兄之灵，曰：

嗟乎师鲁！辩足以穷万物，而不能当一狱吏；志可以狭四海，而无所措其一身。穷山之崖，野水之滨，猿猱之窟，麋鹿之群，犹不能容于其间兮，遂即万鬼而为邻。嗟乎师鲁！世之恶子之多，未必若爱子者之众。何其穷而至此兮？得非命在乎天而不在乎人？

方其奔颠斥逐，困厄艰屯，举世皆冤，而语言未尝以自及；以穷至死，而妻子不见其悲忻。用舍进退，屈伸语默。夫何能然？乃学之力。至其握手为诀，隐几待终，颜色不变，笑言从容。死生之间，既已能通于性命；忧患之至，宜其不累于心胸。

自子云逝，善人宜哀。子能自达，予又何悲？惟其师友之益，平生之旧，情之难忘，言不可究。

嗟乎师鲁！自古有死，皆归无物。惟圣与贤，虽埋不没。尤于文章，焯若星日。子之所为，后世师法。虽嗣子尚幼，未足以付予，而世人藏之，庶可无于坠失。

子于众人，最爱予文。寓辞千里，侑此一罇。冀以慰子，闻乎不闻？

欧阳修的这篇《祭尹师鲁文》感情真挚，对尹洙怀才不遇、壮年早逝的不幸遭遇表示深深的叹息，哀悼之情表现得淋漓尽致。

庆历八年（1048年）冬天，欧阳修突患眼疾，差点失明。欧阳修的眼疾应该来源于家族病史，他的父亲欧阳观就患有眼疾。他的眼疾经过一段治疗虽有好转，但始终未能康复，难缠的眼病从此一直折磨着欧阳修的后半生。

就在欧阳修遭受眼疾的痛苦折磨时（1048年），年仅四十一岁的好友苏舜钦在苏州病故。苏舜钦刚刚复官为湖州（今浙江省湖州市）长史，还未赴任。欧阳修接到讣告后，内心简直无法接受。不久之前，他还收到了苏舜钦寄来的唱和诗作。悲伤之中，他在《祭苏子美文》中写道：

> 哀哀子美，命止斯邪？小人之幸，君子之嗟！子之心胸，蟠屈龙蛇，风云变化，雨雹交加，忽然挥斧，霹雳轰车，人有遭之，心惊胆落，震仆如麻；须臾霁止，而四顾百里山川，草木开发萌芽。子于文章，雄豪放肆，有如此者，吁可怪邪！嗟乎世人，知此而已，贪悦其外，不窥其内。欲知子心，穷达之际。金石虽坚，尚可破坏，子于穷达，始终仁义。惟人不知，乃穷至此，蕴而不见，遂以没地，独留文章，照耀后世。嗟世之愚，掩抑毁伤，譬如磨鉴，不灭愈光：一世之短，万世之长，其间得失，不待较量。哀哀子美，来举予觞。

苏舜钦病逝三年后的皇祐三年（1051年），欧阳修在杜衍家里得到了苏舜钦的全部遗稿，并对这些遗稿进行了整理抄录，编辑成十卷，撰写了《苏氏文集序》。

欧阳修与苏舜钦相识于天圣七年，那时二人都处在风华正茂的年龄，共同的志趣让他们一见如故，并结下了真挚友情。如今斯人已去，但许多往事就像发生在昨天那样真真切切，让欧阳修无法释怀。

第八章 移知颍州,海棠应恨我来迟

01. 离开扬州知颍州

欧阳修于宋仁宗庆历八年(1048年)二月廿二日正式来到扬州任所。扬州自隋唐以来,一直是商贾竞逐、行旅辐辏的名城。尤其是大运河的开辟打通,更使扬州成为江淮之间的交通枢纽和军事商贾重镇。欧阳修所尊重的师友中,杜衍和韩琦都曾经知扬州事,是管辖扬州附近州郡的军事行政长官。欧阳修由滁州(今安徽省滁州市城区)知州改任扬州知州,看似平级调动,实际是被朝廷重用。

欧阳修上任扬州知州后,一直疾病缠身,尤其是眼疾加重。同时,他的母亲郑氏也年事已高,需要照料,扬州繁杂的行政事务让他深感力不从心。为了兼顾官场事务和家庭责任,欧阳修无奈地上表朝廷,请求到一个职场事务相对不太繁忙的州郡任职。

皇祐元年(1049年)正月十三日,仁宗皇帝诏令,批准欧阳修的奏请,移知颍州(今安徽省阜阳市颍州区)。接到诏令后,欧阳修携家眷从任职仅仅十一个月的扬州启程,于二月十三日抵达颍州任所。

这次到偏僻清静的颍州任职,欧阳修的心情很舒畅,因为这是他主动选择的州郡。在这里,他既可以减轻迎来送往方面的诸多应酬,也可以颐养身心,调治眼疾。

颍州地处黄淮海平原南端。这里虽然缺少山川之壮美,但清澈的颍水穿城而过,尤其是绮丽恬静的颍州西湖别具一格,成为与杭州西湖齐名的风景名胜。在欧阳修的眼里,颍州既不像滁州那样闭塞落后,也不像扬州那样繁华热闹。由于颍州的辖区较小,民风又非常淳朴,知州的事务相对于其他州郡来说比较清简,欧阳修因此心情非常宽慰,打心眼里喜欢这个清秀小城。他在《初至颍州西湖种瑞莲黄杨与郡官小酌其上聊书所见寄淮南转运吕度支发运许主客》中写道:

平湖十顷碧琉璃,四面清阴乍合时。
柳絮已将春去远,海棠应恨我来迟。
啼禽似与游人语,明月闲撑野艇随。
每到最佳堪乐处,却思君共把芳卮。

在这首诗中,欧阳修抒发了初见颍州西湖时的喜悦心情。那平静的湖水,如碧绿的琉璃一般明净剔透,湖边百草繁茂,春光明媚。虽然已是柳絮飘飞、海棠花谢的暮春时节,却没有那种凋残衰败令人伤感的情境。白天,鸟儿在树枝间欢快地啼鸣,仿佛在热情地与游人打着招呼;夜晚,游艇在水上悠闲地飘荡,吸引着明月紧紧追随。每到景色绝佳的地方,便想与知心朋友把酒临风。

在颍州西湖的美景之中,欧阳修即兴写下了《浣溪沙·湖上朱桥响画轮》：

> 湖上朱桥响画轮，溶溶春水浸春云，碧琉璃滑净无尘。
> 当路游丝萦醉客，隔花啼鸟唤行人，日斜归去奈何春。

这首词，欧阳修所呈现的是，带有彩绘的豪华马车经过朱红色的桥，车轮的响声在湖上响起。春水丰盈的湖面倒映着柔美的白云，湖面平静得好像碧绿的玻璃一样平滑干净没有灰尘。春季里昆虫吐出来的细丝，随风飘舞在花草树木之间，不仅网住春光，更是留住游人。花丛中的鸟儿不停地鸣叫，仿佛在召唤着行人。湖光春色如此迷人，游人一直观赏到夕阳西斜才依依不舍地离去。

欧阳修来到颍州没多久，就以他为核心建立了一个非常活跃的新朋友圈。

在这个朋友圈中，颍州通判吕公著[①]是第一个人。吕公著是前任宰相吕夷简的儿子，由于欧阳修早年与吕夷简的政见多有不同，初到颍州时，欧阳修对吕公著自然怀有几分戒心。但两个人在一起共事一段时间后，欧阳修发现吕公著性格温和，真诚爽快，而且酷爱读书，彼此渐渐有了共同语言，没多久就成为无话不说的好朋友。

---

① 吕公著，字晦叔，北宋中期官员、学者。在宋代学术史上，开启了吕学端绪。他一生著述颇丰，著有《五州录》《吕申公掌记》《吕正献集》《吕氏孝经要语》《葵亭集》等。

醉翁之意不在酒：欧阳修

刘敞[①]和王回[②]两个人都住在颍州，都是欧阳修朋友圈中的重要人物。刘敞是一位非常渊博的学者，刚过而立之年，因守父丧暂居颍州。而王回是一位正直朴实的君子。两年前，王安石[③]曾通过曾巩将王回的文章推荐给欧阳修，欧阳修读完后赞叹不已，认为王回的文章非同一般，很多人都不能与他相比。

结识了吕公著、刘敞和王回后，欧阳修经常与他们相聚在一起谈诗论文，感情一天比一天深厚。后来，刘敞的弟弟刘攽、徐无党的弟弟徐无逸，以及焦千之、魏广、常秩等人也经常来颍州相聚畅游，吟诗作赋。在这些文人雅士的大力支持下，欧阳修创建了西湖书院。西湖书院的建立，极大地激发了颍州士人读书作文的兴趣，营造了非常浓厚的学习氛围。欧阳修还在西湖书院内专门修建了一处厅堂，并取名为"聚星堂"，成为颍州城内文人雅士相聚的最好去处。每次聚会，大家就会分韵赋诗，施展各自的文学才华。

有一天，面对窗外飘飞的雪花，大家相约以咏雪为题赋诗。为了激发大家的创作才智，欧阳修提议，大家在写诗时，禁止使用以往经常使用的玉、月、梨、梅、练、絮、白、舞、鹅、鹤、

---

① 刘敞，字原父，世称"公是先生"。北宋史学家、经学家、散文家，著有《公是集》54卷、《春秋权衡》《七经小传》《春秋传说例》《春秋意林》《公是先生弟子记》等。

② 王回，字深父。进士及第，授卫真簿。因有所不合，称病自免。退居颍州，久不肯仕。

③ 王安石，字介甫，号半山，北宋时期政治家、文学家、思想家、改革家。与唐代柳宗元、韩愈和宋代欧阳修、苏洵、苏轼、苏辙、曾巩并称为"唐宋八大家"，也称"唐宋散文八大家"。谥号"文"，世称"王文公"。著有《临川集》。

银等字词。这种写诗的方式,后来被称为"禁体物语"。多年后,苏轼①又将其称为"欧阳体""白战体"。这种创作方式,极大增强了群体赋诗的竞技性,也促进了诗歌艺术的创新发展。

有了这样一批文人雅士的陪伴,欧阳修的内心越来越感到充实而满足。他在《西湖泛舟呈运使学士张掞》中写道:

> 波光柳色碧溟蒙,曲渚斜桥画舸通。
> 更远更佳唯恐尽,渐深渐密似无穷。
> 绮罗香里留佳客,弦管声来扬晚风。
> 半醉回舟迷向背,楼台高下夕阳中。

这首诗,欧阳修描写了波光、柳色、曲渚、斜桥。当他乘着一叶小舟在湖上漫游时,颍州西湖就像一幅绮丽多姿的无边画卷,在他的眼前渐次展开,绚丽而奇特,令人目不暇接。流连并沉醉在美景之中,欧阳修唯恐这美妙的画卷铺展到尽头。不知不觉之中,欧阳修和他乘坐的精美画舫,似乎都变成了画卷中的一部分。

除了赋文作诗外,欧阳修还重新开始了《新五代史》的撰写。自景祐三年(1036年)以来,欧阳修一直断断续续地进行着《新五代史》的撰写。由于颍州的州府事务比较清闲,加之周边拥有众多的博学之士,可以从他们那里借阅许多参考书籍,为《新五代史》的撰写提供了非常好的条件。

---

① 苏轼,字子瞻,一字和仲,号"铁冠道人、东坡居士",世称"苏东坡、苏仙、坡仙",文学家、书法家、美食家、画家、历史治水名人、诗人、词人。"唐宋八大家"和"三苏"之一。追赠"太师",追谥"文忠"。

02. 不愿百姓尔食糟

宋仁宗皇祐二年（1050年）春夏之交，宋朝的中原大地发生了几十年未遇的严重旱灾，朝野上下及各地百姓无不陷入恐慌之中。仁宗皇帝也坐不住了，紧急诏令各地官员祭祀天地神灵，祈求降下喜雨。

而此时的颍州（今安徽省阜阳市颍州区），像得到了天地神灵的特殊眷顾，旱情不像其他地方那样严重，百姓的生产生活并未受到太大的影响。其实，这并非什么天地神灵的眷顾，而是颍州知府欧阳修兴修水利的功劳。

皇祐元年二月，欧阳修来到颍州任所后，经常到焦陂一带实地查看水土资源状况。他在查看中了解到，黄河的颍州段经常出现决堤现象，导致颍州西湖、颍河、清河、润河、谷河等水源地时常发生湮淤，严重威胁和影响当地百姓的正常生产生活。

掌握了这一情况后，欧阳修随即上疏朝廷，奏请免除黄河民工万余人，将这些民工转用到河道治理、引湖水灌溉农田之上。据明朝刘节纂修的《正德颍州志》记载："知颍州，公恕坦易，明不致察，宽不致纵，因灾伤奏免黄河夫万余人，筑陂堰以通西湖、引湖水以溉民田……"由于欧阳修带领百姓大力兴修水利，致使颍州焦坡一带的河道变得畅通起来，水资源也变得比较丰沛。

当中原大地遭受严重旱灾时，颍州的水利工程很好地起了防患于未然的作用，颍州百姓非常感激欧阳修这位新来的知府大人。

仁宗皇帝下达祭祀祈雨的诏令后，欧阳修依然率领颍州府僚属，前往城郊的张龙公庙举行祭祀祈雨活动。清晨的曙光中，前来祈雨的人们几乎看不到颍州有旱灾迹象。颍州西湖上烟波浩渺，湖边绿树妩媚多姿，充满勃勃生机。见此情景，欧阳修不禁诗兴大发，写下一首《祈雨晓过湖上》：

> 清晨驱马思悠然，渺渺平湖碧玉田。
> 晓日未升先起雾，绿阴初合自生烟。
> 自闲始觉时光好，春去犹余物色妍。
> 更待四郊甘雨足，相随箫鼓乐丰年。

身为知府，欧阳修的内心真诚期盼颍州大地能够风调雨顺、五谷丰登，尤其盼望颍州百姓能过上衣食无忧幸福生活。

参加完祈雨活动回到城中时，欧阳修忽然看见不远处聚集了很多人。他让属下立即看看那里发生了什么事。属下回来告诉他，说今天是官府散卖酒糟的日子，远近的乡民闻讯后，都来抢购酒糟，以备充饥之需。听了属下的话，欧阳修不禁心头猛然一紧。

按照朝廷的诏令，酒由官府专卖，各个州郡的城内都设置专门机构负责酿酒，不允许民间酿酒。而偏远的乡村允许民间酿酒，但要上缴高额税收。官府从农民手中征收糯米雇人酿酒，然后以专卖的方式赚取非常丰厚的利润。而酿酒产生的废弃酒糟，则散卖给没有粮食熬过春夏之困的百姓，官府将此当成是为百姓办好事的途径。

得知这一情况后，欧阳修的心情久久难以平静。他在《食糟民》中写道：

> 田家种糯官酿酒，榷利秋毫升与斗。

醉翁之意不在酒：欧阳修

酒沽得钱糟弃物，大屋经年堆欲朽。
酒酷潋滟如沸汤，东风来吹酒瓮香。
累累罂与瓶，惟恐不得尝。
官沽味醲村酒薄，日饮官酒诚可乐。
不见田中种糯人，釜无糜粥度冬春。
还来就官买糟食，官吏散糟以为德。
嗟彼官吏者，其职称长民。
衣食不蚕耕，所学义与仁。
仁当养人义适宜，言可闻达力可施。
上不能宽国之利，下不能饱尔之饥。
我饮酒，尔食糟，尔虽不我责，我责何由逃。

欧阳修在这首诗中说，农民辛辛苦苦地种糯稻，官府用糯稻酿酒，依靠官府的垄断卖酒，与民争利至分毫。卖酒获得丰厚的利益，但酒糟成为废弃物，屋子里常年堆积然后渐渐烂掉。官酒味浓，而村酒淡薄，天天有官酒喝当然非常快乐。可喝着官酒的人哪里知道，种植糯稻的人却锅里无粥，日子怎么过？于是就不得不向官府买糟当饭吃，而官吏卖糟，还认为这是为民造福。可叹那些身为官宦的人，被称为"万民之长"，衣食不靠自己养蚕耕种，而仁与义却是他们学习的治国方略。仁就应该让百姓能够活命；义就应该让百姓享受安康。手掌权力可行使政令，还可以向皇上反映情况。可他们上不能使国家富强，下不能使百姓免遭饥荒。我在这里喝酒，你在那里吃糟，即使你不谴责我，自我谴责也会重压在心头，难以逃脱。

这首诗，将叙事、抒情和议论紧密结合起来，不仅真切生动，而且平易深刻，真实反映了百姓生活的痛苦，也充分表达了欧阳修内心的愧疚与不安。

皇祐二年四月间，颍州境内普降甘霖，百姓欢欣鼓舞。见久旱状况得以解除，欧阳修非常高兴，即兴写下了一首《喜雨》：

大雨虽滂沛，隔辙分晴阴；小雨散浸淫，为润广且深。
浸淫苟不止，利泽何穷已；无言雨大小，小雨农犹喜。
宿麦已登实，新禾未抽秧；及时一日雨，终岁保丰穰。
夜响凉霢霂，晨辉霁苍凉；川原净如洗，草木自生光。
童稚喜瓜芋，耕夫望陂塘；谁云田家苦，此乐殊未央。

欧阳修在诗中欣喜地说，这是一场真正的及时雨，越冬的小麦刚刚收割完毕，禾稻正要插秧。一场细雨之后，可以想象新禾的长势必然喜人，呈现出一派丰收在望的景象，怎不令人格外高兴？夜间听着小雨潺潺，而清晨雨后的朝阳透着一股宜人的凉意，原野上一片明净如洗，青翠的草木在雨水的滋润下显得熠熠生辉。村子里，男女老少无不喜气洋洋。孩子们盼着瓜果快点长大，大人们不时地张望着越涨越高的池塘……虽说农家的生活十分辛苦，可这种久旱逢雨的喜悦，对于那些没有经历过这种辛苦的人们，恐怕是难以体会到的。

皇祐二年六月，吕公著担任颍州通判任满回京，焦千之也随之同往。接着，推官张洞应知永兴军（今陕西省西安市）节度使晏殊征辟①，前往永兴军经略司任掌书记。皇祐二年七月十三日，欧阳修也接到了新的任命，移知应天府（今河南省商丘市），兼南京留守司事。这么多人接连发生职位变动，颍州府内无疑充满了离别的气氛。面对一次次离别，欧阳修在《玉楼春·西湖南北烟波阔》一词中写道：

西湖南北烟波阔。风里丝簧声韵咽。舞余裙带绿双垂，酒入香腮红一抹。

杯深不觉琉璃滑。贪看六幺花十八。明朝车马各西东，惆怅画桥风与月。

欧阳修在这首词中感叹道，烟波浩渺的西湖，曾经给大家留下过多少美好的回忆。而今天，大家却在这里依依惜别。微风之中，乐声悲切，那些美丽的舞女也被这离愁感染，一杯接着一杯，直喝得双颊绯红。晶莹泛绿的美酒伴着动人的舞曲，令人如醉如痴。然而，这一切很快就将过去，明天他们将各自踏上征程，开始一次新的漂泊。西湖的风月，迷人的画桥将永远留在他们的记忆深处。

欧阳修这一次在颍州虽然仅仅担任了一年零五个月的知州，颍州却成为他后半生一直都魂牵梦绕的地方。离开时间越久，越觉得颍州是一片乐土，越增加无限的眷恋。

---

① 征辟，宋朝擢用人才的一种制度，征召布衣出仕，皇帝征召称"征"，官府征召称"辟"。

03. 扶柩南下葬母亲

宋仁宗皇祐二年（1050年）七月，仁宗皇帝诏命在颍州（今安徽省阜阳市颍州区）知府的职位上任满的欧阳修，改任南京应天府（今河南省商丘市）知府。

应天府的官场，不像滁州（今安徽省滁州市城区）和颍州那样单纯。他刚刚到任三天，就有属吏提醒他说，当地有座五郎庙神很灵，让他去祭拜一下，免得它显灵作祟。欧阳修只是答应一下，没有当回事。可刚过几天，欧阳修吃午餐时，自己的筷子却不见了。而这双筷子，竟然在五郎庙神泥塑像的手里。欧阳修知道，这是他身边的人在作怪，是在有意试探他是一个刚强的人，还是一个懦弱的人。他毫不含糊，立即命人锁闭庙门，并贴上盖有南京府官印的封条，啥时欧阳修离开南京府，啥时重新开启庙门。结果，那些邪恶之人都被震住了，后来什么灾祸也没发生。

到了应天府，欧阳修越来越关心母亲的起居。此时，他的母亲已是古稀之年，他甚至把母亲接到应天府官署里来居住，这样，他就可以与母亲朝夕相处。

皇祐四年（1052年）三月十七日，欧阳修的母亲郑氏病逝，享年七十二岁。在宋朝那个时代，一个人能活到七十岁，确实是一件了不起的事情。宋真宗大中祥符三年（1010年），欧阳修的母亲二十九岁时开始守寡，将欧阳修和他的妹妹抚养成人后，一直没有再嫁。

母亲的病故，让欧阳修伤心至极。在颍州（今安徽省阜阳市颍州区）担任知州时，欧阳修就在那里购置了私宅，将颍州当成了自己的家园。母亲去世后，欧阳修立即向朝廷告假，扶柩前往颍州的私宅为母亲守制。

在考虑怎样安葬母亲时，欧阳修的内心是很矛盾的。按照人之常情，欧阳修应将母亲与先前故去的父亲合葬在一起。可他的同父异母兄欧阳昞已将自己的生母与父亲欧阳观合葬于吉州沙溪泷冈（今江西省永丰县南）。欧阳昞的母亲是早年被欧阳观一纸文书休回家的。欧阳修觉得，如果将母亲归葬于父亲的墓地沙溪泷冈，势必会让父亲休妻的事情再次公之于众，这样做无疑是对父亲的最大不孝。

为此，欧阳修一度在颍州为母亲选好了墓地，但内心又觉得有些不妥。父母死后不能安葬一处，无疑是不孝的表现。经过一番艰难的思想斗争，欧阳修最终还是决定将母亲归葬于吉州沙溪泷冈祖茔。痛下决定后，他指派自己的侄儿，也就是欧阳昞的二儿子欧阳嗣立从陆路出发，先行返回吉州。欧阳修还专门给堂弟欧阳焕写了一封信，嘱托他协助欧阳嗣立筹办母亲的葬礼，包括制作石椁和石碑等。

皇祐五年（1053年）七月十五日，欧阳修扶柩南下奔赴吉州（今江西省吉安市）。欧阳修即将路过江军（今江西省樟树市）时，江军知军命以著作佐郎任清江知县的李观撰写了祭文。李观稍加思考便急书成稿："昔孟轲亚圣，母之教也。今有子如轲，虽死何憾。"知军一看，觉得太短，担心欧阳修见怪。而举行祭奠之时，欧阳修看了祭文非常满意。欧阳修知道，这是拿他与孟轲相比。孟轲成才，缘于母教，既肯定了他，又颂扬了他的母亲，李观实在是高。

八月，欧阳修的母亲郑氏下葬沙溪泷冈祖茔。同时，欧阳修过世多年的胥氏、杨氏二位夫人，也附葬于祖茔。欧阳修门人徐无党为胥氏夫人撰写了《胥氏夫人墓志铭》，另一位门人焦千之为杨氏夫人撰写了《杨氏夫人墓志铭》。

父母合葬后，欧阳修为墓道的石碑起草了碑文，名曰《先君墓表》。在宋朝那个时期，修谱牒、立牌位、刻碑碣，都是以男性为中心，以先妣附丽先考，而欧阳修的《先君墓表》是考妣并重。后来的宋神宗熙宁三年（1070年），欧阳修又在原表的基础上进行了认真修改，最后定名为《泷冈阡表》，并刻石运回沙溪泷冈祖茔：

呜呼！惟我皇考崇公，卜吉于泷冈之六十年，其子修始克表于其阡。非敢缓也，盖有待也。

修不幸，生四岁而孤。太夫人守节自誓；居穷，自力于衣食，以长以教俾至于成人。太夫人告之曰：汝父为吏廉，而好施与，喜宾客；其俸禄虽薄，常不使有余。曰："毋以是为我累。"故其亡也，无一瓦之覆，一垄之植，以庇而为生；吾何恃而能自守邪？吾于汝父，知其一二，以有待于汝也。自吾为汝家妇，不及事吾姑；然知汝父之能养也。汝孤而幼，吾不能知汝之必有立；然知汝父之必将有后也。吾之始归也，汝父免于母丧方逾年，岁时祭祀，则必涕泣，曰："祭而丰，不如养之薄也。"间御酒食，则又涕泣，曰："昔常不足，而今有余，其何及也！"吾始一二见之，以为新免于丧适然耳。既而其后常然，至其终身，未尝不然。吾虽不及事姑，而以此知汝父之能养也。汝父为吏，常夜烛治官书，屡废而叹。吾问之，则曰："此死狱也，我求其生不得尔。"吾曰："生可求乎？"

曰："求其生而不得，则死者与我皆无恨也；矧求而有得邪，以其有得，则知不求而死者有恨也。夫常求其生，犹失之死，而世常求其死也。"回顾乳者剑汝而立于旁，因指而叹，曰："术者谓我岁行在戌将死，使其言然，吾不及见儿之立也，后当以我语告之。"其平居教他子弟，常用此语，吾耳熟焉，故能详也。其施于外事，吾不能知；其居于家，无所矜饰，而所为如此，是真发于中者邪！呜呼！其心厚于仁者邪！此吾知汝父之必将有后也。汝其勉之！夫养不必丰，要于孝；利虽不得博于物，要其心之厚于仁。吾不能教汝，此汝父之志也。"修泣而志之，不敢忘。

先公少孤力学，咸平三年进士及第，为道州判官，泗绵二州推官；又为泰州判官。享年五十有九，葬沙溪之泷冈。

太夫人姓郑氏，考讳德仪，世为江南名族。太夫人恭俭仁爱而有礼；初封福昌县太君，进封乐安、安康、彭城三郡太君。自其家少微时，治其家以俭约，其后常不使过之，曰："吾儿不能苟合于世，俭薄所以居患难也。"其后修贬夷陵，太夫人言笑自若，曰："汝家故贫贱也，吾处之有素矣。汝能安之，吾亦安矣。"自先公之亡二十年，修始得禄而养。又十有二年，烈官于朝，始得赠封其亲。又十年，修为龙图阁直学士，尚书吏部郎中，留守南京，太夫人以疾终于官舍，享年七十有二。又八年，修以非才入副枢密，遂参政事，又七年而罢。自登二府，天子推恩，褒其三世，盖自嘉祐以来，逢国大庆，必加宠锡。皇曾祖府君累赠金紫光禄大夫、太师、中书令；曾祖妣累封楚国太夫人。皇祖府君累赠金紫光禄大夫、太师、中书令兼尚书令，祖妣累封吴国太夫人。皇考崇公累赠金紫光禄大夫、太师、中书令兼尚书令。皇妣累封越国太夫人。今上初郊，皇考赐爵为崇国公，太夫人进号魏国。

于是小子修泣而言曰："呜呼！为善无不报，而迟速有时，此理之常也。惟我祖考，积善成德，宜享其隆，虽不克有于其躬，而赐爵受封，显荣褒大，实有三朝之锡命，是足以表见于后世，而庇赖其子孙矣。"乃列其世谱，具刻于碑，既又载我皇考崇公之遗训，太夫人之所以教，而有待于修者，并揭于阡。俾知夫小子修之德薄能鲜，遭时窃位，而幸全大节，不辱其先者，其来有自。熙宁三年，岁次庚戌，四月辛酉朔，十有五日乙亥，男推诚、保德、崇仁、翊戴功臣，观文殿学士，特进，行兵部尚书，知青州军州事，兼管内劝农使，充京东路安抚使，上柱国，乐安郡开国公，食邑四千三百户，食实封一千二百户，修表。

题目中的"泷冈"是墓园所在地，"阡"是墓园中的小路，"表"是墓表。欧阳修撰写这篇《泷冈阡表》，前后用时达十八年之久，既有很高的文学价值，又有深远的社会影响，与唐朝韩愈的《祭十二郎文》、清朝袁枚的《祭妹文》一起，被后人称为祭文中的"千古至文"。

04. 祭文悼念范仲淹

宋仁宗皇祐四年（1052年）五月二十日，北宋杰出的政治家、军事家、文学家范仲淹在徐州逝世，享年六十四岁。

范仲淹去世时，欧阳修的母亲郑氏刚刚去世两个多月，欧阳修正在颍州（今安徽省阜阳市颍州区）家中为母守制。得知范仲淹辞世的消息，欧阳修顿觉如霹雳轰顶。

此前，仁宗皇帝批准了户部侍郎范仲淹由知青州（今山东省青州市）改知颍州的奏请，欧阳修正期盼着这位亦师亦友的偶像人物来颍州任职，二人可以促膝交谈，相互慰藉。可范仲淹由青州出发行至徐州时，便大病不起。范仲淹重病期间，虽经徐州知州孙沔竭尽全力求医救治，但最终无力回天。

庆历新政失败后，范仲淹遭受贬谪，先知邠州（今陕西省彬县），后知邓州（今河南省邓州市）、杭州、青州。庆历八年（1048年）时，朝廷曾诏令范仲淹知荆南府（今湖北省江陵县），邓州百姓得知后，强烈要求范仲淹留任邓州。范仲淹遵从百姓之意奏请朝廷，最终得以所愿。范仲淹在邓州担任三年知州，百姓安居乐业。尤其值得纪念的是，欧阳修在这里写下了传世名篇《岳阳楼记》，留下了"先天下之忧而忧，后天下之乐而乐"的不朽名言。如今斯人已去，范仲淹吟诵着范仲淹的《岳阳楼记》，心中不禁感慨万千。他在《祭资政范公文》中写道：

  庐陵欧阳修谨以清酌庶羞之奠，致祭于故资政殿学士、尚书户部侍郎范文正公之灵曰：

呜呼公乎！学古居今，持方入员。丘、轲之艰，其道则然。公曰彼恶，谓公好讦；公曰彼善，谓公树朋。公所勇为，谓公躁进；公有退让，谓公近名。谗人之言，其何可听！先事而斥，群议众排。有事而思，雠仇谓材。毁不吾伤，誉不吾喜。进退有仪，夷行险止。

呜呼公乎！举世之善，谁非公徒？谗人岂多，公志不舒？善不胜恶，岂其然乎？成难毁易，理又然欤？

呜呼公乎！欲坏其栋，先摧榱桷；倾巢破㲉，披折傍枝。害一损百，人谁不罹？谁为谠论，是不仁哉！

呜呼公乎！易名谥行，君子之荣。生也何毁，殁也何称？好死恶生，殆非人情。岂其生有所嫉，而死无所争？自公云亡，谤不待辩。愈久愈明，由今可见。始屈终伸，公其无恨。写怀平生，寓此薄奠。

欧阳修的这篇祭文，在写法上十分别致。本应该提及的范仲淹生平之事，文中却无一句具体涉及，而是把行文的重点，放在了为范仲淹辩斥遭到谗言诽谤之上。"公曰彼恶，谓公好讦""公曰彼善，谓公树朋""公所勇为，谓公躁进""公有退让，谓公近名"等并列铺成的四字短句，在意思上层层渐进，把许多历史事实高度概括，充分发挥了铭文的优势，但又不讲究押韵，可谓扬长避短，有所继承也有所摒弃。

"举世之善，谁非公徒？"以下四个问句，由起初的为范仲淹辩诬转入议论。围绕善与恶斗争这个中心，欧阳修接连用了四个问句，回顾总结了庆历新政实施过程中所遭遇的一系列困难，进而发出"善不胜恶""成难毁易"的感叹。

范仲淹死后谥"文正",这是对他一生品行的极高评价,生前被谗毁的人,死后却受到称誉。欧阳修非常感叹地写道:"岂其生有所嫉,而死无所争?"意思是活着的时候有人嫉妒,而死后就无所争了吧!范仲淹的一生,已经可以盖棺定论了,而对他的诽谤可以不必再辩。经过时间和实践的检验,必然是"愈久愈明",他所受的委屈最终得以抚平,也算是没有什么遗恨了。至此,欧阳修的悲痛之情更加深切哀婉,以至于一发而不可收。

皇祐四年(1052年)七月,范仲淹去世两个月后,他的家属致书欧阳修,恳请欧阳修给范仲淹撰写墓志铭。欧阳修没有推辞,也深感为范仲淹撰写墓志铭是自己义不容辞的事情。可他觉得,为范仲淹的一生做个回顾与评判,并不是一件容易的事情。墓志铭既要彰显范仲淹一生的功绩,又不能给依然人多势众的政敌留下任何可以攻击的把柄。欧阳修虽然一直在反复斟酌,但总是难以动笔。

宋仁宗至和元年(1054年),欧阳修担任翰林学士兼史馆修撰,才算最终完成了《资政殿学士户部侍郎文正范公神道碑铭并序》:

皇祐四年五月甲子,资政殿学士、尚书户部侍郎、汝南文正公薨于徐州,以其年十有二月壬申,葬于河南尹樊里之万安山下。

公生二岁而孤,母夫人贫无依,再适长山朱氏。既长,知其世家,感泣去之南都。入学舍,扫一室,昼夜讲诵,其起居饮食,人所不堪,而公自刻益苦。居五年,大通六经之旨,为文章,论说必本于仁义。祥符八年,举进士,礼部选第一,遂中乙科,为广德军司理参军,始归迎其母以养。

公少有大节，于富贵、贫贱、毁誉、欢戚，不一动其心，而慨然有志于天下，常自诵曰："士当先天下之忧而忧，后天下之乐而乐也。"其事上遇人，一以自信，不择利害为趋舍。

公为将，务持重，不急近功小利。于延州筑青涧城，垦营田，复承平、永平废寨，熟羌归业者数万户。于庆州城大顺以据要害，夺贼地而耕之。又城细腰、胡芦，于是明珠、灭臧等大族，皆去贼为中国用。自边制久驰，至兵与将常不相识。公始分延州兵为六将，训练齐整，诸路皆用以为法。公之所在，贼不敢犯。

自公坐吕公贬，群士大夫各持二公曲直，吕公患之，凡直公者，皆指为党，或坐窜逐。及吕公复相，公亦再起被用，于是二公欢然相约，勠力平贼。天下之士，皆以此多二公，然朋党之论遂起而不能止。上既贤公可大用，故卒置群议而用之。

公为人外和内刚，乐善泛爱。丧其母时尚贫，终身非宾客食不重肉，临财好施，意豁如也。及退而视其私，妻子仅给衣食。其为政，所至民多立祠画像；其行己临事，自山林处士、里闾田野之人，外至夷狄，莫不知其名字，而乐道其事者甚众。

墓志铭写成后，范仲淹之子范纯仁却对文中"及吕公复相，公亦再起被用，于是二公欢然相约，勠力平贼。天下之士，皆以此多二公，然朋党之论遂起而不能止"一段提出了异议。

范仲淹和吕夷简是"朋党风波"中的政敌，范仲淹因此遭到贬谪，吕夷简后来也被罢黜，结果两败俱伤。而宋仁宗宝元元年（1038年）西夏战事爆发后，为抵御外侮，范仲淹致信吕夷简请求两人之间的和解，这也充分体现了范仲淹以国事为重的高风亮节和博大胸怀。欧阳修据实叙写，表达了对范仲淹的一种敬重。但范纯仁一直对"朋党风波"难以释怀，坚持说他的父亲从没写信请求与吕夷简和解，不但对墓志铭提出异议，还要求欧阳修对墓志铭进行修改。

可欧阳修拒绝了范纯仁提出的修改要求，觉得应该坚持对亡友的客观评价，这也是对历史负责。

后来，范纯仁自作主张地删掉了墓志铭中范仲淹与吕夷简和解的内容，然后刻石埋铭。欧阳修不仅对范纯仁做法深表遗憾和叹息，还提醒后人若看真实的《资政殿学士户部侍郎文正范公神道碑铭并序》，应以欧阳氏家族所藏版本为准。

欧阳修严谨务实的文风，由此可见一斑。

05.《新五代史》终完成

宋仁宗皇祐五年（1053年）八月，欧阳修在吉州（今江西省吉安市）老家安葬母亲和两位妻子时，他的岳母赵氏在许州（今河南省许昌市）病逝。无法离开吉州的欧阳修，怀着悲痛的心情，派表弟郑兴宗前往许州祭奠岳母。

安葬完母亲和两位妻子，欧阳修返回颍州（今安徽省阜阳市颍州区）时，已是皇祐五年（1053年）的初冬时节。为母守制期间，欧阳修完成了欧阳氏家族的一件大事——撰写完成了《欧阳氏谱图》。

为母守丧时，欧阳修将多年收集的金石碑帖加以整理，撰写编成了二十卷本的《集古录目》，其中包括欧阳修家藏的金石拓本总计达一千种之多。该书体例，仅列碑刻撰书人名姓氏、官位事实以及立碑年月，而不作任何考证评论。

欧阳修还将大部分精力，投入《新五代史》的撰写之中。他将自己历年所撰的初稿，进行了认真的梳理和补缀，编成了七十四卷，其中包括本纪十二卷、列传四十五卷、考三卷、世家及年谱十一卷、四夷附录三卷。《新五代史》记载了自后梁开平元年（907年）至后周显德七年（960年）共五十三年的历史。

五代是一个封建分裂割据的时代。中原有后梁、后唐、后晋、后汉、后周五个小王朝的相继更替，而中原以外的地区分裂为吴、南唐、前蜀、后蜀、吴越、楚、闽、南汉、南平、北汉十国。各个王朝统治的时间都比较短促。《欧阳文忠全集卷五九本论》记载：五代"五十三年之间，易五姓十三君，而亡国被弑者八，长者不过十余岁，甚者三、四岁而亡"。之所以出现这种局面，是因为唐"安史之乱"以后，中央集权制度被破坏，地方藩镇在地主势力支持下拥兵割据，独霸一方。

欧阳修经过整整十七年的艰苦写作，终于完成了这部皇皇巨著。他将书稿分别寄给梅尧臣、曾巩、徐无党等文朋雅士，请求他们提出修改意见和建议。根据大家提出的意见和建议，欧阳修不断地反复修改。直到宋神宗熙宁五年（1072年）欧阳修去世时，这部《新五代史》才算最后定稿。

最初，这部书稿由欧阳修与尹洙两个人联合撰写，但由于种种原因，最后还是由欧阳修一个人独立完成。

中国自古以来就有私家修史的传统，但到了隋文帝时期，便诏令禁止私人修史，史书修撰由官方来主持。而欧阳修的《新五代史》，是隋文帝以后唯一一部由私家修撰的正史。

对比于薛居正等编纂的《旧五代史》，欧阳修所修撰的《新五代史》具有不可替代的历史价值。

在史料查找和使用方面，《旧五代史》是宋朝建立不久编纂的，当时大乱初定，图书文献散佚严重，所依据的史料多为五代实录。而《新五代史》修撰时，距旧史成书已有六十多年，经过太祖赵匡胤、太宗赵炅、真宗赵恒三位皇帝的共同努力，寻访、搜集佚书，成批抄写、刻板印刷，文献资料空前丰富，许多新的史料不断被发现。欧阳修充分掌握并大量使用了这些新的文献资料，因此在十国世家、列传人物和少数民族记述等方面，比《旧五代史》更为充实，更为丰富。此外，他还对所采用的文献资料进行了细致的考辨，订正了《旧五代史》和其他史籍记载上的讹误。同时，对《旧五代史》芜杂的部分，欧阳修也做了必要的删撤，使条理更加清楚。

在史实考究与甄别方面，《旧五代史》主要依据五代实录，而实录多由当朝人编写，隐讳文饰的地方较多。编写《旧五代史》的史官，又多是五代时的旧臣，他们不加区分地照录了这些文字，因此书中许多记述并不符合历史事实。同时，《旧五代史》还充斥着大量"天人感应"的荒诞之事，对历史兴亡阐释也不能让人满意。而作为在新朝成长起来的欧阳修，显然没有任何历史包袱，更不存在与前朝的情感与人事纠葛，对于过往文献资料，能够更为客观地分析和取舍。就史观而言，欧阳修反对天命，注重人事。他在《新五代史·司天考序》中写道："天视自我民视，天听自我民听。未有人心悦于下，而天意怒于上者；未有人理逆于下，而天道顺于上者。"欧阳修力求以史实为依据，来分析事件的前因后果，总结历史教训。而《伶官传序》一文，就集中地体现了欧阳修以史实为依据的历史精神：

呜呼！盛衰之理，虽曰天命，岂非人事哉！原庄宗之所以得天下，与其所以失之者，可以知之矣。

世言晋王之将终也，以三矢赐庄宗而告之曰："梁，吾仇也；燕王，吾所立，契丹与吾约为兄弟，而皆背晋以归梁。此三者，吾遗恨也。与尔三矢，尔其无忘乃父之志！"庄宗受而藏之于庙。其后用兵，则遣从事以一少牢告庙，请其矢，盛以锦囊，负而前驱，及凯旋而纳之。

方其系燕父子以组，函梁君臣之首，入于太庙，还矢先王，而告以成功，其意气之盛，可谓壮哉！及仇雠已灭，天下已定，一夫夜呼，乱者四应，仓皇东出，未及见贼而士卒离散，君臣相顾，不知所归，至于誓天断发，泣下沾襟，何其衰也！岂得之难而失之易欤？抑本其成败之迹，而皆自于人欤？《书》曰："满招损，谦受益。"忧劳可以兴国，逸豫可以亡身，自然之理也。

故方其盛也，举天下豪杰，莫能与之争；及其衰也，数十伶人困之，而身死国灭，为天下笑。夫祸患常积于忽微，而智勇多困于所溺，岂独伶人也哉！

《伶官传》是《新五代史》中的一篇人物合传，记叙的是敬新磨、景进、史彦琼、郭从谦四位伶人的事迹。这四人都是后唐庄宗的幸臣。由于庄宗好伶，致使伶人干政，内外离心，祸乱四起。后唐庄宗同光四年（926年），魏州发生兵变，连庄宗自己都死于伶人之手。而《伶官传序》是这篇合传前的序言。

与司马迁的《史记》一样,《新五代史》不仅是一部杰出的历史著作,同时也是一部具有极高艺术价值的文学著作。

第九章　重返朝廷，自古举贤为报国

01. 擢升为翰林学士

宋仁宗至和元年（1054年）五月，欧阳修刚刚为母亲居丧守制期满，便接到朝廷诏命，让他返回汴京等待安排新的职务。对于欧阳修来说，这无疑是个好消息。他立即从颍州（今安徽省阜阳市颍州区）动身，前往汴京。

至和元年六月初一，欧阳修来到汴京。他稍作休息，就非常急切地去朝见仁宗皇帝。

自庆历五年（1045年）八月被贬为滁州（今安徽省滁州市城区）知州，欧阳修已有十个年头没见到仁宗皇帝了。君臣久别相见，都别有一番感慨在心头。仁宗皇帝看到当年意气风发的欧阳修，如今变成了两眼昏花的苍老之人，不免有些惊讶和伤感。他非常关切地询问了欧阳修的身体、家庭和读书等方面的情况，非常平和可亲。让欧阳修得到了莫大的安慰。

君臣之间的一番客套过后，仁宗皇帝语重心长地说："这些年来，朕也算是阅人无数。我觉得，朝廷中的这些大臣，地位比较低微的时候，还敢直言相谏，可一旦地位升高了，顾忌也就多起来。职位越高，考虑得越多。依我看，像你这样直言敢谏的朝廷重臣，还真是不多。你就留在朝廷吧，别再出京外任了。"

说完，仁宗皇帝就诏令赐给欧阳修官服一套。得到仁宗皇帝的赏赐，欧阳修再次感动不已，甚至有些热血沸腾。他发下誓言，一定要用自己的实际行动来报答皇恩。

至和元年七月十三日，仁宗皇帝诏命，欧阳修为权判流内铨①。此时，朝廷重臣几乎都是庆历新政失败后被任命的，大多与守旧派势力有着千丝万缕的联系，朝廷基本是守旧派主政。欧阳修担任判流内铨，明显是仁宗皇帝特别任用。守旧派朝臣看到欧阳修入朝任职，都觉得如同眼中进了沙粒一般。

欧阳修上任后，进一步发现了朝廷在人事方面的诸多弊端。庆历新政失败后，朝廷变本加厉滥施恩荫，许多权贵子弟进入仕途，致使有限的编制被完全挤占，那些候选待补、有才干有能力的贫寒士子陷入窘迫之中，有求无应，有理难伸。欧阳修经过深入思考，向朝廷奏上了一道《论权贵子弟冲移选人劄子》，极力主张限制权贵子弟入仕特权，多多关注任用"孤寒贫乞之人"。

接到奏折后，仁宗皇帝欣然采纳了欧阳修的建议，并立刻诏令三班审官依此办理。

欧阳修的这一奏劄，无疑又一次激怒了那些将以权谋私的小人。这些人随即开始秘密筹划，采取非常手段来陷害欧阳修。有人张冠李戴地伪造了一道署名欧阳修的奏章，奏章中指名道姓地

---

① 判流内铨为吏部的一个下设机构，负责幕职、州县官的考察、选拔、调动等相关事宜，具有一定的实权，判流内铨为主官。

抨击一些宦官，要求仁宗皇帝将他们予以免职。这份奏章被炮制出来后，在汴京城内迅速传播。

那些上了伪造的欧阳修奏章名单的宦官，无疑将欧阳修视为眼中钉、肉中刺，将他恨得咬牙切齿。他们开始暗中串通，寻找欧阳修的过失，以此报复陷害欧阳修。

宦官杨永德煞费苦心，终于找到了一个攻击欧阳修的把柄。这个把柄就是欧阳修偏袒包庇翰林学士胡宿的儿子胡宗尧。胡宿与欧阳修的私交很好，他的儿子胡宗尧按例由吏部考察改任京官，而考察人就是欧阳修。

吏部考察材料上报后，仁宗皇帝批示称：此人曾犯法，只能按年资逐级提升。胡宗尧此前在担任常州（今江苏省常州市）推官时，常州知州擅自以官船借人，而胡宗尧未予谏止，受到牵连，被朝廷问责处罚。针对此事，仁宗皇帝在召见群臣议事时，欧阳修以吏部判流内铨的身份提出，胡宗尧当时所犯过失是受了上级的牵连，本身没有什么过错。而且时过多年，胡宗尧已经获得赦免，按照条例规定可以改任京官。

可群臣议事刚一结束，弹劾欧阳修的奏章就随即递到了皇帝的面前。宦官杨永德联合欧阳修的诸多政敌一起攻击欧阳修，指责他偏袒提拔胡宿的儿子是徇私枉法。

为了缓解朝臣之间的矛盾，至和元年七月廿七日，仁宗皇帝诏令，罢黜欧阳修判流内铨之职，出知同州（今陕西省大荔县），刚刚上任十五天的欧阳修，又一次被公报私仇的宦官所陷害。他无奈地仰望苍天，写下了《述怀》这首诗：

岁律忽其周，阴风惨辽夐。孤怀念时节，朽质惊衰病。

忆始来京师，街槐绿方映。清霜一以零，众木少坚劲。
物理固如此，人生宁久盛。当时不树立，后世犹讥评。
顾我实孤生，饥寒谈孔孟。壮年犹勇为，剌口论时政。
中间蒙选擢，官实居谏诤。岂知身愈危，惟恐职不称。
十年困风波，九死出槛阱。再生君父恩，如报犬马性。
归来见亲识，握手相吊庆。丹心皎虽存，白发生已迸。
惭无羽毛彩，来与鸾凤并。铩翮追群翔，孤唳惊众听。
严严玉堂署，清禁肃而静。职业愧论思，文章惭诰命。
厚颜难久居，归计无荒径。偷闲就朋友，笑语杂嘲咏。
欢情虽索寞，得酒犹豪横。群居固可乐，宠禄尤难幸。
何日早收身，江湖一渔艇。

就在欧阳修准备离京前往同州时，朝臣中的正直之士立即奏请仁宗皇帝，恳请将欧阳修留在京城任职。

据元朝脱脱所著的《宋史·吴充传》记载：至和元年八月初二，判吏部南曹吴充上书谏言道："修以忠直擢侍从，不宜用逸逐。若以为私，则臣愿与修同贬。"知谏院范镇也对仁宗皇帝直言相谏道："吏部铨选司接到皇上批示，有不同意见，可即时申述，是完全附和条例。今以此弹劾欧阳修之罪，微臣担心这样下去会上下相畏，以后还有谁敢议论是非？微臣恳请重责诽谤，恢复欧阳修之职，扶持正气！"

众多大臣接二连三的奏请，让仁宗皇帝既感到意外，也感到欣慰。让他意外的是，欧阳修危难之时还有人拉他一把；让他欣慰的是，朝臣中还有不少不袖手旁观直言敢谏的大臣。于是，仁宗皇帝的态度不免发生了转变。

就在这个节骨眼上，刚刚就任宰相的刘沆向仁宗皇帝建议说："宋祁等人正在修撰《唐书》，进展比较缓慢，需要找个经验丰富的人总领其事，何不让欧阳修来做？"

仁宗皇帝略加思索地问道："怎么做才能让欧阳修接受这份差事？"

刘沆说："欧阳修明天上朝辞行时，臣请皇上亲自挽留，这样恩惠就出自陛下，欧阳修必受感动，此事就成功了。"

至和元年八月十七日一大早，欧阳修上朝后刚刚入殿站定，还没来得及开口辞行，仁宗皇帝便抢先说道："欧阳爱卿，同州你就别去了，朕将你留下来修《唐书》，这件事非常重要。"

果然像刘沆所说的那样，欧阳修答应留下来修《唐书》。

不久，翰林学士、判三班院①曾公亮以端明殿学士出知郑州，刘沆又奏请仁宗皇帝，让欧阳修接替曾公亮权判三班院。仁宗皇帝不仅采纳了刘沆的建议，还对他说："欧阳修是个好的差遣官，我看也够翰林学士的资格，就再给他加个翰林学士衔。"

至和元年九月初一日，仁宗皇帝诏令，欧阳修由龙图阁直学士擢升为翰林学士，同时兼史馆修撰②，欧阳修就此进入翰林学士院。两个月后，欧阳修开始差遣管理三班院。

翰林学士院共设翰林学士六名。翰林学士以谏诤为职责，有权参与大臣任免升黜等朝廷重大事宜的讨论，当时称为"内相"，又称为"天子私人"，是皇帝最亲近的侍从官。欧阳修第一天进

---

① 判三班院，三班院为官司名，相当于兵部之职，掌管低品武臣的铨选、差遣，考校三班使臣政绩、军功，间或参议朝政，判三班院为主官。

② 史馆修撰，馆职名，为馆阁官中的最高等。

入学士院时，仁宗皇帝亲自赐给欧阳修官服一套、金带一条、金镀银鞍辔马一匹。得到这样的赏赐后，欧阳修心中的一切委屈就此烟消云散。

02. 汴京幸会王安石

早在宋仁宗皇祐三年（1051年）五月，当时的宰相文彦博就推荐王安石参加召试①，拟任馆职。但是，时年三十一岁的王安石以祖母年老、家境贫困为由，推拒绝参加召试。随后，王安石被朝廷诏命为舒州（今安徽省潜山县）通判。

王安石任职通判的三年期间，舒州几乎年年闹饥荒。他亲眼看到舒州百姓生活在水深火热之中，而自己却无力帮助百姓做点事情，内心感到非常痛苦。他在《感事》这首诗中，表达了对百姓的怜悯和对官吏的讽刺之情：

> 贱子昔在野，心哀此黔首。丰年不饱食，水旱尚何有。
> 虽无剽盗起，万一且不久。特愁吏之为，十室灾八九。
> 原田败粟麦，欲诉嗟无赇。间关幸见省，笞扑随其后。
> 况是交冬春，老弱就僵仆。州家闭仓庾，县吏鞭租负。
> 乡邻铢两徵，坐逮空南亩。取赀官一毫，奸桀已云富。

---

① 召试，也称"特旨召试"，就是皇帝下诏来面试。宋朝选拔官吏的一种特殊方式，属于科举考试的补充。遇有急需人才的情况，皇帝就会下令将社会上一些优异的人才特别召来面试，合格者直接任职。

> 彼昏方怡然，自谓民父母。竭来佐荒郡，懔懔常惭疚。
> 昔之心所哀，今也执其咎。乘田圣所勉，况乃余之陋。
> 内讼敢不勤，同忧在僚友。

宋仁宗至和元年（1054年）五月，王安石在舒州的任期已满，回到汴京等待新的任命。

自庆历七年（1047年）担任鄞县（今浙江省宁波市）知县以来，王安石逐步在朝野上下成为具有传奇色彩的人物。按照朝廷的惯例，凡进士高第者，为官一任后，即可献文要求参加馆阁考试。馆阁考试主要考核文才，一旦通过考试便可担任馆职①，从而跻身于社会名流之列。馆职虽然没有实权重任，却是文人志士普遍向往的职位，也是仕途发达的最佳捷径，许多高官都是从馆职这一职位上得到快速升迁的。

可王安石这个人偏偏与众不同。他于庆历二年（1042年）进士及第后，一直看淡参加馆阁考试，甘愿在偏远的地方担任签判、知县或通判，从不主动申请召试馆职。即使宰相文彦博推荐他参加特旨召试，他也以各种理由加以推辞。他的这种淡然处之的态度，让朝野上下无不为之惊奇。

在曾巩的推介之下，欧阳修对王安石早已有所了解。此番王安石在京等候新的任职，欧阳修被擢升为翰林学士兼史馆修撰，同在京城的两个人，终于有了见面的机会。

那天，欧阳修正在书房里整理史料，忽然听说王安石来访，心情不免激动万分，马上吩咐家人把王安石请到书房。见到王安石，

---

① 馆职，在昭文馆、史馆、集贤院等处担任修撰、编校等工作的官职。

欧阳修诗兴大发，写下一首《赠王介甫》：

> 翰林风月三千首，吏部文章二百年。
> 老去自怜心尚在，后来谁与子争先。
> 朱门歌舞争新态，绿绮尘埃拂旧弦。
> 常恨闻名不相识，相逢樽酒曷留连！

　　在这首诗中，欧阳修巧妙地表达对王安石的赏识之情。他说王安石的诗就像李白的诗那样富有才气，王安石的文章就像韩愈的文章那样流传后世。"翰林风月"指的是李白的诗，"吏部文章"指的是韩愈的文章，李诗和韩文是欧阳修心中的诗文典范。他在诗中说，我虽然老了，但是雄心还在，以后的人谁还能与你一争高低呢？如今官员腐化，终日贪图享乐，很少关心国家命运和百姓生活，只有我们不与世浮沉，依然忧国忧民。很早就听说你的大名，但始终无缘相见。今日我们相聚在一起，何不把酒畅谈呢？

　　见到王安石，确实让欧阳修眼前一亮。他觉得，这位个性独特的年轻才子，身上有一种一往无前的气概，是一个不同流俗、甘于寂寞、独守古风的超俗之人，具备了成就伟大事业的品格素质。在这首诗中，欧阳修满怀热情地希望王安石能够继他之后，成为新一代的文坛盟主，来引领宋代诗文向着健康方向发展。

　　可王安石的志向绝不仅仅在诗文发展方面，而是拥有自己更加高远的目标。他在回赠给欧阳修的《奉酬永叔见赠》一诗中写道：

> 欲传道义心犹在，强学文章力已穷。
> 他日若能窥孟子，终身何敢望韩公。

抠衣最出诸生后，倒屣尝倾广座中，
只恐虚名因此得，嘉篇为赠岂宜蒙。

王安石在诗中说，我传扬孔孟道义的雄心还是有的，但学习写作文章却感到力不从心。他日能够窥探到孟子道义的奥妙，我也就心满意足了，终生岂敢奢望在写作方面超过韩愈呢？我和那些晚生后辈恭敬地来拜访您，对得到您的重视和奖掖深感惶恐，害怕以后自己浪得虚名。您赠给我的美好诗篇及崇高评价，我实在不敢承当啊！

这首诗的前四句，王安石以抒写自己志向和理想的方式，对欧阳修赠诗的前四句进行了一个巧妙的回答。一句和二句写现实的壮志，三句和四句分承前二句写未来的理想和追求。诗的后四句，写对欧阳修的尊敬和受到欧阳修优厚待遇的感谢之情，是对欧阳修赠诗后四句的一个巧妙答谢。整首诗紧紧围绕欧阳修的赠诗，抒发了自己的志趣，表达了对欧阳修的酬谢之情。

这次见面后，欧阳修对王安石更是关心有加、另眼相看，并默默在背后予以奖掖和提携。按照惯例，朝廷应该设置台谏官四名，可现在仅有两名。欧阳修觉得王安石和吕公著都是谏官的最合适人选，可补此空缺，就立即向朝廷上书了《荐王安石、吕公著劄子》。

朝廷虽然没有采纳欧阳修的建议，但也起到了非常重要的举荐作用。仁宗皇帝诏令，王安石为群牧判官①。担任这一官职的人，通常为做过一任知州的朝官，或是做过一任通判的馆职，而王安

---

① 群牧判官，差遣名，为群牧司官员。群牧司，总领内外饲养、放牧、管理、支配国马之政。

石仅做过一任通判,没担任过馆职,无疑属于破格任用。

王安石接到诏令后,仍像以往一样推辞拒绝,并要求离京外任。在欧阳修的再三劝说下,王安石才改变了主意,接受了群牧判官这一官职。

03. 受命主考礼部试

宋仁宗至和二年(1055年)八月十六日,朝廷诏命,欧阳修担任贺契丹国母生辰使。由于去契丹的使臣必须由翰林学士充任,而其他五位翰林学士都曾出使过契丹,尽管欧阳修身体欠佳,这桩差事还是落在了他的头上。十天后,也就是八月廿六日,又传来了契丹国主耶律宗真过世而贺耶律洪基继任国主的消息。八月廿八日,朝廷改命欧阳修为贺登宝位国信使。据宋朝胡柯所作的《庐陵欧阳文忠公年谱》记载:大宋朝廷派"翰林学士、吏部郎中、知制诰、史馆修撰欧阳修,四方馆使、果州团练使向传范为贺契丹登宝位使",前往上京临潢府(今内蒙古赤峰市巴林左旗)参加庆典。

欧阳修于至和二年十一月中旬出发,至和三年(1056年)二月廿二日完成出使任务回到汴京,并向朝廷进献了他在旅途中所著的《北使语录》。

至和三年五月,东京汴梁以及许多州郡突然大雨成灾,降雨一直持续到七月上旬才结束。朝廷一面组织抗灾,一面诏令群臣上书献策,共议时政阙失。欧阳修再显善于谏言的本色,接连上了《论水灾疏》《再论水灾状》《论狄青劄子》三道奏章。他在《再论水灾状》中对时政提出了三点建议：一是建议仁宗皇帝在宗室内选一人为太子，以安定人心；二是建议罢黜狄青枢密使一职，出知外州，为朝廷消除未萌之患；三是建议大力进用贤才，他特别推荐池州知州包拯、襄州知州张瑰、崇文院检讨吕公著、群牧判官王安石等都是难得的人才，朝廷应予以重用。

至和三年九月，仁宗皇帝以身体"不豫，久之康复"为由，加之"天初见流星，继以大水"之故，宣布改元"嘉祐"。仁宗皇帝总共用了九个年号，嘉祐是最后一个年号。

嘉祐二年（1057年）初，三年一度的礼部试又要开始了。礼部试是朝廷选拔人才的重要渠道，是宋朝的"国考"，仁宗皇帝对此非常重视。正月初六，仁宗皇帝诏令，欧阳修知礼部贡举事[1]，主持本届的礼部试。与欧阳修同被诏令知礼部贡举事的还有另外四人：翰林学士王珪[2]、龙图阁直学士梅挚、端明殿学士韩绛、集贤殿修撰范镇[3]。同时，朝廷还诏令，梅尧臣为参详官[4]。这六个人，就是嘉祐二年礼部试的考官。

为了表示对欧阳修的宠信，仁宗皇帝亲笔写了"文儒"两个字赐给欧阳修。得到仁宗皇帝的赐字，欧阳修的内心充满了无限感激。

---

[1] 知礼部贡举事，一个差遣名。宋代贡举试，临时遣翰林学士等朝官领贡举事，知举官之下或设"同知"，资历稍浅者称"权知贡举"。

[2] 王珪，字禹玉，北宋宰相、文学家。《四库全书》辑有《华阳集》四十卷。

[3] 范镇，字景仁，北宋著名史学家、文学家、政治家。与欧阳修、宋祁共修《唐书》。

[4] 参详官，官职名称，北宋讲议司置，以卿、监充任。

诏命下达后，考官便移居贡院，断绝与外界的联系，这就是人们所说的"锁院"。考试结束后，锁院才会被解除，考官才可以出来。朝廷的这次锁院，从嘉祐二年正月初七开始，至二月底考试结束后考生离开试院，前后共计五十天。

王珪是庆历二年（1042年）别头试①进士，而且高中榜眼。而当年的试官正是欧阳修，欧阳修与王珪之间就有了座主门生之谊。过了十五年，王珪与欧阳修同时锁院，同为考官，王珪因此感到无比的欣喜和骄傲。

韩绛，字子华，欧阳修担任馆阁校勘时，韩绛与苏舜钦一同来访，与欧阳修谈经论道，总有说不完的话语。

范镇是宝元元年（1038年）进士，而且高中榜首。他和欧阳修一样，曾在国子监入学考试、礼部试均获第一。如今与欧阳修同为考官，范镇感到非常自豪。

梅尧臣虽有盖世才华，却总是科场不顺，直到皇祐三年（1051年），自己年过五十，才因大臣们的推荐召试学士院，赐同进士出身。他一直沉沦下僚，对欧阳修、王珪的共荣同贵，既赞叹又钦羡。他与欧阳修原本是同僚好友，如今却是欧阳修的下属，不免有些自卑感。但能够与欧阳修一同锁院，心情还是很快乐的。

考试的那天，考生凌晨入场依次就座。考场由皇宫侍卫严加看守，黄昏时分才开门放考生出院。考试结束后，由内侍官收取试卷，先交编排官，去掉籍贯、姓名等另行编号，然后交给封弥官誊写一遍，校对无误后盖上御书院印章。这一过程称为"糊名"，

---

① 别头试，在科举考试中，因应试者与考官有亲故关系或其他原因，为避嫌起见，在别设考场中考试。

避免出现营私舞弊。接着由初考官初次判卷，定出等第；然后再次"糊名"，由覆考官覆判；紧接着由详定官启封，以两次判卷的结果决定等第；最后交还编排官，揭去糊名，恢复姓名、籍贯，决定礼部录取的名单，奏闻朝廷，以供殿试最后裁决，这叫"奏名"，也叫"定号"。

嘉祐二年礼部试策论的题目是《刑赏忠厚之至论》。利用科举改革来实现自己的文学主张，是欧阳修由来已久的愿望。他曾经三试得第，又过两次黜落的经历。他非常厌恶那种华而不实的应试文章。这次受命主文，他决心运用手中的权力，革除科场积弊，创新文风，推动文学革新的进程。他要求应试文字要言之有物，平易自然，凡作险怪奇涩之文者，一律予以黜落。

当时有位太学生名叫刘几，学问基础不错，但喜欢用险怪之语作文，在太学中影响很大，在这次贡举中夺魁呼声极高。欧阳修早闻此人，也读过他的文章，从心里厌恶这种文风，内心一直惦记着要防范这种考生被选中。阅卷这天，欧阳修忽然看到一篇怪僻得让人难以读懂的文章，最后几句这样写道："天地轧，万物茁，圣人发。"他二话没说，用大朱笔从头至尾横抹一道，这被称为"红勒帛"，又批上"大纰缪"三个字，张贴在墙壁上，让各位考官参观。后来揭去糊名，文章果然是刘几之作。

而另有一位考生，仅用六百字就简洁明了地论述了以仁治国的思想。文章这样写道：

尧、舜、禹、汤、文、武、成、康之际，何其爱民之深，忧民之切，而待天下以君子长者之道也。有一善，从而赏之，又从而咏歌嗟叹之，所以乐其始而勉其终。有一不善，从而罚之，又从而哀矜惩创之，所以弃其旧而开其新。故其吁俞之声，欢忻惨戚，见于虞、夏、商、周之书。成、康既没，穆王立，而周道始衰，然犹命其臣吕侯，而告之以祥刑。其言忧而不伤，威而不怒，慈爱而能断，恻然有哀怜无辜之心，故孔子犹有取焉。

《传》曰：赏疑从与，所以广恩也；罚疑从去，所以慎刑也。当尧之时，皋陶为士。将杀人，皋陶曰"杀之"三，尧曰"宥之"三。故天下畏皋陶执法之坚，而乐尧用刑之宽。四岳曰"鲧可用"，尧曰"不可，鲧方命圮族"，既而曰"试之"。何尧之不听皋陶之杀人，而从四岳之用鲧也？然则圣人之意，盖亦可见矣。

《书》曰：罪疑惟轻，功疑惟重。与其杀不辜，宁失不经。呜呼，尽之矣。可以赏，可以无赏，赏之过乎仁；可以罚，可以无罚，罚之过乎义。过乎仁，不失为君子；过乎义，则流而入于忍人。故仁可过也，义不可过也。古者赏不以爵禄，刑不以刀锯。赏之以爵禄，是赏之道行于爵禄之所加，而不行于爵禄之所不加也。刑之以刀锯，是刑之威施于刀锯之所及，而不施于刀锯之所不及也。先王知天下之善不胜赏，而爵禄不足以劝也；知天下之恶不胜刑，而刀锯不足以裁也。是故疑则举而归之于仁，以君子长者之道待天下，使天下相率而归于君子长者之道。故曰：忠厚之至也。

《诗》曰：君子如祉，乱庶遄已。君子如怒，乱庶遄沮。夫君子之已乱，岂有异术哉？时其喜怒，而无失乎仁而已矣。《春秋》之义，立法贵严，而责人贵宽。因其褒贬之义，以制赏罚，亦忠厚之至也。

这篇文章，紧扣题目布局谋篇，并巧妙地引用圣经贤传与论据紧密结合，文笔酣畅，说理透辟，概括力强，结构紧密而且完整。

欧阳修读罢此文，又惊又喜，便想将此文列为榜首。但他转念一想，也许只有自己的门下弟子曾巩能写出如此出色的文章。如果把曾巩的文章列为榜首，自己岂不有徇私舞弊之嫌？欧阳修决定忍痛割爱，将此文列为第二。

可揭榜后出乎欧阳修所料，这篇文章出自眉山（今四川省眉山市）二十二岁考生苏轼之手，而他十九岁的弟弟苏辙也在这次礼部试中名列高等。

04. 赏识提携苏东坡

当欧阳修得知那篇排名第二的文章是眉山（今四川省眉山市）考生苏轼所作时，心中顿觉对不住苏轼，因为他把这篇文章当成了自己的门弟子曾巩写的，没把它列为第一。好在他的弟弟苏辙名列高等，哥俩同时中榜，让欧阳修的心中得到一丝安慰。

早在一年前，欧阳修就已经认识了苏轼的父亲苏洵①，因此对苏轼、苏辙兄弟俩也有所耳闻。

欧阳修与苏洵初次相见，是在嘉祐元年（1056年）夏季。一天，欧阳修收到一封署名"眉山苏洵"的书信，随信还附有《洪范论》《史

---

① 苏洵，字明允，一说自号老泉。北宋文学家，与其子苏轼、苏辙并称为"三苏"，均被列入"唐宋八大家"。

论》等七篇著述。欧阳修一气读完这些著述,大有欲罢不能之感。

几天后,苏洵登门造访,欧阳修热情地接待了他。欧阳修在交谈中说,我读了你的文章,感觉非常好。苏洵说,他这次来汴京,主要是陪同两个儿子参加明年的进士考试。

苏洵离开欧阳修家后,欧阳修马上将他的著述呈给朝廷,并在推荐状中高度评价苏洵的文章与人品。同时,欧阳修又写信给宰相富弼举荐苏洵。在欧阳修的大力推荐下,苏洵的名字很快在汴京城内传开了。

礼部试揭榜后,欧阳修对苏洵更加敬佩。在他的心里,苏洵不仅是一位难得的人才,还是将两个儿子培养成才的伟大父亲。

礼部试揭榜后便是殿试,殿试将决定进士的录取名单和等第。以往的殿试,对礼部的奏名[①]进士都有不同程度的黜落,而这次殿试,由于仁宗皇帝高度信任主考官欧阳修,对礼部的奏名进士不仅没有黜落,而且还按照欧阳修的礼部试排名,决定了本届进士的录取名单和等第。

这次进士科考所录取的考生,几乎网罗了北宋中后期政界、思想界、文学界的诸多杰出人物。文学之士有苏轼、苏辙和曾巩;理学之士有程颢、张载、朱光庭;政界人物有吕惠卿、曾布、王韶、吕大钧等,而且大多成为王安石新党和元祐旧党的重要人物。

由于殿试是按礼部试的排名确定的等第,苏轼终究未能成为殿试的状元,让欧阳修有些遗憾,但苏轼的才华已经得到了欧阳修的高度认可。按照惯例,金榜题名后,主考官与新科进士之间便有了师生的名分和情谊。随即,苏轼向欧阳修呈递了《谢欧阳

---

① 奏名,礼部将拟录取的进士名册送呈皇帝审核,称为"奏名"。

内翰书》，以此来表达对知遇之恩的诚挚谢意：

  右轼启：窃以天下之事，难于改为。自昔五代之余，文教衰落，风俗靡靡，日以涂地。圣上慨然太息，思有以澄其源，疏其流，明诏天下，晓谕厥旨。于是招来雄俊魁伟、敦厚朴直之士，罢去浮巧轻媚、丛错采绣之文；将以追两汉之余，而渐复三代之故。士大夫不深明天子之心，用意过当，求深者或至于迂，务奇者怪僻而不可读。余风未殄，新弊复作。大者镂之金石，以传久远；小者转相模写，号称古文。纷纷肆行，莫之或禁。盖唐之古文，自韩愈始。其后学韩而不至者为皇甫湜，学皇甫湜而不至者为孙樵。自樵以降，无足观矣。

  伏惟内翰执事，天之所付以收拾先王之遗文，天下之所待以觉悟学者；恭承王命，亲执文柄，意其必得天下之奇士，以塞明诏。轼也远方之鄙人，家居碌碌，无所称道。及来就师，久不知名，将治行西归，不意执事擢为第二。惟其素所蓄积，无以慰士大夫之心，是以群嘲而聚骂者，动满千百。亦惟恃有执事之知，与众君子之议论，故恬然不以动其心。犹幸御试不为有司之所排，使得搢笏跪起，谢恩于门下闻之古人，士无贤愚，惟其所遇。盖乐毅去燕，不复一战；而范蠡去越，亦终不能有所为。轼愿长在下风，与宾客之末，使其区区之心，长有所发。夫岂惟轼之幸，亦执事将有取一二焉。不宣。轼谨启。

  欧阳修看了苏轼的致谢短简后，在写给梅尧臣的信（《与梅圣俞》）中赞叹道："读轼书，不觉汗出。快哉！快哉！老夫当避此人，放出一头地也。可喜！可喜！"据宋朝朱弁所著的《风月堂诗话》

记载,看了这封短简,欧阳修对自己的儿子欧阳发、欧阳奕、欧阳棐、欧阳辩赞叹道:"汝记吾言,三十年后,世上人更不道著我也!"欧阳修预言未来的文坛必将属于苏轼。

殿试结束后,苏轼、苏辙兄弟二人在苏洵的带领下,一同到欧阳修府上拜见恩师。谈话间,欧阳修问苏轼:你在那篇《刑赏忠厚之至论》中说,远古尧帝时,皋陶为司法官,有个人犯罪,皋陶三次提出要杀他,而尧帝三次赦免他,这个事例出自哪本书?

苏轼回答道:出自《三国志·孔融传》注中。

苏洵走后,欧阳修在《三国志·孔融传》注中却没有找到这个典故,让他很是疑惑。

欧阳修再次见到苏轼时,又问起这件事。

苏轼说:曹操灭袁绍,把袁绍的次子袁熙美貌的妻子赏赐给自己的儿子曹丕。孔融对此大为不满,讽喻地说,当年周武王伐纣,就将商纣王的宠妃妲己赏赐给了自己的弟弟周公。曹操忙问此事见于哪本书上。孔融说并无所据,只不过以今天的事情来推测古代的情况想当然罢了。所以,学生也是以尧帝为人的仁厚和皋陶执法的严格来推测,想当然耳。

欧阳修听后,马上击节称叹。后来,欧阳修多次提起这件事,说苏轼可谓善读书、善用书,以后文章必独步天下。欧阳修作为一代宗师,苏轼经常得到他的评价和褒奖,很快就名满天下。

在欧阳修的引荐下,苏轼又先后拜见了宰相文彦博、富弼,枢密使韩琦等朝廷宰臣,还结识了曾巩、晁端彦等名士,后来又成为终生好友。曾巩比苏轼年长十七岁,自庆历元年拜入欧阳修门下,处处以欧阳修作为楷模和表率,在许多人的眼中,曾巩是欧阳修门下的第一位传人。苏轼对曾巩这位学长师兄极为尊敬,甚至把曾巩比作遨游万顷池的横海鲸鱼。

欧阳修有意将父子三人介绍给担任群牧判官的王安石，却没想到王安石已上书请求外任，仁宗皇帝批准他以太常博士出知常州。此时，曾巩也被诏令为太平州（今安徽省当涂县）司法参军。由于常州与太平州相距不远，两个人便结伴同行。嘉祐二年（1057年）五月二十日，欧阳修设宴为王安石和曾巩饯行。

这时，苏氏父子三人忽然接到家中急报，苏洵的夫人程氏病逝。父子三人来不及与欧阳修辞别，便立即返回眉山。欧阳修得知程氏病逝的消息，马上寄书表示哀悼。

05. 精心治理开封府

宋仁宗嘉祐二年（1057年）夏天，汴京城内出现了多年少见的持续高温，炎炎酷暑让体弱多病的欧阳修无法忍受。他好不容易熬过了闷热的夏季，朝廷的各种差使频频落在他的头上，让他有些应接不暇。

九月初六日，朝廷诏令，欧阳修兼判秘阁秘书省。兼判秘阁秘书省就是兼任秘阁、秘书省的长官。秘阁负责从昭文馆、史馆、集贤院择出善本书及内庭所出古画、墨迹珍藏之。秘书省主管一般祭祀用的祝文撰写。

十一月初九日，朝廷诏令，欧阳修权知判史馆。权知判史馆就是担任判史馆长官，处理判史馆事，与史馆修撰同撰日历。

十一月廿四日，朝廷诏令，欧阳修接替胡宿权知审刑院。权知审刑院就是担任审刑院长官。

十二月初九日，朝廷诏令，欧阳修权判三班院。

除了这些官职之外，欧阳修还负责朝廷各类祭祀活动、接待契丹等周边国家来使。这样，细算起来欧阳修应该是身兼八职，不仅工作量大，心理压力更大。

由于各种事务过于繁忙，欧阳修感到自己的身体难以承受，总是希望自己能够求得一份闲简差使。思来想去，他写了一道《乞洪州劄子》，请求到洪州（今江西省南昌市）任知州。其实，这已不是欧阳修第一次请求知洪州。嘉祐元年（1056年）冬天，他就曾奏请知洪州，可那一次仁宗皇帝不但没有答应他的要求，还诏令他知礼部贡举事。

按照朝廷的礼制，官员不能在家乡任职。欧阳修的家乡在吉州（今江西省吉安市），自然不能到吉州任职。而欧阳修请求到洪州任知州，是因为洪州离吉州最近，这样便于给父母祭扫墓地，还有衣锦还乡的意思。但欧阳修先后两次奏请，仁宗皇帝都没有答应。

在处理相关事务的过程中，欧阳修再次感到朝廷在机构方面存在的严重积弊。他觉得，朝廷机构日趋庞大，主要在于朝廷过度推恩。每逢重大节日，皇帝都会龙颜大悦，给朝臣封官晋爵，朝中高官越来越多，支出也越来越大。

欧阳修深知，自己也从历次推恩中获得了封赏和恩赐。但要革除朝廷的这一积弊，必须从自己做起。他认为，翰林侍读学士本属清要之职，并没有多少实际事务需要处理，但却官高位隆，朝廷给予的薪俸十分可观。由于朝廷推恩过滥，翰林侍读学士的人数远远超过了以往的数量。

经过深思，欧阳修于宋仁宗嘉祐三年（1058年）三月，先后向仁宗皇帝呈上了《辞侍读学士劄子》和《再辞侍读学士状》，恳切辞去翰林侍读学士一职。

在《辞侍读学士劄子》中他这样写道：

今经筵之臣一十四人，而侍读十人，可谓多矣。臣以愚缪，忝厕翰林，又充史职、太常礼仪、秘阁、秘书省、尚书礼部、刊修《唐书》。然则在臣不谓无兼职，而经筵又不阙人，忽沐圣慈，特此除授。盖以近年学士相承，多兼此职，朝廷以为成例，不惜推恩。比来外人议者，皆云讲筵侍从人多，无坐处矣。每见有除此职者，则云学士俸薄，朝廷与添清俸。官以人轻，一至于此！欲乞罢臣此命，不使圣朝慎选之清职，遂同例授之冗员。况臣材职浅薄，自少以来，粗习辞章，过蒙进擢，俾尘禁署。中年衰病，常忧废职。至于讲说经义，博闻强记，刻复非臣所长。今耆旧之臣、经术之士并侍讲读者，足以备顾问，承清光。欲望圣慈矜臣不材自知，俾免冒荣之诮。所有告敕，不敢祗受。取进止。

在《再辞侍读学士状》中他这样写道：

右臣准中书札子，以臣辞免侍读学士恩命，奉圣旨，不许辞让者。伏念臣猥以庸虚，过蒙奖擢。禁署为一时清选，既已忝窃；经筵况近例多兼，何必辞让？

盖以臣身见兼八职，侍读已有十人，为朝廷惜清职遂为冗员，况讲席不添人，未至阙事，所以敢陈瞽说，乞免冒荣。

臣伏见国家近年以来，恩滥冗官，议者但知冗官之弊，不思致弊之因。盖由凡所推恩，便为成例。在上者稍欲裁减，则恐人心之不足；在下者既皆习惯，因谓所得为当然。积少成多，有加无损，遂至不胜其弊，莫知所以裁之。中外之臣，无有贤愚，共知患此。而臣为陛下学士，职号论思，岂有目睹时弊，心知可患，无所献纳，而又自身蹈之？今既已陈述，若又不自践言，则贪荣冒宠，不止寻常之责，而虚辞饰让，又为矫伪之人。此臣所以恐迫惶惑，不自知止也。伏望圣慈矜臣至恳，察臣狂言，许寝新恩，俾安常分。

谨具状奏闻，伏候敕旨。

在欧阳修的强烈奏请下，仁宗皇帝最终批准他辞去翰林学士一职。欧阳修的奏请辞职，让仁宗皇帝心生感动。

而仅仅过了三个月，也就是嘉祐三年六月十一日，仁宗皇帝再次诏令欧阳修为龙图阁学士，权知开封府。欧阳修因此成为京都汴京的实权派长官。

欧阳修在权知南京应天府（今河南省商丘市）时，就体味过大都市的治理之难。因为应天府交通四通八达，往来的达官贵人多，接待的事情也多，往往会出现一些说道，造成不必要的麻烦。而治理开封府，难题自然比应天府还多。

在当朝皇帝的眼皮底下，开封府素来都以不好治理著称。欧阳修的前任知府，就是刚毅威严、名震京师的包拯，人称"铁面包公"。元朝脱脱所著的《宋史·包拯传》这样评价包拯："贵戚宦官为之敛手，闻者皆惮之。"

在汴京城内，欧阳修虽然名声显赫，妇孺皆知，但他上任后迟迟没有"新官上任三把火"的行动，还是像以前那样，行宽简之政，不滋事扰民，因此许多人都为他担心。有的人甚至直接问他，您接任以来，没有令人耳目一新的举措，能行吗？对此，欧阳修非常轻松地回答说："人的资质、性情、才能各有短长，岂可舍弃己之所长，勉强其所短，以循俗求誉？但当尽我所为，不能则止。"

开封府最大的特点就是皇亲国戚多，这些人又往往蔑视朝廷的规章，肆意践踏禁忌。而一旦将这些人绳之以法，他们就会通过各种途径，甚至通过关系求得皇帝的圣旨而得到赦免。欧阳修上任不到两个月，就十余次接到仁宗皇帝的赦免圣旨。即便是欧阳修将案情细节上奏仁宗皇帝，再三请求不能姑息，但仁宗皇帝总是不改初衷，仍然赦免。欧阳修为了能够杀一儆百，有时也会据理力争。

有个叫梁举直的宦官，因为私自役使官兵触犯法纪，被送交开封府处理。欧阳修在审理这件案子的过程中，三次接到"内降放罪"的"诏敕"，就是仁宗皇帝赦免梁举直的三道圣旨。欧阳修深知这个案子影响较大，于法不容，便坚决不予赦免。他在给仁宗皇帝的《论梁举直事封回内降劄子》中写道："伏以曲庇小臣，挠屈国法，自前世帝王苟有如此等事，史册书之。以著人君之过失。今梁举直不欲受过于其身，宁彰陛下之过于中外，举直此罪，重于元犯之罪，今纵未能法外重行，以戒小人干求内降者，其元犯本罪，岂可曲恕？"他甚至在奏折中再显谏官本色，直言不讳地说：频降不断的免罪圣旨，不仅严重干扰了执法机关的司法公正，还给人造成皇帝枉法徇私的不良形象。随后，他又给仁宗皇帝呈奏了《请今后乞内降人加本罪二等劄子》，请求允许对今后替犯罪人求情者，与犯罪人一同治罪。如果是犯罪人自己谋求"内降放罪"，就要在原罪的基础上，加重二等予以处罚，必须做到"令行而禁止"。

仁宗皇帝看到奏劄后，批准了欧阳修的奏请，欧阳修最终没有赦免梁举直。后来，仁宗皇帝再没干涉过开封府办案。

在欧阳修公正无私的治理下，犯罪者得到严惩，欺压百姓的霸道富豪和奸刁官吏受到震慑，都城汴京很快就变得祥和安宁起来。

第十章 同道为谋，一饮百盏不言休

01. 和诗介甫成佳作

宋仁宗嘉祐三年（1058年）入冬，王安石知常州期满回到汴京，被仁宗皇帝诏命为三司度支判官①。

王安石接任新职后，终于能在汴京安身下来，并有机会经常参加欧阳修组织的文朋好友聚会，大家在一起把酒赋诗。欧阳修非常欣赏王安石的才气，与这样的后生交往，他全然忘记了自己的身份和地位。王安石能够经常参加欧阳修组织的文人雅聚，心里总是畅快不已。

有一天诗友雅聚，王安石将自己所作的《明妃曲二首》呈现给大家：

---

① 三司度支判官，三司是官署名，总掌朝廷财政收支大计，兼掌城池土木工程，又领库藏、贸易、四方贡赋、百官添给。三司下设盐铁、度支、户部三部。三司度支判官是差遣官名，与推官分治本部公事。

其一

明妃初出汉宫时，泪湿春风鬓脚垂。
低徊顾影无颜色，尚得君王不自持。
归来却怪丹青手，入眼平生几曾有；
意态由来画不成，当时枉杀毛延寿。
一去心知更不归，可怜着尽汉宫衣；
寄声欲问塞南事，只有年年鸿雁飞。
家人万里传消息，好在毡城莫相忆；
君不见咫尺长门闭阿娇，人生失意无南北。

其二

明妃初嫁与胡儿，毡车百辆皆胡姬。
含情欲语独无处，传与琵琶心自知。
黄金杆拨春风手，弹看飞鸿劝胡酒。
汉宫侍女暗垂泪，沙上行人却回首。
汉恩自浅胡恩深，人生乐在相知心。
可怜青冢已芜没，尚有哀弦留至今。

这两首诗，王安石从全新的角度书写了汉代明妃的坎坷命运，出手非同凡响。看到这两首新作，众文友皆被震撼，争相传阅，吟诵之余，无不为之拍手称赞。

王安石诗中所写的"明妃"即是王昭君，名嫱，字昭君，汉元帝刘奭时期的宫女，西晋时期为避司马昭名字之讳，改称"明君"或"明妃"。

汉元帝竟宁元年（公元前33年），为了平息边患，刘奭将宫女王昭君远嫁匈奴呼韩邪单于。汉朝的这种和亲政策，表面上看像似两情相悦，其实哪一位远嫁异域的女子都逃脱不了悲苦的命运。历代诗人都非常同情这样的女子，写她们的诗很多很多。

汉元帝时期，后宫的宫女不计其数，皇帝甚至无暇与她们一一面见。于是，有人给汉元帝出了个主意，让画师事先把宫女画下来，皇帝就可以看画像来挑选嫔妃。宫女为了能被选中，就纷纷贿赂画师，让画师画得好看一点。而宫女之中，唯独王昭君不向画师行贿，甘愿将自己的天生丽质埋没于深宫。后来，王昭君出宫远嫁匈奴的那天，她的美貌一下子震惊和征服所有人。汉元帝看到雍容华贵的王昭君离开宫廷，心中极其懊悔。送走了王昭君，汉元帝立即派人将画师毛延寿抓了起来，并斩首示众，来发泄心中的恼怒。

王安石的《明妃曲二首》，突出体现了明妃的爱国思乡之情。这两首诗，从描绘人物的神情姿态，到解剖人物的心理状态，都有着独到的特点，既有渲染烘托，又有细节描写。王安石还充分借鉴了韩愈、柳宗元等古文家的写作技法，使诗歌创作的艺术手法更加多样化，诗歌表现更加形象化。

这两首诗一经传出，不仅赢得文朋友人的喝彩，还引发欧阳修、梅尧臣、刘敞、司马光、曾巩等文人雅士纷纷唱和。

欧阳修在激动和兴奋之余，浮想联翩，诗兴进发，一气呵成写下了《和王介甫明妃曲二首》：

其一
胡人以鞍马为家，射猎为俗。
泉甘草美无常处，鸟惊兽骇争驰逐。

谁将汉女嫁胡儿，风沙无情貌如玉。
身行不遇中国人，马上自作思归曲。
推手为琵却手琶，胡人共听亦咨嗟。
玉颜流落死天涯，琵琶却传来汉家。
汉宫争按新声谱，遗恨已深声更苦。
纤纤女手生洞房，学得琵琶不下堂。
不识黄云出塞路，岂知此声能断肠！

其二

汉宫有佳人，天子初未识，
一朝随汉使，远嫁单于国。
绝色天下无，一失难再得，
虽能杀画工，于事竟何益？
耳目所及尚如此，万里安能制夷狄！
汉计诚已拙，女色难自夸。
明妃去时泪，洒向枝上花。
狂风日暮起，飘泊落谁家。
红颜胜人多薄命，莫怨东风当自嗟。

  欧阳修的第一首和诗所表达的是：北方少数民族以鞍马为家，以打猎为生。泉水甘甜，野草丰美没有固定的地点，鸟儿穿梭鸣叫，野兽互相追逐。是谁将汉人女子嫁给胡人？风沙是无情的，而女子容貌如此美丽。出门都很难看到中原人，只能在马背上暗自思念故乡。在琵琶声中，胡人也会为她而感到叹息。如此美丽的女子流落异地，死在他乡，而琵琶曲却传到了汉宫里。汉宫里争着弹奏昭君所弹的琵琶曲，心中的怨恨却不知道从何说起。细小的手生在闺房之中，只能学弹琵琶，不会走出闺房。不知道沙漠中的云是怎么飘出边塞的，哪里知道这琵琶声是多么的令人断肠！

欧阳修的第二首和诗所表达的是，汉宫里有一位美貌佳丽，最初天子并不认识。突然间要随着汉使离去，嫁给匈奴国君，要去遥远的边地。姣美的容颜天下无比，今天一旦失去，要想再得到可不容易。虽然天子发怒可以把画工杀死，对于事情又有什么补益呢？眼前的美丑尚且不能分辨，怎么能制服万里之外的夷狄？汉代的和亲，实在是笨拙之计，女子不要再用容貌炫耀自己。明妃离去时伤心落泪，伤心的泪水洒向花枝。日暮黄昏狂风吹起，风起花落飘向哪里？漂亮的女孩大多有不幸的命运，不必怨天尤人，原本应该自己独自叹息！

欧阳修的这两首和诗，前一首写汉宫不知边塞苦，后一首写和亲政策之计拙，借汉言宋，无疑有着强烈的现实意义。两首诗的叙事、抒情、议论间或杂出，转折跌宕，而且自然流畅，形象鲜明，虽以文为诗但不失诗味。北宋末、南宋初著名词人叶梦得在其所著《石林诗话》中，是这样评价欧阳修的诗："欧阳文忠公诗始矫昆体，专以气格为主，故其言多平易疏畅，律诗意到所处，虽语有不伦，亦不复问。"而《和王介甫明妃曲二首》，恰恰表现欧阳修以气格为主的诗歌创作特点。

这两首诗，欧阳修抛开了历史上附着在昭君故事上的种种寄托，使昭君的形象不再是怀才不遇的象征，也不再是民族友好的见证，她只是那个在民族危亡之际不能主宰自己命运、无奈而又忧伤的真实女子，对人物赋予了极大的人性化关怀。

这两首诗与王安石的那两首原唱，一并成为北宋嘉祐诗坛的丰碑之作。欧阳修对于自己的这两首诗也非常看重，在多种场合说这两首诗与《庐山高》①一起，是他平生最得意的作品。

叶梦得的《石林诗话》中，专门记载了这样一个故事：

欧阳修的三儿子欧阳棐，求一个叫张子厚的人书写父亲的《和王介甫明妃曲二首》和《庐山高》三首诗时，说过这样一番话："我父亲生前从未说过他写的诗文有多么了不起，但有一天酒后他却对我说，他的《庐山高》当代诗人谁也写不出来，只有唐代李白能写出来；而《和王介甫明妃曲二首》后篇李白也写不出来，只有杜甫能写出来；《和王介甫明妃曲二首》前篇杜甫也写不出来，只有他能写出来。"《石林诗话》中的原文是这样的："吾诗《庐山高》，个人莫能为，唯李太白能之。《明妃曲》后篇，太白不能为，唯杜子美能之。至于前篇，则子美亦不能为，唯吾能之也。"可见欧阳修对《和王介甫明妃曲二首》的满意程度。

02. 志同道合修《唐书》

由于开封府的事务过于繁忙，欧阳修的身体状况越来越差，尤其是严重的眼病，折磨得他实在是有些难以忍受。除了负责处理开封府的繁杂事务外，欧阳修还要负责编修《唐书》的具体事务。早在至和元年（1054年）八月，欧阳修就遵照仁宗皇帝的诏命，加入了《唐书》的修撰队伍。但欧阳修始终不能静下心来从事《唐

---

① 《庐山高》，也称《庐山高赠同年刘中允归南康》《庐山高歌赠刘凝之》。

书》的编修，编修工作一直断断续续地进行着。

为了专注于《唐书》的编修，嘉祐四年（1059年）正月其间，欧阳修接连上了三道奏劄，强烈请求辞去开封知府一职，出知洪州（今江西省南昌市）。这已是欧阳修第三次奏请知洪州，前两次奏请在嘉祐元年和嘉祐二年。

嘉祐四年二月初三日，朝廷虽然批准了欧阳修免除知开封府事，但没批准他出知洪州，而是转给事中，同时提举在京诸司库务①。

此时，欧阳修在朝野中的声望如日中天，仁宗皇帝知道，如果此时轻易放他外任，就会引来朝臣的热议和不满。对仁宗皇帝的挽留，欧阳修的心中也是万般无奈。他在《与王懿敏公》（其五）这封信中写道：

> 自去岁秋冬以来，益多病，加以目疾，复左臂举动不得，三捎请洪。诸公畏物议，不敢放去，意谓宁俾尔不便，而无为我累，奈何！奈何！然且告他只解府事必可得，不过月十日，且得作闲人尔，少缓汤火煎熬。有无限鄙怀，不能具述。薛婆老亦多病，于锦绣无用，只是儿妇辈或恐有所要，临时奉烦尔。土宜归日，惟好且当，正如宽厚之说也。呵呵。酒绝吃不得，闻仲仪日饮十数杯，既健羡，又不能奉信。蜀中碑文，虽古碑断缺，仅有字者，皆打取来。如今只见此等物，粗有心情，余皆不入眼也。递中续得来书。京师自立春泥雪，至今冻尸

---

① 提举在京诸司库务，提举在京诸司库务司的长官，掌举察京城储蓄受给、监官能否，覆验所受三司计度移用之事。

横路，遂罢放灯。经节，不敢过诸人，皆云寂寞。恐知恐知。疏拙无佳物表意，不怪不怪。

虽然仁宗皇帝没批准欧阳修外任知洪州，但解除了繁重的知开封府事，还是让欧阳修的内心轻松了许多。他在《与吴正肃公长文》（其六）中写道：

某病中闻得解府事，如释笼缚，交朋闻之，应亦为愚喜也。请外又须更作一节，般挈上下，重以为劳。数日卜居稍定，遂得从公游矣。拙诗取笑。

他还在《与赵康靖公叔平》（其三）中写道：

初夏已热，不审动止何似？郓去京师不为远，而叔平在外，宜日走讯问候兴居，而动辄逾时，虽云人事区区，实亦可责也。某昨衰病屡陈，蒙恩许解府事，虽江西之请未获素心，而疲惫得以少休，岂胜感幸。卜居城南，粗亦自便。自在府中数月，以几案之劳，凭损左臂，积气留滞，疼痛不可忍，命医理之，迄今未愈。天府孰不为之？独衰病者如此尔。东平风物甚佳，为政之暇，想多清趣。更冀为朝自重，以俟严召。递中谨奉此。有恳，如别幅。

焦千之秀才久相从，笃行之士也。昨来科场，偶不曾入。其人专心学古，不习治生，妻、子寄食妇家，遑遑无所之。往时闻郓学可居，所资差厚，可以托食，而焦君以郡守贵侯，难以屈迹。今遇贤主人，思欲往托。窃计高明必亦闻此，但恐郓学难居，今已有人尔。若见今无人，则焦君不止自托，其于教导必有补益，亦资为政之一端也。更在高明详择可否，俟有宠报，决其去就也。谨于递中布此恳。

嘉祐四年（1059年）三月初，欧阳修完成了御试进士详定官的所有差事后，便开始全身心地投入编修《唐书》的事务中。

仁宗皇帝对编修《唐书》一直非常重视。早在庆历五年（1045年）五月，仁宗皇帝下诏成立了唐书局，诏命王尧臣、宋祁、张方平等知名人士重修《唐书》，如今已进行了十个年头。十年之间，包括欧阳修在内，出入唐书局的官员有十多人之众。但实际上，只有宋祁一人在潜心著述，因此编修工作进度缓慢，一直没有完成。

嘉祐四年（1059年）春夏之交，在唐书局任职的官员除了欧阳修外，还有宋祁、范镇、王畴、宋敏求、吕夏卿、刘羲叟、梅尧臣等，这些成员的大致分工是，欧阳修负责撰写本纪，宋祁负责撰写列传，其他人共同负责撰写志、表部分。在众多参与编修的作者中，宋祁参与的时间最长，撰写的内容也最多。

在编修《唐书》期间，欧阳修与宋祁结下了深厚的友谊。宋祁，字子京，小字选郎，比欧阳修年长九岁。宋仁宗天圣二年（1024年），宋祁与其兄宋庠同举进士，而且礼部奏名第一。当时仁宗皇帝年仅十五岁，朝廷还处于刘太后垂帘听政时期。刘太后得知宋祁被礼部奏名第一，认为弟弟不可列名于兄长之前，于是擢升哥哥宋庠为第一，降宋祁为第十。宋末、元初历史学家马端临所著的《文献通考》有这样的记载："兄弟俱以词赋妙天下，号大小宋。"在北宋文学史上，宋祁与哥哥宋庠合称"二宋"。

但宋祁受奇险古奥文风的影响，所作诗文往往具有文字深奥、音调艰涩、不易诵读的特点，人们将其称为"涩体"。

在审阅《唐书》书稿的过程中，欧阳修发现宋祁所撰写的列传书稿，文字大多深奥艰涩，与其他作者的风格特点格格不入，急需在写法上做出调整。可让欧阳修感到为难的是，宋祁无论在年龄上，还是在资历上，都堪称他的前辈和老师，没法对宋祁直截了当地提建议。欧阳修想来想去，终于想到一个比较合适的解决办法。

一天早朝后，欧阳修首先来到唐书局，等宋祁即将进门时，便挥笔在门上写了"宵寐非祯，札闼洪休"八个大字。宋祁好奇地看了一会儿，笑着说道："你这八个字，不就是'夜梦不祥，题门大吉'吗？为了图个吉祥，何必如此追求怪异呢？"

欧阳修见宋祁中了自己的计谋，心里特别开心，便笑着说道："我这是从您撰写的《唐书》书稿中学到的笔法。您撰写的《李靖传》，就有'震霆无暇掩聪'这一句，其实这几个字不就是'迅雷不及掩耳'的意思吗？"

宋祁忽然明白了欧阳修的用意。后来，他在《宋景文笔记》（"景文"是宋祁的谥号）中这样写道："余于为文似蘧瑗，瑗年五十知四十九年非，余年六十始知五十九年非。"还写道："每见旧所作文章，憎之必欲烧弃。梅尧臣喜曰：公之文进矣！"

此后，宋祁改变了自己的写作风格，这也让欧阳修深感欣慰。当欧阳修阅读了他所撰写的《藩镇传叙》后，非常赞叹地说："如果景文公所有列传都写得像这篇文章这样好，那常人岂不更加难以企及了！"

03. 骈散相宜《秋声赋》

宋仁宗嘉祐四年（1059年）春夏之交，欧阳修专心致力于《唐书》的编修，身体也得以休养恢复。但进入夏季，欧阳修又患上了严重的哮喘疾病，身体再次无法支撑，不得不向仁宗皇帝请了几十天的病假。他在《病暑赋》中这样写道：

吾将东走乎泰山兮，履崔嵬之高峰。荫白云之摇曳兮，听石溜之玲珑。松林仰不见白日，阴壑惨惨多悲风。邈哉不可以坐致兮，安得仙人之术解化如飞蓬？吾将西登乎昆仑兮，出于九州之外。览星辰之浮没，视日月之隐蔽。披阊阖之清风，饮黄流之巨派。羽翰不可以插余之两腋兮，畏举身而下坠。既欲泛乎南溟兮，瘴毒流膏而铄骨。何异避喧之趋市兮，又如恶影之就日。又欲临乎北荒兮，飞雪层冰之所聚。鬼方穷发无人迹兮，乃龙蛇之杂处。

四方上下皆不得以往兮，顾此大热吾不知夫所逃。万物并生于天地，岂余身之独遭？任寒暑之自然兮，成岁功而不劳。惟衰病之不堪兮，譬燎枯而灼焦。刻空庐之湫卑兮，甚龟蜗之踢缩。飞蚊幸余之露坐兮，壁蝎伺余之入屋。赖有客之哀余兮，赠端石与薪竹。得饱食以安寝兮，莹枕冰而簟玉。知其无可奈何而安之兮，乃圣贤之高躅。惟冥心以息虑兮，庶可忘于烦酷。

看到欧阳修的哮喘病非常严重，梅尧臣和刘敞经常来看望他。

刘敞还特意给欧阳修送了一个端溪绿石枕和一条蕲州竹凉席，以减少躺着的时候身体所遭受的暑热感。

经过一段时间的静心休养，欧阳修的身体有了明显好转，又恢复了白天上朝、夜晚著述的正常状态。

转眼之间，嘉祐四年秋天悄然来临。在欧阳修的眼里，秋天是一个万物凋零的季节。一天晚上，他在书房里悄然端坐，静听秋天的声音，心中不免百感交集。他轻叹一声后，便拿起笔来，一气呵成地写下了著名的《秋声赋》：

欧阳子方夜读书，闻有声自西南来者，悚然而听之，曰："异哉！"初淅沥以萧飒，忽奔腾而砰湃，如波涛夜惊，风雨骤至。其触于物也，鏦鏦铮铮，金铁皆鸣；又如赴敌之兵，衔枚疾走，不闻号令，但闻人马之行声。予谓童子："此何声也？汝出视之。"童子曰："星月皎洁，明河在天，四无人声，声在树间。"

予曰："噫嘻悲哉！此秋声也，胡为而来哉？盖夫秋之为状也：其色惨淡，烟霏云敛；其容清明，天高日晶；其气栗冽，砭人肌骨；其意萧条，山川寂寥。故其为声也，凄凄切切，呼号愤发。丰草绿缛而争茂，佳木葱茏而可悦；草拂之而色变，木遭之而叶脱。其所以摧败零落者，乃其一气之余烈。夫秋，刑官也，于时为阴；又兵象也，于行用金，是谓天地之义气，常以肃杀而为心。天之于物，春生秋实，故其在乐也，商声主西方之音，夷则为七月之律。商，伤也，物既老而悲伤；夷，戮也，物过盛而当杀。"

"嗟乎！草木无情，有时飘零。人为动物，惟物之灵；百忧感其心，万事劳其形；有动于中，必摇其精。而况思其力之所不及，忧其智之所不能；宜其渥然丹者为槁木，黟然黑者为星星。奈何以非金石之质，欲与草木而争荣？念谁为之戕贼，亦何恨乎秋声！"

童子莫对，垂头而睡。但闻四壁虫声唧唧，如助予之叹息。

这篇《秋声赋》，是继《醉翁亭记》之后，欧阳修所创作的又一名篇。它骈散结合，铺陈渲染，词采讲究，无疑是宋代文赋的一个典范篇章。

在古代，秋是一种肃杀的象征，一切生命都在秋天终止。在这样一个秋天，欧阳修的心情虽然显得萧疏而郁闷，但他却借助秋声告诫世人：不必悲秋，也不必恨秋，更不必怨天尤地，而应该借助秋天自我总结和反省。《秋声赋》既抒发了欧阳修难有所为的郁闷心情，也表现了欧阳修寻求自我超脱的强烈愿望。

这篇《秋声赋》，欧阳修用有声之秋与无声之秋的对比，作为行文的基本结构框架精心布局，文势一气贯串而又曲折变化。他从凄切悲凉的秋声起笔，为下文铺写有声之秋蓄势。然后，由草木经秋而摧败零落，写到因人事忧劳而使身心受到伤害，再由自然界转到社会人生，这是无声之秋。最后，欧阳修归结出全文的主旨："念谁为之戕贼，亦何恨乎秋声！"

第一段写欧阳修夜读时听到秋声，从而展开了对秋声的描绘。文章开头，简练直接地描绘了一幅生动的图景：欧阳修晚上正在读书，被一种奇特的声音所搅动。这种开头，看似简单实际并不简单。灯下夜读是一幅静态的画面，欧阳修正处于一种凝神状态。声音的出现是以动破静，引起了欧阳修的注意，便禁不住去倾听它，由此触动了文思。这样，笔端由伏到起，在动静的对比中文势蓄成了。而有了这种文势，下面的内容仿佛是泉水涌出，自然流淌。接下来，是欧阳修对秋声一连串的比喻，把难以捉摸的物象变得具体可感。欧阳修通过由"初"到"忽"，再到"触于物"的过程，写出了由远而近、由小到大的秋声夜至，突出了秋声变化的急剧和秋声来势的猛烈，也回答了欧阳修闻声惊惧和心生感叹的原因。

第二段是对秋声的描绘和对秋气的议论。欧阳修首先概括了平日观察所得，运用骈偶句式和铺张渲染的传统手法，抓住烟云、天日、寒气、山川等景物，分别就秋的色、容、气、意，描绘出了秋状的四幅具有不同特征的鲜明画面。而对秋状的描绘，正是为了烘托秋声的凄切。然后，是对秋气的议论。"丰草"四句，欧阳修把草木在夏天和秋季作对比，通过对比指出草木之所以枯败零落，是秋气施加强大威力的结果。随后，议论又进一步展开。从"夫秋，刑官也"到这一段结束，欧阳修吸收前人种种说法，运用骈偶句，把秋与官制、阴阳、五行、音律等配属起来，甚至用"伤"解释"商"，用"戮"解释"夷"，极力铺张，突出秋对万物的强大摧残力量，说明万物盛衰的自然之理。这是宇宙生成的哲学思考，写出了秋声中永恒的悲伤，为下文进入全文主题起了铺垫作用。

第三段是全文的题旨所在。欧阳修由感慨自然而感叹人生，不觉百感交集、黯然神伤。在极力渲染秋气对自然界植物摧残的基础上，欧阳修着力指出对于人来说，人事忧劳的伤害比秋气对植物的摧残更为严重。

第四段是全篇的结束。欧阳修从这些沉思冥想中清醒过来，重新面对静夜，只有秋虫和鸣，才衬托出欧阳修悲凉的心境，更衬出欧阳修的感慨与孤独。戛然而止的结尾，给文章增添了巨大的感染力。在秋虫唧唧中，人们似乎也要与秋虫同声一叹。

在文体方面，《秋声赋》的贡献很大。宋代以来，由于内容的空乏和形式上的矫揉造作，注重骈偶铺排以及声律的赋已经渐渐走向没落。而欧阳修深明其中之弊，当他的散文革新取得成功之后，又为赋体打开了一条新的出路，即赋的散文化，使赋的形式活泼起来，既部分保留了骈赋、律赋的铺陈排比、骈词俪句的形式特征，又呈现出活泼流动的散体倾向，且增加了赋体的抒情意味。因此，《秋声赋》在宋代散文发展史上，占据了非常重要的一席之地。

04. 痛失挚友梅尧臣

宋仁宗嘉祐五年（1060年）春末，汴京（今河南省开封市）城内爆发一场非常严重的流行性疾病。令人意想不到的是，身体一直比较硬朗的梅尧臣不幸染上了这种疾病，而且一病不起，于四月廿六日黯然病逝，享年五十九岁。

梅尧臣病逝的消息，让欧阳修悲伤至极，险些被击倒。他强打精神，拖着疲惫的身躯，帮助家属为自己一生的挚诚好友料理后事。

欧阳修深知梅尧臣一生官卑俸薄。他突然病逝，留下妻子、幼儿和年迈的老母，吃饱穿暖都无法保证。欧阳修立即上书朝廷，请求录用梅尧臣长子梅增为官，以保证梅家拥有必要的经济来源。他又四方求助于同僚故友，为梅尧臣的遗属捐助资金。他甚至变卖了自己的一处房产，将所得收入捐赠给梅尧臣家属。在欧阳修的多方努力下，共为梅尧臣家属筹集资金数百千钱。他用这些钱为梅家购置一些田产，并委托专人代为管理，所得经营收入全部用来接济梅家生活。

嘉祐五年七月，梅尧臣的儿子梅增乘船护送父亲的灵柩还乡安葬。梅增临行前，欧阳修为三十年的挚友写了一首《哭圣俞》：

> 昔逢诗老伊水头，青衫白马渡伊流。
> 汉声八节响石楼，坐中辞气凌清秋。
> 一饮百盏不言休，酒酣思逸语更遒。
> 河南丞相称贤侯，后车日载枚与邹。
> 我年最少力方优，明珠白璧相报投。
> 诗成希深拥鼻讴，师鲁卷舌藏戈矛。
> 三十间如转眸，屈指十九归山丘，凋零所余身百忧。
> 晚登玉堰侍珠旒，诗老斋盐太学愁。
> 乖离会合谓无由，此会天幸非人谋。
> 颔须已白齿根浮，子年加我貌则不。
> 欢犹可强闲屡偷，不觉岁月成淹留。
> 文章落笔动九州，釜甑过午无饘馏。
> 良时易失不早收，篚瓦砾遗琳璆。
> 荐贤转石古所尤，此事有职非吾羞。
> 命也难知理莫求，名声赫赫掩诸幽。
> 翩然素旐归一舟，送子有泪流如沟。

欧阳修在诗中说，那流水潺潺的伊水河畔，依稀可见梅尧臣身着青衫骑着白马的身影，仿佛就在昨天。三十年前，他和梅尧臣等同僚文友年轻气盛、壮志满怀，在人才济济的京西留守府吟诗赋文，展示才华。那八节滩头湍急的涛声，和着他们意气风发的高谈阔论，久久地弥漫在香山的夜空。那时，他们还不曾料到世路艰难，也不曾预知未来的人生忧患重重；那时，他们也不曾想过人生苦短，也不曾意料聚散匆匆。可经过几十年的奔波劳碌后，再相聚在一起都已是垂垂老矣。

相对于欧阳修的体弱多病，比他年长五岁的梅尧臣却一直精神矍铄。欧阳修满怀深情地在《祭梅圣俞文》中写道：

维嘉祐五年岁次庚子七月丁亥朔九日乙未，县官欧阳修，谨率县官吕某刘某，以清酌庶羞之奠，致祭于亡友圣俞之灵而言曰：

昔始见子，伊川之上，余仕方初，子年亦壮。读书饮酒，握手相欢，谈辩锋出，贤豪满前。谓言仕宦，所至皆然，但当行乐，何有忧患。子去河南，予贬山峡，三十年间，乖离会合。晚被选擢，滥官朝廷，荐子学舍，吟哦六经。余才过分，可愧非荣，子虽穷厄，日有声名。余狷而刚，中遭多难，气血先耗，发须早变。子心宽易，在险如夷，年实加我，其颜不衰。谓子仁人，自宜多寿，余譬膏火，煎熬岂久。事今反此，理固难知，况于富贵，又可必期？念昔河南，同时一辈，零落之余，惟予子在。子又去我，余存兀然。凡今之游，皆莫余行，纪行琢辞，子宜余责。送终恤孤，则有众力，惟声与泪，独出余臆！

欧阳修觉得，身体一直硬朗的梅尧臣，一定比体弱多病的他更长寿。可梅尧臣却偏偏比他先辞世了。在极度伤心之时，欧阳修不由得想起发生在嘉祐五年三月的一件事情来。

那天是梅尧臣迁任尚书都官员外郎①，欧阳修设酒宴邀请同僚友人为他庆贺。席间，刘敞开玩笑说："圣俞的官职，大概到此为止了。"

看到大家面面相觑的神情，刘敞又非常淡定地笑着说："昔有郑都官，今有梅都官也。"刘敞是将梅尧臣的诗歌成就，与唐朝末期著名诗人郑谷相提并论。

郑谷，字守愚，官至都官郎中，人称"郑都官"。郑谷因《鹧鸪诗》得名，人称"郑鹧鸪"。他的诗多为写景咏物之作，表现士大夫的闲情逸致。他曾与许棠、张乔等唱和往还，号"芳林十哲"。

刘敞本来是夸奖梅尧臣的，可"圣俞的官职，大概到此为止了"这种语气，却无意间刺伤了梅尧臣那颗怀才不遇的心。听了刘敞的话，梅尧臣一直闷闷不乐。一个多月后，梅尧臣就身染疫病，不治而终。刘敞怎么也没想到，他的"圣俞的官职，大概到此为止了"竟然一语成谶，成为他心中永远割除不掉的痛。

梅增扶柩返乡的那天一大早，欧阳修就赶到都门外，为梅尧臣最后送行。他伫立岸边，望着那条挂满白色幡幛的孤舟，载着梅尧臣的灵柩渐渐消失在远方，一种强烈的孤凄之感向他袭来。梅尧臣离他而去，那个属于他们的二人世界也无疑随之远去了。

而让欧阳修感到欣慰的是，由梅尧臣参与编修的《唐书》，已在他去世前的嘉祐四年（1059年）冬季完稿，最后一次校对也

---

① 尚书都官员外郎，阶官名，为文臣京朝官叙禄官阶，从六品。

在他去世前全部结束。

宋仁宗嘉祐五年（1060年）七月十二日，唐书局共向朝廷进奏《唐书》二百二十五卷。其中，欧阳修撰本纪十卷；宋祁撰列传一百五十卷；由范镇、王畴、宋敏求、吕夏卿、刘羲叟、梅尧臣分撰，欧阳修修改定稿的志五十卷、表十五卷。按照宋朝以往的惯例，朝廷修书虽然参与者众多，但署名只列出书局中官职最高者一人。由于欧阳修的官职最高，《唐书》理所当然应该署欧阳修的名字。而据《文忠集·附录二·先公事迹》记载，在决定《唐书》署名时，欧阳修建议："宋公于传，功深而日久，岂可掩其名，夺其功？"结果，纪、志、表署欧阳修的名字，列传则署宋祁的名字。宋祁得知这一详情后，非常感叹地说："自古文人好相凌掩，此事前所未有也。"

《唐书》进奏朝廷后，为了与五代时期所修撰的《唐书》区别开，便将这套《唐书》称为《新唐书》，而将五代时期的《唐书》称为《旧唐书》。据曾公亮①所著的《进新唐书表》记载，《旧唐书》"纪次无法，详略失中，文采不明，事实零落"；而《新唐书》"其事则增于前，其文则省于旧。至于名篇著目，有革有因，立传纪实，或增或损，义类凡例，皆有据依。纤悉纲条，具载别录"。

《新唐书》进奏后，仁宗皇帝非常高兴，随即诏命所有刊修及编修官皆擢升晋级，并赐予金银器物以资奖励。按照仁宗皇帝的诏命，欧阳修转任礼部侍郎。

---

① 曾公亮，字明仲，号乐正，北宋政治家、文学家。宋理宗时为昭勋阁二十四功臣之一。与丁度编撰《武经总要》，为中国古代第一部官方编纂的军事科学百科全书。

受到仁宗皇帝的封赏，欧阳修不禁想起了梅尧臣。这个终身寒微的挚友，如果能等到受封赏的这一天，该是多么快乐的一件事？但斯人已去，唯有欧阳修还在孤独前行。

05. 义不容辞举人才

宋仁宗嘉祐五年（1060年）七月，朝廷决定于嘉祐六年举行制科考试。

所谓制科考试，就是朝廷为选拔非常人才，由皇帝特别下诏并亲自主持的一种考试。制科考试非常严格，完全不同于三年一次的进士考试和明经考试。参加制科考试的人员，必须由两名朝廷重臣举荐，同时呈进被荐者所作的五十篇文章，经过学士院严格的资格审查与考试之后，合格者方可参加最后由皇帝主持的御试。经过这样的严格初选，能够参加御试的人员无疑是极少数，而最后能通过御试而有幸被录取的人员，更是少之又少。因此，制科入等的人要比进士及第的人荣耀得多。

举行制科考试的朝命下达后，身为给事中兼提举在京诸司库务的欧阳修，认为自己应该义不容辞地为朝廷举荐人才。他立即想到了苏轼和苏辙兄弟二人，便马上与天章阁待制[①]杨畋[②]相约，

[①] 天章阁待制，高级官员的头衔，地位在龙图阁待制之下。天章阁：皇室藏书机构，置学士、直学士、待制、直天章阁，均为皇帝的文学侍从官，除日常轮值外，还要随时随地听候皇帝的召唤陪从，应酬诗文。

[②] 杨畋，字武叔，号乐道，官至龙图阁直学士、吏部员外郎知谏院。

共同举荐苏轼、苏辙二人参加制科考试。欧阳修在《举苏轼应制科状》中这样写道：

> 右臣伏以国家开设科目，以待隽贤，又诏两省之臣，举其所知，各以闻达。所以广得人之路，副仄席之求。臣虽庸暗，其敢不勉？臣伏见新授河南府福昌县主簿苏轼，学问通博，资识明敏，文采烂然，论议蜂出。其行业修饬，名声甚远。臣今保举，堪应材识兼茂明于体用科。欲望圣慈召付有司，试其所对。如有缪举，臣甘伏朝典。谨具状奏闻，伏候敕旨。

苏轼、苏辙二人为母服丧期满，于嘉祐五年二月回到汴京后，都被朝廷授予了官职：苏轼为河南府福昌县（今河南省宜阳县）主簿，苏辙为河南府渑池县（今河南省渑池县）主簿。得到任命后，兄弟二人准备在秋凉时各自赴任。

在等待赴任期间，兄弟二人得到了被欧阳修推荐参加制科考试的消息，喜出望外。他们都顺利通过了学士院的严格审查，一起取得了参加御试的资格。于是，兄弟二人上奏朝廷，请求辞去已被任命的官职，全身心地投入到备考之中。

嘉祐六年（1061年）八月，苏轼在御试中一举荣膺榜首，被录为制科第三等，弟弟苏辙被录为制科第四等。当时的制科考试共设五个录取等级，其中一、二等均为虚设从来不授，第三等实际为最高及第等级，其次为第三次等、第四等、第四次等，而第五等也是从来不授。自宋朝开始举行制科考试以来，到嘉祐六年之前，只有吴育①一人取得过第三次等，其他人都在第四等以下。苏轼此次获得第三等，成为宋朝开始举行制科考试以来的第一人。

得知苏轼获得制科考试的第三等、苏辙获得第四等，作为第一举荐人的欧阳修自然无比高兴。他仔细阅读了兄弟二人参加制科考试的所有策论，几乎爱不释手，心情格外舒畅。他在《试笔·苏氏四六》中写道：

> 往时作四六者多用古人语，及广引故事，以炫博学，而不思述事不畅。近时文章变体，如苏氏父子以四六述叙，委曲精尽，不减古人。自学者变格为文，迨今三十年，始得斯人，不惟迟久而后获，实恐此后未有能继者尔。自古异人间出，前后参差不相待。余老矣，乃及见之，岂不为幸哉！

苏轼、苏辙同时被录取后，欧阳修又上书了《举章望之、曾巩、王回等充馆职状》。身为秘书省校书郎的章望之，字表民，少年丧父，后潜心读书，钻研学问，志气宏远，为文辩博长于议论，学术尊崇孟轲的"性善"说。章望之按规定可以申请参加馆阁考试，但前提是有重臣推荐。欧阳修在举荐章望之时写道："学问通博，文辞敏丽，不急仕进，行义自修，东南士子，以为师范。"而曾巩、王回于嘉祐二年（1057年）进士及第后，已经为官一任，按规定也可以申请参加馆阁考试，欧阳修一并加以举荐。

嘉祐六年（1061年）八月初八日，苏洵也在欧阳修的再三推

---

① 吴育，字春卿，北宋参知政事。他足智多谋，直言善谏，能以政治道义、君臣行为为准则引导皇帝，对稳定政局、安定边防起到积极作用。

荐下，被仁宗皇帝免试任命为试校书郎，在朝廷参与修撰《太常因革礼》①的相关事务。对于苏家来说，苏洵被朝廷任用后，可谓三喜临门。

《宋史·欧阳修传》有这样的记载："奖引后进，如恐不及，赏识之下，率为闻人。"意思是说，提携后进者，唯恐不及，得到他赏识、举荐的人，大多成为天下的名士。在欧阳修的身上，还发生过一个鼓励引导"失足青年"浪子回头而最终成才的故事。

有一个叫吴孝宗的青年，年少时就文辞俊拔过人，并小有名气。有一天，欧阳修接到了吴孝宗给他写的信，里面附有吴孝宗所写的《法语》《先志》《巷议》等十多篇文章。欧阳修读了吴孝宗的文章后，心中大喜，连连称赞。过了几天，吴孝宗登门求见时，欧阳修有些好奇地问他：你的文章写得这么精彩，可你的同乡王安石和曾巩从没提起过你，他们为什么不知道你这个人呢？

听了欧阳修的话，吴孝宗深深地低下了头，非常惭愧地回答说：我年少无知，有些不知自重，因此做过不少错事，在家乡的名声不是太好，所以一直不被王安石和曾巩二位前辈所赏识。我愿意从此痛改前非，努力做一个有才有德的人。

欧阳修非常同情这位愿意悔过自新的年轻人。在吴孝宗辞别前，他作了一首《送吴生南归》相赠：

　　　自我得曾子，于兹二十年。今又得吴生，既得喜且叹。
　　　古士不并出，百年犹比肩。区区彼江西，其产多材贤。

----

① 《太常因革礼》，欧阳修、苏洵参与编纂的一部重要宋代礼典典籍，也是保存至今的北宋时代的两部官方礼仪典籍之一，共一百卷。

吴生初自疑，所拟岂其伦。我始见曾子，文章初亦然。
昆仑倾黄河，渺漫盈百川。决疏以道之，渐敛收横澜。
东溟知所归，识路到不难。吴生始见我，袖藏新文篇。
忽从布褐中，百宝写我前。明珠杂玑贝，磊砢或不圆。
问生久怀此，奈何初无闻。吴生不自隐，欲吐羞俯颜。
少也不自重，不为乡人怜。中虽知自悔，学问苦贱贫。
自谓久而信，力行困弥坚。今来决疑惑，幸冀蒙洗湔。
我笑谓吴生，尔其听我言。世所谓君子，何异于众人。
众人为不善，积微成灭身。君子能自知，改过不逡巡。
惟于斯二者，愚智遂以分。颜回不贰过，后世称其仁。
孔子过而更，日月披浮云。子路初来时，鸡冠佩猳豚。
斩蛟射白额，后卒为名臣。子既悔其往，人谁御其新。
且夫祀上帝，孟子岂不云。临行赠此言，庶可以书绅。

在这首赠诗中，欧阳修将吴孝宗与自己的得意门生曾巩相提并论，称赞他们是江西比肩而出的难得人才。在此之前，吴孝宗对自己的文章还没有足够的自信，但欧阳修充分肯定了他不凡的才气，就像当年的曾巩一样，拥有黄河之水般澎湃的才情，只需稍加疏导和调教，就能有很好的发展。

在欧阳修的引导和鼓励下，吴孝宗回到家乡后洗心革面，潜心读书，通过十年的勤奋努力，终于在宋神宗熙宁三年（1070年）的礼部省试中，一举获得奏名进士第一名，成为当之无愧的状元郎，让欧阳修感到无比的快慰。

第十一章　怀愧自责，有名即得引去矣

01. 枢密副使理军事

欧阳修完成了《新唐书》的编修任务后，宋仁宗嘉祐五年（1060年）秋天，他再次动了回到家乡的念头。由此，他一连上了三道奏劄，强烈请求出知洪州（今江西省南昌市）。这是继嘉祐元年、嘉祐二年、嘉祐四年后，欧阳修第四次请求知洪州。洪州与他的老家吉州（今江西省吉安市）近邻，到洪州任职就等于回到了老家。他渴望尽早回到洪州，回到父母之所，过上那种简单而恬静的生活，休养早已疲累的身心。前几次仁宗皇帝没答应，这一次还是没答应。

一晃，嘉祐六年（1061年）的重阳节到了。这天一大早，欧阳修独自端坐在窗前，凝视着庭院里渐渐凋残的红叶，间或听到一两声似有似无的雁鸣，那缕缕的乡愁便在心头悄然升起。他不禁拿起笔来，写下了《渔家傲·九月霜秋秋已尽》这首词：

九月霜秋秋已尽，烘林败叶红相映。惟有东篱黄菊盛，遗金粉，人家帘幕重阳近。

晓日阴阴晴未定，授衣时节轻寒嫩。新雁一声风又劲，云欲凝，雁来应有吾乡信。

欧阳修的笔下，呈现的是色彩浓重的京城景象。欧阳修以将尽的秋霜作为淡淡的底色，而走到败落的红叶，还在透着几分光亮的秋红。此时最热烈的当属东篱下正在盛开的菊花，那偶尔抖落的花瓣，都像是沾满了金灿灿的粉末，闪着秋天那一点灵光。秋天的情意热烈厚重，秋天的颜色也是浓墨重彩。欧阳修分明是在说，在秋天到来之时，不妨采撷一些秋色来点缀一下生活。

嘉祐六年十一月十六日，仁宗皇帝诏令，欧阳修为枢密副使。这一官职，让他成为朝廷最高军事机关的副长官。几天后，他又被诏命兼任同修枢密院时政记①。仁宗皇帝的一再提拔重用，让欧阳修感激不已。他在《鸭鹪词》中写道：

龙楼凤阙郁峥嵘，深宫不闻更漏声。
红纱蜡烛愁夜短，绿窗鸭鹪催天明。
一声两声人渐起，金井辘轳闻汲水。
三声四声促严妆，红靴玉带奉君王。
万年枝软风露湿，上下枝间声转急。
南衙促仗三卫列，九门放钥千官入。
重城禁籞锁池台，此鸟飞从何处来。
君不见颍河东岸村陂阔，山禽野鸟常嘲哳。

---

① 同修枢密院时政记，宋代四种史官记事之一，专门记录君臣奏对和宰执议政详情，以备修史。

田家惟听夏鸡声，夜夜垄头耕晓月。

可怜此乐独吾知，眷恋君恩今白发。

欧阳修觉得，为了报答皇恩，他必须在现有的职位上做些实事。担任枢密使的人是曾公亮，是一个非常务实的朝官。在曾公亮的支持下，欧阳修大力振举纪纲，革除原有积弊，整顿因循苟且的作风。他将各地有关军事方面的兵力部署、地理状况仔细稽考核实后，精心编为图籍，做到了然于胸。对边防线久缺屯守的现象，他大力加以纠正和完善。仅仅过了不到半年，枢密院的相关事务，就步入了健康有序的运行轨道。

担任枢密副使后，欧阳修再显谏官本色，先后还上了《论茶法劄子》《论监牧劄子》《论均税劄子》等多道奏劄，对改革茶法、马政和停止方田均税提出了建议。他非常关注朝廷台谏制度的完善与规范。当他得知台谏官唐介等四人因言事而先后被贬逐到远方小郡，立即上了《论台谏唐介等宜早迁复劄子》，极力为四位谏官辩护，并强烈请求："欲望圣慈特赐召还介等，置之朝廷，以劝守节敢言之士，则天下幸甚！"欧阳修还从确保大宋江山社稷稳固的大局出发，力陈人君拒谏给江山社稷带来的贻害。

此时欧阳修觉得，自己虽然还不忘谏言，但已经没有了昔日那种锐气。庆历年间，范仲淹、韩琦、富弼等朝中重臣，雷厉风行地推行庆历新政，而他作为庆历新政的舆论代言人和积极推行者，一直在竭尽全力地维护改革派推行新政。但经历了十多年的宦海沉浮后，这批当年推行新政的重臣又重返朝廷。韩琦任同中书门下平章事、集贤殿大学士，富弼任礼部尚书、昭文馆大学士、监修国史，二人同掌朝政，而欧阳修则擢升为枢密副使，只是范仲淹斯人已去。这些重返朝廷的老臣，所面对的依然是积弊沉重的状况，与当年相比一切都没有丝毫的改变。庆历新政的失败教训，促使他们认真冷静地反思过去，在施政策略上有了很大的改变，不再像庆历年间那样追求激进，而是渐渐趋于老成稳重，昔日那种锐意进取的精神，已经明显减弱了。

作为重返朝廷的老臣，欧阳修虽有改革弊政的雄心，但也只能是一个人单枪匹马地冲锋陷阵，来对付庞大的守旧派实力，面对到处碰壁的境遇，不免有些心灰意冷。他已经看淡官场的沉浮，认为唯有读书才是"至哉天下乐"。他在《读书》这首诗中写道：

吾生本寒儒，老尚把书卷。眼力虽已疲，心意殊未倦。
正经首唐虞，伪说起秦汉。篇章异句读，解诂及笺传。
是非自相攻，去取在勇断。初如两军交，乘胜方酣战。
当其旗鼓催，不觉人马汗。至哉天下乐，终日在几案。
念昔始从师，力学希仕宦。岂敢取声名，惟期脱贫贱。
忘食日已晡，燃薪夜侵旦。谓言得志后，便可焚笔砚。
少尝辛苦时，惟事寝与饭。岁月不我留，一生今过半。
中间尝忝窃，内外职文翰。官荣日清近，廪给亦丰美。
人情慎所习，酖毒比安宴。渐追时俗流，稍稍学营办。
杯盘穷水陆，宾客罗俊彦。自从中年来，人事攻百箭。
非惟职有忧，亦自老可叹。形骸苦衰病，心志亦退软。
前时可喜事，闭眼不欲见。惟寻旧读书，简编多朽断。
古人重温故，官事幸有间。乃知读书勤，其乐固无限。
少而干禄利，老用忘忧患。又知物贵久，至宝见百链。
纷华暂时好，俯仰浮云散。淡泊味愈长，始终殊不变。

何时乞残骸，万一免罪谴。买书载舟归，筑室颍水岸。
平生颇论述，铨次加点窜。庶几垂后世，不默死刍豢。
信哉蠹书鱼，韩子语非讪。

这首五言长诗，表面上看是欧阳修读书历程的自述，揭示了读书背后不为人知的辛苦，可实际上，却是欧阳修在慨叹人生的跌宕变化和官场的变幻莫测。欧阳修认为，他年轻时读书是为了生计，后来读书则成为人生的志趣。如今虽然精力不济，眼力也不复当年，可心中对读书的执着却依然未减。在夜以继日、手不释卷的读书历程中，他找到了读书的无穷乐趣。他觉得，官场难以躲闪的明枪暗箭，使他渐渐变得有些懦弱怕事，健康状况的不断衰退，也使他觉得力不从心。然而，作为一名正直有为的士大夫，一方面忧国忧民、渴望改革，另一方面却惧谗畏讥、顾虑重重，这不能不使他陷入深深的苦闷之中。

由于心中的苦闷越来越沉重，欧阳修远离朝廷、赋闲隐退的想法也越来越强烈。自从嘉祐元年（1056年）以来，他已经先后四次请求外任出知洪州，但一直没能如愿。

02. 参知政事显担当

宋仁宗嘉祐六年（1061年）闰八月，富弼奏请辞去宰相职位为母守丧。仁宗皇帝批准了富弼的请求后，随即诏命，韩琦进拜刑部尚书、昭文馆大学士、监修国史，曾公亮升任吏部侍郎、同中书门下平章事、集贤殿大学士，二人一起主持朝中政事。而欧阳修任参知政事、进封乐安郡开国公。

欧阳修从枢密副使升任参知政事，主要得益于宰相韩琦的大力推荐，韩琦甚至将欧阳修称为"当代韩愈"。韩琦曾这样对仁宗皇帝说："韩愈，唐之名士，天下望以为相，而竟不用。使愈为之，未必有补于唐，而谈者至今以为谤。欧阳修，今之韩愈也，而陛下不用，臣恐后人如唐，谤必及国，不特臣辈而已，陛下何惜不一试之以晓天下后世也？"韩琦的意思是，韩愈在世时声望很高，但唐朝不用他为相，导致皇帝一直被骂到现在。而欧阳修是当代韩愈，如果不用他，我怕陛下也会被当代人和后世人责骂啊！

听了韩琦的话，以爱惜自己名声著称的仁宗皇帝，不免心头一惊，便马上决定起用欧阳修为参知政事。参知政事一职相当于副宰相，是朝廷响当当的宰臣。

此时，仁宗皇帝已经五十二岁了，但立嗣之事久拖未决。一旦仁宗皇帝身体状况出现异常，皇位继承就将出现无法掌控的局面，朝中宰臣为此忧心忡忡。早在嘉祐元年（1056年）正月，仁宗皇帝就曾得过一场大病，文武百官纷纷劝谏尽早立嗣，包拯、范镇等宰臣的言辞尤为急切，而韩琦、富弼、欧阳修等宰臣也是谏言不断。病中的仁宗皇帝也意识到应该及早立嗣，可当身体好转后，又打消了立嗣的念头。这样一晃五六年过去了，立嗣的事情始终未决。

嘉祐六年十月的一天，欧阳修接连收到谏官司马光、江州（今江西省九江市）知州吕诲①二人请立皇子的奏疏。欧阳修与曾公亮、韩琦一起商量后，决定第二天将两道奏章一并呈交仁宗皇帝。

第二天，两道奏章读完后，仁宗皇帝便说："立嗣的事情朕也考虑很久了，只是始终没有合适的人选。诸位爱卿，你们觉得宗室中有谁可堪此选？"

韩琦有些惊恐地说："按制，皇家宗室不得与大臣交接，臣等无从了解。这等大事，哪是我等臣下敢议论的，一切唯奉圣上御旨。"

仁宗皇帝说："宫中曾养有二子，小者原本纯朴，近来发现有点不像样子，大者尚可。"

诸大臣忙小心翼翼地问道："请问其名？"

仁宗皇帝说："名宗实，今年三十。"

赵宗实是仁宗皇帝的堂兄濮王赵允让之子，四岁时就被仁宗皇帝收养在宫中，且已多次封任官职，只是一直未被仁宗皇帝赐予皇子名分。

韩琦等众大臣听了仁宗皇帝的话，感到机会难得，便异口同声地附和赞成立赵宗实为皇子。就这样，建储之事总算定了下来。

当时，赵宗实正在为过世不久的生父忧居，朝廷颁旨特命起复②，除泰州防御使，判宗正寺。但因赵宗实再三辞避，仁宗皇帝准许他除服之后就命。

嘉祐七年（1062年）二月，赵宗实为生父守丧期满后，仍然

---

① 吕诲，字献可，北宋大臣，著有《吕献可章奏》20卷，共289篇，司马光作序。

② 起复，官吏遭父母丧，守制未满期而应召任职。

借故力辞就任新职。到七月，赵宗实提交的辞让表多达十多道。

欧阳修觉得，仁宗皇帝立嗣这件事，应该及早公之于天下，不能这样无限期地拖下去，就和韩琦、曾公亮一起商量对策。据《欧阳修文集卷一一九·奏事录》记载，当时韩琦建议说："宗正之命始出，人人皆知必为皇子，不如干脆正其名，使他明白愈辞愈进，以示朝廷之意不可违，或许就会接受。"曾公亮和欧阳修都表示赞成。面见仁宗皇帝时，欧阳修说："宗室自来不领职事，今众人忽见越级擢拔宗实，又判宗正寺，这样一来天下皆知陛下将立他为皇太子。现在不如干脆正其名，直接立为太子。防御使判宗正寺的任命他可以推辞，如果立为太子，只需陛下命学士作一诏书，诏告天下，事情就定了，不由宗实不接受。"仁宗皇帝见三个人的意见相同，就说："既然你们都是这个意见，那就尽快办理吧！"

在欧阳修的极力争取下，嘉祐七年八月初五日，仁宗皇帝正式颁发诏令，立赵宗实为皇子，并改名为赵曙，是为后来的宋英宗。

诏令颁布后，仁宗皇帝又召集全体宗室成员入宫，明确表达了自己立赵宗实为太子的用意，困扰朝野近十年的立嗣大事得以落实。

在仁宗皇帝建储过程中，欧阳修不仅直接参与商议、筹划，还亲自撰写有关奏请，就连皇子改名的劄子也出于他的笔下。在皇子改名的劄子中，欧阳修罗列了十个带有日字旁的字，供仁宗皇帝挑选，仁宗皇帝最终选取"曙"字。建储完毕后，在仁宗皇帝的推恩封赏中，欧阳修进阶正奉大夫①，加柱国②，并赐"推忠佐理功臣"。

嘉祐八年（1063年）三月廿九日，仁宗皇帝经抢救无效，于当晚三更时分溘然长逝，享年五十四岁。韩琦立即率宰臣们与皇后商议，决定请赵曙入宫继位。赵曙听后，竟然惊得手足无措，转身要逃跑，被宰臣们拉住。嘉祐八年四月初一，韩琦宣读遗制，赵曙即皇帝位，是为英宗，百官于福宁殿东楹拜见新帝。

英宗即位头几天，不但仔细倾听大臣们的奏章，还认真询问有关细节，然后做出决断。对此，大臣们都很庆幸，觉得英宗是一位英明之主。可四月初四日，英宗皇帝忽然患病，病情严重到语无伦次、精神失常的程度。面对这一意外，韩琦、曾公亮和欧阳修等几位宰臣忧心如焚。他们经过再三商量，最终决定请曹太后垂帘听政。欧阳修拟定了《请皇太后权同听政诏》，公告天下。四月十一日，曹太后驾临便殿，与英宗皇帝共同处理朝务。

在朝廷易代、皇室多事的关键时刻，欧阳修虽然依然向往归颍，但他深感责任在肩，义不容辞，只能尽职尽责地履行一个参知政事肩负的职责，为皇权的平稳过渡做出应有的贡献。嘉祐八年四月十三日，朝廷诏命，欧阳修"覃恩转户部侍郎，进阶为金紫光禄大夫③，加食邑五百户，食实封二百户，仍赐推忠协谋佐理功臣"。这既是朝廷对他的倚重，也是皇室对他的推恩。

---

① 正奉大夫是文散官名，宋朝前期二十九阶之第六阶，正四品上，系执政所带官阶。

② 柱国是勋级名，宋朝十二勋级中第十一级，仅次于最高一级的上柱国，从二品。

③ 金紫光禄大夫是文散官名，为文散官二十九阶之第四阶，正三品。

嘉祐八年五月十七日，富弼服母丧期满回朝任职，被诏命为枢密使。枢密使一职空缺时，欧阳修理应擢升担任这一要职，可他坚决不受，并对韩琦和曾公亮说："如今皇帝不能亲政，而由皇太后垂帘，朝政的得失，责任皆在我辈。倘若由我出任枢密使，人们会说我们几位大臣互相安排职位，互相加官晋爵，如此何以取信于天下人心？"欧阳修的话，让韩琦和曾公亮二人更加敬佩欧阳修。

03. 化解英宗母子怨

宋仁宗嘉祐八年（1063年）七月，一个名叫韩皋谟的契丹人带领一大队人马前来投奔大宋朝廷。韩皋谟自称契丹皇太叔耶律重元的密使，来向大宋朝廷秘密通报，说皇太叔正密谋发动一场宫廷政变，誓言推翻耶律洪基的统治，夺取契丹国的皇位，请求宋朝出兵作为外应，事成之后两国结成世代盟友。

接到韩皋谟提出的出兵请求后，英宗皇帝和曹太后立即召集宰臣商议对策。有的朝臣认为，这是宋朝出兵削弱契丹战斗力的最佳时机，应该答应契丹密使的请求。就在大多数朝臣附和之时，欧阳修提出了强烈的反对意见。他慷慨陈词地说："大宋待夷狄应以信义为本，不能出兵帮助叛乱者。倘若叛乱者没有夺权成功，将来又如何面对契丹国主呢？"在欧阳修的反对之下，英宗皇帝和曹太后最终没有派兵作为外应。

这一次，实际是契丹国皇太叔耶律重元和儿子涅鲁古发动的一场叛乱。叛军趁国主耶律洪基行猎于滦河太子山之时，袭击耶律洪基行宫，史称"滦河之乱"。结果，涅鲁古被杀，耶律重元自杀，叛乱被耶律洪基迅速平定。

由于宋朝采纳了欧阳修不派兵的主张，没有因为契丹内部的叛乱而引火烧身，那些当初建议派兵的朝臣，都不免有些后怕，也无不佩服欧阳修当初的远见卓识。

而此时，英宗皇帝的病情进一步加重。他经常无故触怒曹太后，导致曹太后也越来越不能忍受英宗皇帝的任性。太监任守忠不但不做调解工作，还在母子间进行挑拨离间，致使英宗皇帝与曹太后之间的矛盾越来越尖锐，太后甚至动了要废立英宗皇帝的念头。

英宗皇帝与曹太后之间的矛盾，严重影响了朝廷政局的稳定，让欧阳修深感忧虑，也深感责任重大。已经五十七岁的欧阳修，在朝政处于艰难之时敢于担当，竭尽全力地为朝廷分忧解难。

嘉祐八年（1963年）十月，宋仁宗赵祯葬于巩县境内的永昭陵。宰相韩琦出任山陵使，并在葬礼完毕后立即回京复命。

曹太后得知韩琦返回汴京，马上派中使给他送来一封文书。韩琦打开一看，里面既有英宗皇帝写的刺激太后的歌词，又有人们所反映的英宗皇帝在宫中所犯的种种过错。韩琦仅粗略地看了一遍，就当着中使的面烧毁了文书，并命他回去禀报说："太后常说皇上有些心神不宁，忧疑成疾。既然皇上患有精神疾病，语言举动稍稍有失分寸，何足为怪？"

第二天，宰臣们到太后帘前奏事时，曹太后历数英宗皇帝对她的种种冒犯，最后非常委屈地说："老身已经是忍无可忍了，须诸位相公做主。"

听了曹太后的一番叙说，韩琦劝说道："禀太后，皇上这样都是因为生病的缘故，一旦病情好转，皇上一定不会是这样的。您说，儿子有病，做母亲的能不宽容他吗？"

韩琦的话音刚落，欧阳修又接着劝说道："太后侍奉仁宗皇帝数十年，仁圣之德著于天下。一般妇人的心性，很少有不妒忌的。当年张贵妃恃宠骄恣，太后尚且宽宏大量，从容淡定。而今天母子之间的事情，反而不能容忍了吗？"

曹太后沉思片刻说道："如果都像你们这么理解我，那就好了。"

欧阳修深知病中的英宗皇帝行为怪异，常常殴打宦官。这些怀恨在心的宦官经常向曹太后打小报告，甚至暗中鼓捣曹太后废掉英宗皇帝，另立他人。对此，欧阳修忧心忡忡。作为宰辅大臣，他必须挺身而出，化解皇上与太后之间的矛盾，消除皇室权力的隐患。曹太后说完，欧阳修便来到帘前说："这些事情，岂止我们几人知道，朝廷上下几乎是尽人皆知。"

听了韩琦和欧阳修的话，曹太后的心情渐渐平和下来。

欧阳修见曹太后的态度有所改变，便趁热打铁地说："仁宗皇帝在位日久，德泽在人，人所信服。一旦驾崩，天下之人秉承遗命，拥戴嗣君，无有一人异议。我们几个大臣如果不按仁宗皇帝遗愿行事，而轻议废立之事，天下谁肯听从？"

曹太后觉得欧阳修的话很有道理，也就沉默不语了，似乎意识到自己也有做得不对的地方。

随后，韩琦、欧阳修和其他诸位大臣又一起去拜见英宗皇帝。英宗皇帝见到韩琦和欧阳修等大臣后，心情怨愤地说："诸位爱卿，太后待我很不慈爱。"

韩琦和欧阳修等大臣苦口婆心地劝说英宗皇帝：自古圣帝明

君不少，唯有舜帝被称为"大孝"，难道是其他的帝王都不孝吗？父母慈爱而子孝，这是常情，不足称道。只有父母不慈爱而子不失于孝道，才值得人们称道啊！如果陛下像侍奉亲生父母一样侍奉太后，太后岂有不慈爱的？

英宗皇帝听了韩琦和欧阳修等大臣们的话，很快有所醒悟，感觉身体一下子好了许多。从此，宰臣们都不再提起皇帝与太后闹矛盾的事。一场危机，就这样被韩琦和欧阳修等宰臣们圆满化解。

经过一段时间的调理，英宗皇帝的病情大好转。到嘉祐八年秋末，英宗皇帝已经恢复到了能够隔日视朝听政的程度。

宋英宗治平元年（1064年）伊始，朝廷依然维持着英宗皇帝与曹太后同理朝政的局面。到了治平元年二三月间，曹太后见英宗皇帝能够独立处理国事，两次亲书手诏，提出还政于英宗。当大臣们将曹太后的手诏呈交给英宗皇帝时，英宗皇帝却悄悄压下，未作任何批示。

治平元年四月，英宗皇帝的身体完全康复。治平元年五月，曹太后正式降诏还政于英宗。欧阳修受曹太后之命，撰写了《皇太后还政议合行典礼诏》，颁发朝野：

> 敕中书门下：朕顷以嗣承大统，方执初丧；过自摧伤，遂婴疾恙。皇太后尊居母道，时遘家艰；闵余哀荒，俯徇诚请。勉同听览，用适权宜。赖保护之勤劬，获清明而康复。恭惟坤德之至静，实厌事机之久烦。殆此弥年，荐承谆诲，顾实繁于庶政，难重浼于睿慈。然而方国多虞，则共济天下之务；惟时无事，亦宜享天下之安。先民有言："无德不报。"虽日以三牲之养，未足尽于予心；而刑于四海之风，必务先于

孝治。惟是事亲之礼，盖存有国之规，当极尊崇，以称朕意。应合行仪范等事，令中书、门下、枢密院参议以闻。故兹诏示，想宜知悉。

宋英宗治平元年（1064年）五月十三日，朝廷举行庆典仪式，庆祝英宗皇帝恢复亲政。

到了治平元年冬节，欧阳修的身体状况越来越不好，自己感到头晕目昏，而且视力极差。治平二年（1065年）初，欧阳修再添新病，患了淋渴病，就是现在的糖尿病。治平二年正月廿三日，欧阳修上了《乞外任第一表》，请求解除参知政事之职，出知外州，但朝廷批答不允。随后，他又连上了《乞外任第二表》《乞外任第三表》和《乞外任第一劄子》《乞外任第二劄子》，但朝廷批答依然不允。欧阳修只好强打精神，日复一日地履行着参知政事应尽的责任。

04. 濮议之争得平息

治平元年（1064年）五月十三日，英宗皇帝康复亲政，普天为之同庆。大庆之际，不仅朝廷文武百官依例加官晋爵，就连宗室已故诸王也都各加封赠。

可是，以怎样的名分和典仪崇奉自己的生身父亲、濮王赵允让，却让英宗皇帝犯了难。当时，名分和与此相联系的典仪待遇，是政治生命的体现，对于英宗皇帝来说，这是必争的荣誉。

中书省认为，濮王作为英宗皇帝的亲生父亲，封赠规格应该有别于其他诸王。根据传统礼法，英宗皇帝已承嗣仁宗皇帝，与濮王之间不再是父子关系，而是君臣关系。从个人感情角度，英宗皇帝从心里还是不愿遵从传统礼法，将与濮王之间的父子关系按照君臣关系对待。

那么，应该追封濮王一个什么尊号呢？封赠的制书上英宗皇帝又该怎样称呼濮王呢？治平二年（1065年）三月廿九日，仁宗皇帝的"大祥"①礼毕。十天后的四月初九日，英宗皇帝便诏令礼官及待制以上官员，详议崇奉濮王典礼。

知谏院司马光在奏章中写道："为人后者为之子，不得顾私亲……濮安懿王虽于陛下有天性之亲，顾复之恩，然陛下所以负扆端冕，子孙万世相承，皆先帝德也。"司马光主张尊濮王以高官大国，濮王正妻谯国夫人王氏、濮王继妻襄国夫人韩氏、英宗皇帝生母仙游县君任氏并封为太夫人。

司马光的主张得到了翰林学士王珪等人的赞同，他们认为，濮王为仁宗皇帝长兄，英宗皇帝应称濮王为皇伯，封赠册书上不直呼其名。

但韩琦、欧阳修等人不同意司马光、王珪等人的看法。他们认为，所生、所后皆称父母，而古今典礼皆无改称皇伯之文，建议英宗皇帝应称濮王为"皇考"。韩琦和欧阳修等人还建议将两派意见同时下达，让朝臣们展开讨论。

治平二年六月廿一，英宗皇帝诏令三省并御史台官员共同详议崇奉濮王典礼。

---

① 大祥，逝世两周年祭为"大祥"，逝世一周年祭为"小祥"。

英宗皇帝心里倾向于称濮王为"皇考"。他原以为朝臣中的大多数会迎合他的意图，谁知赞同称濮王为皇伯的朝臣竟占多数。围绕已故濮王的名分，朝臣中意见不同的双方展开唇枪舌剑，针锋相对，甚至充满了火药味。

治平二年六月廿三日，曹太后传出手诏，严厉斥责中书省不当将濮王议称"皇考"。韩琦和欧阳修等人看到曹太后的手诏后，随即将讨论详情回奏曹太后。曹太后再次传出手诏，认为将濮王议称"皇伯"更属无稽之谈。由于英宗皇帝既不愿遵从皇伯之议，又不便违背皇太后的意旨，只得暂停讨论崇奉濮王典礼之事。

半年后的治平二年十二月十九日，侍御史吕诲上疏仁宗皇帝，指责韩琦"自恃勋劳，日益专恣，广布朋党，黩紊法度"，并说他力倡皇考之议，是谄谀邀宠之行为，其结果是"致两宫之嫌猜，贾天下之怨怒，谤归于上"。吕诲还说韩琦壅塞言路，意欲专权，"使忠臣抱吞声之恨，圣君有拒谏之名"。显然，吕诲是借崇奉濮王典礼之争对韩琦进行人身攻击。

治平三年（1066年）正月初七日，吕诲又与侍御史范纯仁、监察御史吕大防联名上疏，将攻击重点转向了欧阳修。欧阳修是中书省礼制思想的主脑，有关奏章大多出自欧阳修之手。因此，吕诲等人上疏说："豺狼当路，击逐宜先；奸邪在朝，弹劾敢后？伏见参知政事欧阳修，首开邪议，妄引经据，以枉道悦入主，以近利负先帝，欲累濮王以不正之号，将陷陛下于过举之讥，朝论骇闻，天下失望，政典之所不赦，人神之所共弃。"奏章中用"豺狼"和"奸邪"等极其恶毒的语言攻击欧阳修，并加以种种罪名。奏章还诋毁韩琦、曾公亮、欧阳修、赵概等人苟且依违，附会不正，请求英宗皇帝将他们一并罢黜。

治平三年正月十三和正月十八日，吕诲、范纯仁、吕大防三人又一次接连上了两道弹章，强烈要求弹劾欧阳修。

治平三年正月廿二日，曹太后手诏："吾闻群臣议请皇帝封崇濮安懿王，至今未见施行。吾再阅前史，乃知自有故事。濮安懿王、谯国太夫人王夫人韩氏、仙游县尹任氏，可令皇帝称亲，仍尊濮安懿王为濮安懿皇，谯国、襄国、仙游并称后。"

看到曹太后的手诏，英宗皇帝立即下了一道手诏以示谦让："朕面奉皇太后慈旨，已降手书如前。朕以方承大统，惧德不胜，称亲之礼，谨遵慈训；追崇之典，岂易克当！"英宗皇帝表示只称父母，不称帝后。又诏以濮王坟茔为园，建园立庙。濮王子宗朴封濮国公，奉祀。最终，这次"濮议之争"的结果是，英宗皇帝既不称濮王为"皇考"，也不称濮王为"皇伯"，而是称濮王为"父亲"。

这样的一个结果，应该是一个皆大欢喜的结果，可偏偏有人不买这个账。曹太后态度突然转变和英宗皇帝谦让妥协，却让吕诲、范纯仁、吕大防等人大为不快。他们甚至猜测曹太后的手诏，是韩琦、曾公亮、欧阳修等人交结宦官苏利陟、高居简等人蛊惑曹太后写成的。吕诲、范纯仁等人随即上书，言称宰执大臣假借太后之命文过饰非，欲自掩其恶，而杜塞言者之口，强烈请求曹太后和英宗皇帝收回诏命，改称"皇伯"。

此后，吕诲、范纯仁等人的一道道奏章，完全偏离了争辩的主题，均以诬人私德、侮辱人格为目的，变成了失去理性的小人之争。韩琦读了范纯仁的奏章后，非常痛心地对同僚说："我与范希文情同兄弟，视范纯仁亲如子侄，他怎忍心如此相攻？"韩琦与范纯仁的父亲范仲淹之间的关系确实非同一般，而今，范纯仁却将韩琦视为仇人。

见曹太后和英宗皇帝不收回诏命，吕诲、范纯仁等人甚至赌气请求辞去台谏之职，家居待罪，并表示与韩琦、欧阳修等宰臣势难两立。

治平三年二月廿四日，英宗皇帝诏令，吕诲出知蕲州（今湖北省蕲春县），范纯仁通判安州（今四川省绵阳市安州区），吕大防知歙州休宁县（今安徽省休宁县）。而作为台谏派的支持者，赵鼎、赵瞻、傅尧俞等人出使契丹返回汴京后也上疏要求同贬。于是，赵鼎通判淄州（今山东淄博市淄川区），赵瞻通判汾州（今山西隰县），傅尧俞通判和州（今安徽省和县）。知制诰韩维及司马光虽然也请求同贬，但英宗皇帝没有批准。显然，这些人是在闹小圈子情绪，也是变相撂挑子。而就在这个节骨眼上，翰林侍读吕公著奏疏言道："陛下即位以来。纳谏之风未显，而屡黜言官，何以教化天下？"吕公著请求外任，英宗皇帝批准他出知蔡州（今河南省汝南县）。

至此，持续十八个月的崇奉濮王典礼之争得以平息，这就是北宋历史上著名的"濮议之争"。

"濮议之争"爆发后，枢密使富弼与韩琦、欧阳修之间的矛盾越来越大，以至于完全对立起来。富弼自觉与韩琦和欧阳修无法在朝中共事，先后写了二十多道奏折强烈请求外任。治平二年七月初五日，英宗皇帝诏令，富弼罢为镇海节度使、同平章事、出判河阳（今河南省孟州市）。

富弼离朝后，英宗皇帝打算任命欧阳修为枢密使，但欧阳修力辞不拜。英宗皇帝在崇政殿单独召见欧阳修时，他非常感激地说："听说最近台谏连上奏章，指责我不该力主濮王之议，幸蒙陛下保全,知道这并非我一人的主张,陛下压住了所有台谏的奏章,弹劾的风潮才得以平息。"

英宗皇帝说:"参政秉性耿直,不避众怨,每次奏事,与两位相公有所异同时,便相折难,言语之间无所顾忌。我还听说,台谏论事时,参政也往往面折其短,就像平时奏对时一样。可以想见,你一定会得罪不少人。今后还是应该稍微注意一下方式方法。"

欧阳修回答说:"臣虽愚拙,但一定谨受圣训。"

宋英宗治平三年(1066年)三月末至四月初,欧阳修萌生了非常强烈的离开朝廷的想法,先后写了八道表、劄,乞求离朝外任,可英宗皇帝一直不允。

治平三年春夏之交,刚刚完成《太常因革礼》编修工作的苏洵病倒在家。欧阳修对苏洵这位老朋友十分关心,多次写信问候。治平三年四月廿八日,苏洵因病情恶化最终离开人世,享年五十八岁。

得知苏洵离世的消息,欧阳修痛惜不已,他在《苏主簿挽歌》中写道:

> 布衣驰誉入京都,丹旐俄惊反旧间。
> 诸老谁能先贾谊,君王犹未识相如。
> 三年弟子行丧礼,千两乡人会葬车。
> 我独空斋挂尘榻,遗编时阅子云书。

后来,在苏轼、苏辙兄弟二人的请求之下,欧阳修为苏洵撰写了墓志铭,即长达近千字的《故霸州文安县主簿苏君墓志铭》,记录了苏洵一生著述颇丰、一生业绩尽在文学。

05. 磨难过后知亳州

宋英宗治平三年（1066年）十一月，英宗皇帝又病倒了，而且病得非常重，连话都不能说。即使御医多方救治，病情却依然日见沉重，处理朝中事务只能依靠写在纸上进行，朝臣对此忧心如焚。

治平三年十二月廿一日，英宗皇帝病情再次恶化。宰臣们问安后，韩琦随即上前俯身奏道："陛下久不视朝，中外忧惧惶恐，宜早立皇太子以安众心。"英宗皇帝听了，微微点了点头。

韩琦随即呈上纸笔，英宗皇帝行动迟缓地写道："立大王为皇太子。"

韩琦小声问道："陛下所指是颍王吧？请陛下明示。"英宗皇帝听了，在下面写了"颍王顼"三个字。放下笔时，英宗皇帝不禁潸然泪下。

治平四年（1067年）正月初八日，英宗皇帝英年病逝，年仅三十六岁，在位五年。同一天，年方二十的太子赵顼即皇帝位，是为神宗。尊皇太后曹氏为太皇太后，尊皇后高氏为太后。朝中百官加官一等，各有赏赐。

在英宗病故、神宗即位的非常时期，六十一岁的欧阳修即使求退之心更加急切，但他知道暂时还不能上奏提要求。

治平四年二月，朝廷为英宗皇帝举行了大丧仪式。大丧仪式进行时，欧阳修竟一时疏忽大意，在白色的丧服里面，穿了一件紫底皂花紧丝袍。在举行拜祭时，欧阳修穿的紫底皂花紧丝袍，恰恰让监察御史刘庠发现。仪式结束后，刘庠立即奏请神宗皇帝对欧阳修予以贬责。刘庠在弹劾奏章中写道："细文丽密，闪色鲜明，衣于纯吉之日，已累素风；服于大丧之中，尤伤礼教。"

神宗皇帝收到奏章后，不想因为欧阳修的偶然疏忽治罪于他，不仅压下奏章未批，还偷偷派内使给欧阳修送信，叫他尽快换掉紧丝袍。事情很快得到平息，欧阳修因此躲过一劫。

让欧阳修没想到的是，刚刚躲过紧丝袍这一劫，另外一场灾难又悄然降临。欧阳修夫人的堂弟、淄州知州薛宗孺回到京城后，到处散布有关欧阳修的流言，说欧阳修有才无德，老不知耻，和长儿媳吴氏关系暧昧。

本来是欧阳修妻弟的薛宗孺，为啥要散布堂姐夫欧阳修与长儿媳关系暧昧的流言呢？

原来，薛宗孺在任水部郎中时，曾荐举一个叫崔庠的人担任京官。后来崔庠因贪赃枉法被拘捕，薛宗孺也被牵连受审。他原以为倚仗身为参知政事的堂姐夫欧阳修的势力，可以获得赦免，可欧阳修不仅不替他说话，还郑重申明，不能因为薛宗孺是他的亲戚而侥幸免罪，一定要依法处置。不久，薛宗孺因为神宗皇帝登基而被赦罪释放，但官职已罢，薛宗孺因此怀恨在心。

薛宗孺散布的流言，很快传到了集贤校理刘瑾的耳中。一直记恨于欧阳修的刘瑾如获至宝，将此流言添枝加叶，告诉了御史中丞彭思永，彭思永再次添枝加叶，传给了他的下属蒋之奇。

蒋之奇原本是因欧阳修的极力推荐，才得以担任监察御史里行。"濮议之争"平息后，执政大臣虽然在朝中占了上风，但舆论却普遍同情那些被黜免的台谏官。由于受欧阳修的牵连，蒋之奇倍受对立派的排斥，他一直在想办法改变这种窘迫的处境。当蒋之奇听说了关于欧阳修的流言后，突然眼前一亮，感到改变自己窘迫处境的机会来了。他连夜以与长儿媳关系暧昧为由上书弹劾欧阳修，但神宗皇帝并不相信欧阳修身上能发生这样的事情。但蒋之奇并不甘心，立即找来彭思永作证，并伏地叩请神宗皇帝将欧阳修处以极刑。彭思永一不做二不休，也奏请神宗皇帝治罪于欧阳修。

神宗皇帝见二人同时奏请弹劾并降罪于欧阳修，便将奏章转给了枢密院。欧阳修得知蒋之奇等人对他进行诬陷和弹劾，震惊愤怒至极，后悔自己当初看错了人，并立即奏请彻查此事。他在《乞根究蒋之奇弹疏劄子》中写道：

> 臣近因误于布衣下服紫袄，为御史所弹。臣即时于私第待罪，蒙圣恩差中使传宣，召入中书供职。今窃闻蒋之奇再有文字，诬臣以家私事。臣忝荷国恩，备员政府，横被污辱，情实难堪。虽圣明洞照，察臣非辜，而中外传闻，不可家至而户晓。欲望圣慈解臣重任，以之奇所奏出付外庭，公行推究，以辨虚实，显示多方。取进止。

紧接着，欧阳修又在《再乞根究蒋之奇弹疏劄子》中写道：

> 臣昨日曾有奏陈，为台官蒋之奇诬奏臣以家私事，乞以之奇所奏出付外庭，公行推究，以辨虚实，未蒙降出施行。臣夙夕思维，之奇诬罔臣者，乃是禽兽不为之丑行，天地不容之大恶。臣若有之，万死不足以塞责；臣若无之，岂得含胡隐忍，不乞辨明？伏况陛下圣政惟新，万方幽远，咸仰朝廷至公，不为辨曲直。

而臣身为近臣，悉列政府。今之奇所诬臣之事，苟有之，是犯天下之大恶；无之，是负天下之至冤。犯大恶而不诛，负至冤而不雪，则上累圣政，其体不细。由是言之，则朝廷亦不可含糊，不为臣辨明也。大抵小人欲中伤人者，必以暧昧之事，贵于难明，易为诬污。然而欲以无根之谤绝无形迹，便可加人，则人谁不可诬人？

　　人谁能自保？欲望圣慈特选公正之臣为臣辨理，先赐诘问之奇所言。是臣闺门内事，之奇所得，必有从来，因何彰败，必有踪迹。据其所指，便可推寻，尽理根穷，必见虚实。若实，则臣甘从斧钺；若虚，则朝廷典法必有所归。如允臣所请，乞以臣札子并蒋之奇所奏，降出施行。

　　欧阳修接连上了三道刭子后，还强烈请求神宗皇帝罢免他的参知政事之职，以便调查此事的官吏无所畏避，秉公执法。但神宗皇帝没有批准罢免他。

　　神宗皇帝就如何处理欧阳修的"长媳案"，秘密咨询了天章阁待制孙思恭。孙思恭说："欧阳修是一个难得的忠臣，理应极力解救才是。"于是，神宗皇帝立即派人从枢密院取回了蒋之奇、彭思永的奏折，连同欧阳修的奏章，批复中书省，要求仔细查问劾奏者的消息来源，辨明事实真相。神宗皇帝又派内侍朱可道前往欧阳修府上探望，并亲赐手诏抚慰道："春寒安否？前事，朕已累次亲批出诘问因依从来，要卿知。"

　　治平四年（1067年）三月初四日，朝廷宣布了关于欧阳修"长媳案"处理结果。御史中丞、工部侍郎彭思永降给事中、知黄州（今湖北省黄冈市黄州区），主客员外郎、殿中侍御史里行蒋之奇降太常博士、监道州（今湖南省道县）酒税。同时，张榜朝堂，严厉谴责蒋之奇、彭思永对欧阳修的弹劾乃"空造之语""皆狂谰而无考"，并指出："苟无根之毁是听，则谩欺之路大开，上自迩僚，下逮庶尹，闺门之内，咸不自安。"

神宗皇帝随即派内使朱可道再次前往欧阳修府上，赐手诏劝欧阳修重回中书省供职。神宗皇帝在手诏中写道："春暖，久不相见，安否？数日来，以言者污卿以大恶，朕晓夕在怀，未尝舒释。故累次批出，再三诘问其从来事状，讫无以报。前日见卿文字，力要辩明，遂自引过。今日已令降黜，仍出榜朝堂，使中外知其虚妄。事理既明，人疑亦释，卿宜起视事如初，无恤前言。"

欧阳修的"长媳案"虽然得到了澄清，但在他心灵上留下的伤口却无法立即抚平。此时，欧阳修去意已决。他接连上了三表三劄，请求辞去参知政事之职。治平四年三月廿四日，神宗皇帝在不得已的情况下诏令：欧阳修除观文殿大学士、转刑部尚书知亳州（今安徽省亳州市），并改赐"推诚保德崇仁翊戴功臣"。诏令下达的当天，神宗皇帝又派中使传宣抚问，以表眷顾恩宠之意。

治平四年闰三月初三日，枢密院又颁发了欧阳修统辖亳州戍兵军令。欧阳修随即辞别神宗皇帝，离开汴京前往亳州赴任。

第十二章　晚年志趣，疾雷破柱而不惊

01. 取道颍州知亳州

宋英宗治平四年（1067年）闰三月，欧阳修终于如愿以偿地离开汴京，前往亳州（今安徽省亳州市）知州任所。他觉得，自己这次知亳州，不像当年知夷陵（今湖北省宜昌市）、知滁州（今安徽省滁州市城区）那样，可以有返回朝廷的机会。临行之前，欧阳修奏请取道颍州（今安徽省阜阳市颍州区）稍做停留，仁宗皇帝似乎知道他的心思，就批准了他的请求。

欧阳修对颍州怀有非常特殊的感情。宋仁宗至和元年（1054年）五月，欧阳修在颍州知州职位上任满，被诏命返回汴京担任权判流内铨一职，至今已经过去十四年。十四年后，已经六十一岁的欧阳修白发归来，俨然一个漂泊的游子回到了久别的故乡，既激动又伤感。

宋仁宗皇祐元年（1049年）二月，欧阳修开始担任颍州知州，到至和元年，在颍州生活了长达六个年头。随着时光的推移，他对颍州的感情越来越深，颍州的山山水水，已将他深深吸引。

这次他到亳州担任知州，专门奏请在颍州做短暂停留，目的是想在颍州建造一处新居，为自己将来退休归隐做准备。他到了颍州后，发现在皇祐年间为母守丧时所购买的旧居，还保存完好，而且恰好处在一个既不喧闹也不偏僻的区域，只需稍加维修扩建，就足够他们全家居住。而维修扩建的所有工程，一年内就可以全部完成，一年后，他就可以奏请致仕①。于是，欧阳修开始憧憬清闲雅致的退隐生活，心中充满无限的快意。

此时，在颍州担任知州的官员，是欧阳修昔日的老友陆经。宋仁宗天圣八年（1030年），欧阳修与陆经在管城（今河南省郑州市管城区）相识。宋仁宗明道二年（1032年），欧阳修在担任西京留守推官时，曾陪同陆经一起游览洛阳龙门山，并夜宿广化寺，时间不觉已经过去二十五年。这次欧阳修暂居颍州，经常与陆经酬唱应答，彼此之间都非常快乐。

陆经于景祐元年（1034年）进士及第，可仕途却起起伏伏，导致家里的生活贫困不堪。欧阳修非常同情陆经的境况，暗地里常常帮助于他。欧阳修每次替人作碑志，都会事先跟人家讲好，他的碑志写成后，须请陆经来书写墓志。这样，陆经会赚到一笔不菲的润笔费。此时，陆经并未意志消沉，他的诗歌常以颍水比潇湘，来抒发怀才不遇的感慨。但欧阳修已是意志消沉，内心急切渴望回归田园，过上那种饮酒清谈、作诗赋文的恬静生活。他在《奉答子履学士见赠之作》这首诗中写道：

谁言颍水似潇湘，一笑相逢乐未央。

---

① 致仕，意思是辞官退休。

岁晚君尤耐霜雪，兴阑吾欲返耕桑。
铜槽旋压清樽美，玉麈闲挥白日长。
豫约诗筒屡来往，两州鸡犬接封疆。

欧阳修这次来颍州，陆经决定把欧阳修所写的思颍诗收集起来，刻石制碑，竖立在州衙，以此来增强颍州人对家乡的热爱。欧阳修自担任颍州知州以来，先后写下了十三首关于颍州的诗。这次他重回颍州，将这些诗稿一一整理出来，编辑成册，并取名为《思颍诗》，还写了一篇《思颍诗后序》。看着这些诗稿，欧阳修更加迷恋颍州这片热土，更想长久在颍州居住。但眼前他还有官职在身，还要去亳州担任知州。亳州与颍州毕竟是近邻，诗书往来比较方便，欧阳修因此与陆经约定，两个人要经常诗书往来，互通音讯。

结束颍州的短暂居住后，欧阳修于治平四年（1067年）五月来到亳州任所。亳州属于宋朝名郡，土地比较肥沃，作物连年丰收，百姓安居乐业，州府事务比较清闲。这正是欧阳修所期望的局面。他在《郡斋书事寄子履》中写道：

使君居处似山中，吏散焚香一室空。
雨过紫苔惟鸟迹，夜凉苍桧起天风。
白醪酒嫩迎秋熟，红棘林繁喜岁丰。
寄语瀛洲未归客，醉翁今已作仙翁。

由于州府政务比较清闲，欧阳修得以有足够的时间把自己记录朝廷轶闻趣事的随笔整理成书，并取名为《归田录》。他在《归田录序》中写道：

  《归田录》者，朝廷之遗事，史官之所不记，与夫士大夫笑谈之余而可录者，录之以备闲居之览也。有闻而诮余者曰："何其迂哉！子之所学者，修仁义以为业，诵《六经》以为言，其自待者宜如何？而幸蒙人主之知，备位朝廷，与闻国论者，盖八年于兹矣。既不能因时奋身，遇事发愤，有所建明，以为补益；又不能依阿取荣，以徇世俗。使怨嫉谤怒，丛于一身，以受侮于群小。当其惊风骇浪，卒然起于不测之渊，而蛟鳄鼋鼍之怪，方骈首而闯伺，乃措身其间，以蹈必死之祸。赖天子仁圣，恻然哀怜，脱于垂涎之口而活之，以赐其余生之命，曾不闻吐珠衔环，效蛇雀之报。盖方其壮也，犹无所为，今既老且病矣，是终负人主之恩，而徒久费大农之钱，为太仓之鼠也。为子计者，谓宜乞身于朝，退避荣宠，而优游田亩，尽其天年，犹足窃知止之贤名。而乃裴回俯仰，久之不决，此而不思，尚何归田之录乎！"余起而谢曰："凡子之责我者皆是也，吾其归哉，子姑待。"治平四年九月乙未庐陵欧阳修序。

  欧阳修的《归田录》，主要记录他在朝廷听见和看见的人物事迹和官场轶闻，文笔生动有趣，内容简洁明了，具有较高的史料价值和文学价值。《归田录》的书稿还没传出，《归田录序》已不胫而走。神宗皇帝得知此事后，马上派宦官到他的家中宣取《归田录》。欧阳修怕无端惹是生非，将一个删减的缮写本呈给了神宗皇帝，原本留存在欧阳修后裔手中。

在亳州知州任上，欧阳修不仅心情格外轻松，而且几年来已近枯竭的诗歌创作激情又重新焕发出来。为了表达对亳州自然美景的无比迷恋之情，他写了一首《戏书示黎教授》：

> 古郡谁云亳陋邦，我来仍值岁丰穰。
> 乌衔枣实园林熟，蜂采桧花村落香。
> 世治人方安垄亩，兴阑吾欲反耕桑。
> 若无颍水肥鱼蟹，终老仙乡作醉乡。

为了表达对恬静生活的无比爱恋之情，他写了一首《答子履学士见寄》：

> 颍亳相望乐未央，吾州仍得治仙乡。
> 梦回枕上黄粱熟，身在壶中白日长。
> 每恨老年才已尽，怕逢诗敌力难当。
> 知君欲别西湖去，乞我桥南菡萏香。

他在读到颍州知州陆经寄来的诗作后，难以抑制激动的心情，在《寄枣人行书赠子履学士》这首诗中写道：

> 秋来红枣压枝繁，堆向君家白玉盘。
> 甘辛楚国赤萍实，磊落韩嫣黄金丸。
> 聊效诗人投木李，敢期佳句报琅玕。
> 嗟予久苦相如渴，却忆冰梨熨齿寒。

治平四年六月，欧阳修唯一患难与共的妹妹病故，让他回忆起许多心酸的往事，怀着无比悲痛的心情安葬妹妹。

治平四年八月，为母守制期未满的蔡襄在家乡福建仙游县去世，享年五十六岁。蔡襄去世的消息传来，欧阳修极为悲痛。欧阳修与蔡襄同年及第，同为谏官，在推行庆历新政时期相互支持，肝胆相照，结下了深厚的情谊。蔡襄的书法，与苏轼、黄庭坚、米芾一起被称为"北宋四大家"。欧阳修所作的《陈文惠公神道碑铭》《薛将军碣》《杭州有美堂记》《相州昼锦堂记》《集古录目序》《洛阳牡丹记》等名篇，都经蔡襄书写后刻石。受蔡襄影响，欧阳修一度学书不辍，每得书帖藏品，便必请蔡襄为之鉴定品评。蔡襄去世后，欧阳修在《牡丹记跋尾》中悲叹道："于戏！君谟之笔既不可复得，而余亦老病不能文者久矣，于是可不惜哉！"他还写了《祭蔡端明文》，派人到蔡襄的灵前致祭。后来，他还倾注感情，撰写了《端明殿学士蔡公墓志铭》，让蔡公的形象跃然于铭文之上。

02. 移知青州乞致仕

宋神宗熙宁元年（1068年）二月，欧阳修在亳州担任知州接近一年时，觉得申请致仕的时机已经成熟，便满怀期望地给神宗皇帝写了《亳州乞致仕第一劄》：

臣辄沥血恳，上干宸慈。臣本以庸虚，误蒙奖擢，滥尘二府，获事三朝。无德可称，无言可采，既不能报国，又不善谋身。怨嫉谤谗，喧腾众口，风波陷阱，仅脱余生。忧患既多，形神俱瘁，齿发凋落，疾病侵陵，故自数年以来，窃有退休之志。而臣猥以非才，久叨重任，连值国家多事，所以未敢遽言。顷自去春，伏蒙陛下矜悯孤危，保全晚节，许解政事，得从外补。臣于此时，遂乞守亳，盖以去颍最近，便于私营。及入辞之日，亦具奏陈，乞枉道至颍，修葺故居。幸蒙圣恩，皆赐允许。臣自到亳以来，殆将暮岁。旧苦痟渴，盖已三年，腰脚细瘦，惟存皮骨，行步拜起，乘骑鞍马，俱觉艰难。而眼目昏花，气晕侵蚀，视一成两，仅分黑白。职事至简，犹多妨废，坐尸厚禄，益所难安。然臣向者不敢启言，而今乃辄兹有请者，盖以方今朝廷无事，中外晏然，臣亦幸无任责之重，其进退之际，既无所嫌避，又不系重轻。故敢直以臣子之私诚，自乞君父之怜悯。臣以守官在外，不得亲伏旒扆之前，缕陈悃愊。臣今已具表章，欲乞一致仕名目，就近于颍州居止，以养残年。伏望圣慈特赐开许，臣无任祈天俟命。

从熙宁元年二月到熙宁元年七月的仅仅半年时间，欧阳修就接连给神宗皇帝上了五表、四劄子，强烈请求致仕，但神宗皇帝一直不予批准。不仅如此，神宗皇帝还于熙宁元年八月初四日颁布诏令，欧阳修改知青州（今山东省青州市），充京东东路安抚使。

安抚使是负责各路军务治安的长官。京东东路下辖八州一军，除东路路府所在地青州之外，还包括齐州（今山东省济宁市任城区）、密州（今山东省潍坊市诸城区）、沂州（今山东省临沂市）、登州（今山东烟台蓬莱区）、淮州（今江苏省淮安市）、淄州（今山东省淄博市淄川区）及淮阳军，可见京东东路安抚使的责任十分重大。显然。欧阳修再次被神宗皇帝委以重任。

欧阳修觉得，自己年老体衰实在难当如此重任。接到诏命后，欧阳修连上三道劄子，请求继续留任亳州知州，但神宗皇帝没有应允。无奈之下，欧阳修只好从亳州启程，前往青州赴任。

欧阳修前往青州是一路向北行进，在秋冬之交必然会觉得一天比一天寒冷。面对冷清寂静、高远空旷的北方景色，欧阳修不免诗兴大发。他在《晓发齐州道中二首》中写道：

其一

东州几日倦征轩，千骑骖骠白草原。
雁入寒云惊晓角，鸡鸣苍海浴朝暾。
国恩未报身先老，客思无憀岁已昏。
谁得平时为郡乐，自怜病渴马文园。

其二

岁晚劳征役，三齐旧富闲。人行桑下路，日上海边山。
轩冕非吾志，风霜犯客颜。惟应思颍梦，先过穆陵关。

随着离亳州和颍州越来越远，欧阳修的失落感也变得越来越强烈。如果不是有官职在身，他怎么也不会北上青州来承受花甲之年的人生劳顿。他深感身心俱疲，致仕已是他最大的愿望。

宋神宗熙宁元年（1068年）十月廿七日，欧阳修顺利到达青州任所。当地的猎户按照惯例，纷纷给州府敬献猎物，以示对新知府大人的欢迎。有一天，一位猎户献上了一只活着的驯鹿。欧阳修看着被绑的驯鹿，一种同病相怜的感觉油然而生。他随即叫人给驯鹿松绑，并将它养在府中。他决定等来年绿草如茵时，将驯鹿放归山林，让它享受大自然的恩赐。他在《驯鹿》这首诗中写道：

> 朝渴饮清池，暮饱眠深栅。
> 惭愧主人恩，自非杀身难报德。
> 主人施恩不待报，哀尔胡为网罗获。
> 南山蔼蔼动春阳，吾欲纵尔山之傍。
> 岩崖雪尽飞泉溜，涧谷风吹百草香。
> 饮泉啮草当远去，山后山前射生户。

青州地域宽广，是宋朝有名的大郡，加之还身兼京东东路安抚使，此次改知青州，欧阳修深感肩上的责任重大。他依旧沿用以往惯有的宽简风格，待人处事以宽，处理政务以简，尽量做到不滋事扰民，唯百姓称便为求，认真履行知州和安抚使的相关职责。

欧阳修总是按照父亲的遗训，信守"宽简为治、仁恕用刑、努力救人于死"的原则，来审理死囚案件。他常对下属们说："汉代法律规定，只有杀人者处以死刑，而汉以后，便出现了量刑过重的现象，被判死刑的人，实在是太多了。"他在审理死囚案件时，除了那些已经杀人致死者要处以死刑外，其余的人尽可能在法律允许的范围内免于一死。

登州沙门岛（今山东烟台蓬莱区西北）是宋朝死囚赦免犯流放地。岛上罪囚众多，但官府每年仅为岛上提供三百人的口粮，岛上掌管罪犯的寨主为了减轻负担，会残忍地将多余的罪囚投入大海溺死。仅仅两年，沙门岛寨主李庆就溺死了七百余名朝廷赦免的死囚。登州知州马默知道这一情况后，非常震惊，立即上报给京东东路安抚使司欧阳修。欧阳修得知情况后，无比愤怒地说："这是人命关天的大事。朝廷既然已经赦免了这些人的死罪，寨主怎么能无端将他们杀害？与其将他们投海溺死，还不如当初将他们在本地处死！"他立即奏请朝廷，减少发配到沙门岛罪囚人数，对流放于沙门岛多年而且罪行较轻的囚犯予以酌情量移。这样，既可以缓解沙门岛上供给与管理上的压力，又尽可能地保全囚犯的性命。

作为青州知州，欧阳修总是以宽广的胸怀，公平看待那些与自己有仇怨的官员。

临淄县县令蒋之仪，因公务得罪了京东东路安抚使司和转运使司的个别官员，这些官员都知道蒋之仪的弟弟蒋之奇是个忘恩负义的小人。蒋之奇曾在治平四年（1067年）春天，出于一己私利挑起"长媳案"诬陷欧阳修，给欧阳修的身心造成了极大伤害。被蒋之仪得罪的官员觉得，此时正是借欧阳修之手来整治蒋之奇胞兄的大好时机。这些官员在欧阳修面前极力诋毁蒋之仪，并请求欧阳修对蒋之仪严加惩处。而欧阳修却秉持公正客观的态度，派人对蒋之仪进行了周密细致的调查，发现蒋之仪在履行官职上并无过失，就私下里极力保护蒋之仪，维护公平正义，让蒋之仪深受感动。

在欧阳修的精心整治下，青州知府以及京东东路安抚使司的相关事务都处理得井井有条，让欧阳修再一次声名大振。

熙宁二年（1069年）三月，神宗皇帝派内侍前往青州探望欧阳修，并赐给欧阳修香药一银盒，又赐给他新校订的《汉书》一部。

这部《汉书》，由秘书丞陈绎重校，欧阳修曾负责审阅。手捧着神宗皇帝赐予的凝聚着自己心血的《汉书》，欧阳修激动不已。

在任职青州知州期间，欧阳修虽然被眼疾困扰，百病缠身，但他还是闲暇时登山临水，煮茶抚琴，著述不辍。他开始深入研究《诗经》，从《诗经》原文出发探求经典本义，撰写完成了《诗本义》，又名《毛诗本义》，共计十五卷。

早在宋仁宗嘉祐年间，欧阳修就在三子欧阳棐的帮助下，对自己数十年来收集的金石碑刻加以整理，编修了《集古录》一千卷，撰写了《集古录跋尾》十卷，编成了《集古录目》二十卷。这次来到青州，欧阳修又与欧阳棐一起，按照时代先后的顺序，对《集古录目》进行了重新编修，欧阳修还亲自撰写了《集古录目序》，并请书法圣手蔡襄为他书写。至此，经过长达十七年的不懈努力，《集古录》所有的编撰工作全部完成，欧阳修深感欣慰。

《集古录》的修撰，无论是从学术探究角度看，还是从文学创作角度看，都具有极高的价值。同时，更是金石考古的典籍文献。

03. 停发秋料青苗钱

宋神宗熙宁二年（1069年）春天，继庆历新政之后，宋朝的又一场轰轰烈烈的变法运动拉开序幕。这场变法运动的主持者，就是欧阳修非常赏识并多次极力推荐的王安石。因为这场变法是王安石主持的，故称"王安石变法"。还因为这场变法是从熙宁二年（1069年）开始的，到元丰八年（1085年）宋神宗去世结束，故也称"熙宁变法"和"熙丰变法"。

王安石的变法运动,以发展生产、富国强兵、挽救宋朝政治危机为根本目标,以理财、整军为核心内容,涉及政治、经济、军事、社会、文化等各个方面,是一次远比庆历新政规模巨大的政治变革运动。

仁宗皇帝推行庆历新政失败后,宋朝的阶级矛盾和民族矛盾进一步激化,积贫积弱的社会状况进一步恶化,朝廷内外危机四伏,要求改革的呼声在一度沉寂后又高涨起来。

此时,年方二十二岁的神宗皇帝决心锐意求治,富国强兵。他广泛征询朝中大臣的意见,深入探求革新之路。朝中的元老大臣,深知天下之事积重难返,建议神宗皇帝沉着冷静,不能冒进,循序渐进地打开局面。但神宗皇帝觉得,行事稳健常常流于因循苟且,过分强调客观困难可能就会变得庸碌无为。他认为,朝中的元老大臣过于老成持重,已经失去了推行庆历新政时的勇气和锐气。三朝老相韩琦毅然决然地请辞相位,出判相州(今河南省安阳市),一度让神宗皇帝大失所望。在深感无人共商大计之时,神宗皇帝将希望锁定在了年轻的王安石身上。

王安石长期在地方州县任职,对社会状况和民生疾苦都有着比较深刻的认识。尤其是他在鄞县(今浙江省宁波市)、舒州(今安徽省潜山县)、常州等地做过一些改革试验,均收到了比较显著的成效,积累了一定的变法理论和经验。这些,都深得神宗皇帝的暗中赏识。尤其让他记忆犹新的是,王安石于嘉祐四年(1059年)写过洋洋万言的《上仁宗皇帝言事书》,力主"变更天下之弊法",提出了培养、选拔、任用人才的具体建议。王安石的声望,神宗皇帝做太子时就印象深刻。

熙宁元年（1068年）四月，神宗皇帝授意，王安石以翰林学士越次入对①。君臣一见如故，在一系列涉及朝廷大政方针问题上的看法高度吻合。那天，知无不言、言无不尽的王安石，怀着乐观而豪迈的心情对神宗皇帝说："大有为之时，正在今日。"

听了王安石信心满满的话语，神宗皇帝不免心潮澎湃，信心倍增，开始处处为启动变法运动做准备。

熙宁二年（1069年）二月，神宗皇帝诏令，王安石为参知政事。王安石受命执政后，立即建立了负责制定户部（掌管户口、赋税和榷酒等事）、度支（掌管财政收支和粮食漕运等事）、盐铁（掌管工商收入和兵器制造等事）三司条例的专门机构，并将其命名为"制置三司条例司"，成为主持变法的最权威机构。这一机构的成立，标志着历时长达十八年之久的变法运动正式拉开大幕。

在神宗皇帝的信任和支持下，王安石制定并颁布了一系列新法，大刀阔斧地推进革新变法。

在理财方面，王安石颁布了青苗法、免役法、均输法、市易法、方田均税法、农田水利法等；在整军方面，王安石颁布了减兵并营法、将兵法、保马法、保甲法等。王安石认为，理财是为了富国，而整军是为了强兵，两者的最终目的是为了充实财力和军力，进而巩固大宋王朝的统治。

王安石的变法运动一经推开，立即在朝野引起了极大的震动。

面对比较强大的变法声势，欧阳修的心情十分复杂。作为一名朝廷宰臣，他早就意识到朝廷政治、经济和军事危机的逐年加深，并一直忧心忡忡。早在宋仁宗皇祐年间（1049—1053年），他就在《奉

---

① 越次入对，越出位次，进入皇宫回答皇帝提出的问题或质问。

答子华学士安抚江南见寄之作》这首诗中写道:

> 百姓病已久,一言难遽陈。良医将治之,必究病所因。
> 天下久无事,人情贵因循。优游以为高,宽纵以为仁。
> 今日废其小,皆谓不足论。明日坏其大,又云力难振。
> 旁窥各阴拱,当职自逡巡。岁月寖驔颓,纪纲遂纷纭。
> 坦坦万里疆,蚩蚩九州民。昔而安且富,今也迫以贫。
> 疾小不加理,浸淫将徧身。汤剂乃常药,未能去深根。
> 鍼艾有奇功,暂痛勿吟呻。痛定支体胖,乃知鍼艾神。
> 劲宽相济理,古语六经存。蠹弊革侥倖,滥官绝贪昏。
> 牧羊而去狼,未为不仁人。俊乂沉下位,恶去善乃伸。
> 贤愚各得职,不治未之闻。此说乃其要,易知行每艰。
> 迟疑与果决,利害反掌间。舍此欲有为,吾知力徒烦。
> 家至与户到,饱饥而衣寒。三王所不能,岂特今所难。
> 我昔忝谏列,日常趋紫宸。圣君尧舜心,闵闵极忧勤。
> 子华当来时,玉音耳尝亲。上副明主意,下宽斯人屯。
> 江南彼一方,巨细到可询。谕以上恩德,当冬反阳春。
> 吾言乃其槩,岂止一方云。

欧阳修是庆历新政的见证者和参与者,并担任过七年的参知政事,深知天下之事积重难返,也深知推行变法牵一发而动全身。他一贯主张改革图新,但又不赞成行事过急过猛。在王安石推行变法的第一年,欧阳修默默地观察着,没发表过任何意见和评论,他希望变法朝着他希望的方向逐步推进。而当青苗法颁布并强制推行时,他终于做出了应有的回应。

熙宁二年(1069年)九月,青苗法颁布施行。青苗法也叫"常平新法",是王安石变法的一项重要内容。以往每年青黄不接时,一些豪强乘人之危,依靠放高利贷而获取巨额利益。青苗法就是针对这一时弊,试图以朝廷的力量,来平抑豪强放贷的局势,百姓可直接向官府贷款渡过饥荒。到了秋收时,再本息偿还,贷款利息统一规定为百分之二十。这样,既可以增加朝廷的财政收入,又可以使百姓免受高利贷的盘剥。

青苗法的立法本意是好的,但在执行过程中却出现了严重的问题。原来规定借贷自愿,但各州郡在执行中却实行强制性抑配,加上许多地方官为了多取息钱,邀功请赏,往往在规定的利息之外又附加名目繁多的收费名目。

对此,欧阳修深感不安。他怜念民生,不忍看见百姓遭受盘剥。他凭借自己数十年的为政经验,推断强制推行青苗法会导致严重的不良后果。百姓被迫接受官府的贷款,春借秋还或者秋借春还。本利相加,如果遇上天灾人祸,根本无法还清贷款。而在官府严催紧逼之下,只好又付出加倍的利息向豪强借钱偿还官债,从而导致普通百姓倾家荡产。尽管官府因青苗法所得的利益十分可观,可百姓却深受其害。

熙宁三年(1070年)三月,欧阳修上奏了《言青苗钱第一劄子》,对推行青苗法提出了三条建议:一是为了体现青苗法旨在利民、不在谋利,请求取消百分之二十的利息;二是对特困户,或因水旱灾害而造成拖欠青苗钱的农户,暂停发放青苗钱,并准予暂不交还所欠款项;三是撤销派遣到各路催督青苗钱发放的提举、常平官,将禁止摊派落到实处,真正做到让百姓借贷自愿。但神宗皇帝和王安石没有采纳欧阳修的建议。

熙宁三年五月十九日,欧阳修又上奏了《言青苗第二劄子》,

再次请求朝廷允许停发秋料青苗钱。在朝廷没有批复的情况下，欧阳修便下令京东东路各州军停止发放秋料青苗钱。在变法和反变法两种主张、两派势力较劲斗争的关键时刻，欧阳修抗命停发秋料青苗钱，实际是阻挠新法的推行，无疑犯了朝廷的大忌。欧阳修的做法，引起了朝廷的极大不满。但碍于和考虑他的元老地位和个人声望，神宗皇帝和王安石并未惩治于他，只是颁发了一道诏令予以批评，还特许免予追究罪名。欧阳修也不是刻意叫板，而是立即呈奏了《谢擅止散青苗钱放罪表》，及时承认了自己不听朝廷指挥的过错。

04. 青州任满知蔡州

宋神宗熙宁三年（1070年）春夏之交，欧阳修的青州（今山东省青州市）知州任满，朝廷开始考虑他的新任职位。

此时，宰相曾公亮已经七十二岁，他的致仕问题已被神宗皇帝提上日程。在神宗皇帝的心目中，接替曾公亮最理想的人选就是欧阳修。

一天，神宗皇帝当着王安石的面问道："欧阳修与邵亢相比较，你觉得怎么样？"显然，这是神宗皇帝在试探欧阳修和邵亢谁更适合当宰相。邵亢，字兴宗，官拜枢密副使。英宗皇帝在世时，邵亢因为论事得体被赞为国器，以知制诰知谏院。神宗皇帝即位后，迁龙图阁直学士，进枢密直学士、知开封府，后拜枢密副使。

听了神宗皇帝的问话，王安石回答说："邵亢比不上欧阳修。"

神宗皇帝又问:"欧阳修和吕公弼相比较呢?"吕公弼,字宝臣,是已故宰相吕夷简的儿子,官拜枢密使。

王安石回答说:"欧阳修胜过吕公弼。"

神宗皇帝又问:"欧阳修和司马光相比呢?"

王安石回答说:"欧阳修强于司马光。"

显然,在王安石的心目中,欧阳修比邵亢、吕公弼、司马光都要强。可当神宗皇帝决定起用欧阳修担任宰相时,王安石却劝阻说:"陛下应该先召欧阳修进京,和他当面谈论一些时事,考察他是否确实有补于朝政,然后再决定是否起用他。"

神宗皇帝按照王安石的建议,马上派内侍冯宗道前往青州府慰问欧阳修,并诏令欧阳修为宣徽南院使①、判太原府②、河东路经略安抚使③,命他进京朝见。

面对新的任命,欧阳修深感不安。他根本不想接受位高权重的任命,只想担任清闲一点的官职,为尽快致仕创造条件。他将神宗皇帝的诏令寄存在州军资库,然后连上四道《辞宣徽使判太原府劄子》,请求神宗皇帝收回对自己的任命。

王安石之所以对欧阳修担任宰相加以阻拦,是他从欧阳修上奏的《言青苗第二劄子》,以及欧阳修擅自下令京东东路各州军停止发放秋料青苗钱的行为,意识到欧阳修不可能成为自己变法

---

① 宣徽南院使,职事官名,也称"加官",位于枢密使之下、枢密副使之上,多用以优待勋臣、外戚等。

② 判太原府,府同州,地方行政编制单位名;判,二品以上及带中书、枢密院、宣徽院使职事者称为"判"。

③ 经略安抚使,差遣名,以文臣总制一路军事、民政、防范武帅专制,位高于安抚使。

的鼎力支持者。他对神宗皇帝说:"陛下欲重用欧阳修,可他对时政的看法大有问题,如果由他主政,恐怕会妨碍陛下想要成就的事业。"

听了王安石的话,神宗皇帝叹息地说:"可除了欧阳修,又有谁能够主持朝政呢?"

王安石果断地说:"宁可用一个才德平庸之辈,也不能用一个有可能对变法从中作梗的人。"

神宗皇帝说:"宰相这个职位,还是应该由肯做事、敢担当的人来担任。"

王安石非常坚定地说:"肯做事固然好,但如果所做的事情与理相背,岂不是误了陛下的大事?陛下行事,不应该过分在意朝野的舆论,一旦受到舆论的牵制,就会贻误时机。所以,为臣不能不为此感到担忧。"

神宗皇帝沉默了良久才说:"还是等欧阳修进京以后再另行商议吧!"

王安石又坚决果断地说:"微臣以为,欧阳修执政必定无补于时事,只会使那些好为异论者追随其后,给朝廷添乱,请陛下三思。"

神宗皇帝说:"爱卿的话,我会放在心上。"

其实,欧阳修连上四道《辞宣徽使判太原府劄子》,除了他不想接受位高权重的官职外,还有另外一个原因,就是他对王安石有所顾忌。自王安石担任参知政事主持变法以来,欧阳修深感自己的政见与他相去甚远。王安石推行的变法,是以富国强兵为宗旨,所颁行的一系列新法,都是围绕着增加朝廷财政收入这一中心。而在国计和民生这两个方面,重心却明显倾向国计而忽视民生。

欧阳修认为，王安石推行的变法，朝廷收入确实迅速增加，但百姓的负担却日益加重。一些贪利求进的地方官吏为了个人的升官晋级，不惜严刑重罚压榨百姓，使王安石的变法在实践中部分变质，新法变成了扰民害民的工具。而欧阳修的革新主张，历来是以整顿吏治、关爱民生、勤俭节约为核心，施政原则也是以镇静宽简为本，强烈反对扰民害民。在改革的强度上，欧阳修也对王安石大刀阔斧的做法有着不同看法。欧阳修主张渐变而非突变，改革旧章但不能另滋扰乱，应该把握好变革的分寸和限度。

王安石推行变法，让欧阳修更加坚定了致仕的决心。熙宁三年五月二十日至六月十五日，欧阳修又连续上奏了两道劄子，强烈要求改知与颍州毗邻的小郡蔡州（今河南省汝南县）。他的《辞宣徽使判太原府劄子》（其六）是这样写的：

再念臣本出书生，老于文字，赋才非敏，以学自愚。故历官以来，多触罪辜，屡婴忧患，盖以不通时务，不习人情。加以晚年，继之衰疾，识虑昏毛，举事乖违。大抵时多喜于新奇，则苟独思守拙；众方兴于功利，则苟欲循常。至于军旅之间，机宜之务，则又非其所学，素不经心。盖以病悴已衰之躯，持昏毛乖违之见，任素非所学之事，一有败阙，虽戮臣身不足以塞责，而误国之计，如后患何！使臣粗有爱君忧国之心，岂敢不思及此而贪荣苟得？臣所宜必辞者三：义所难安，一也；精力已衰，二也；用非所学，三也。然于三者之中，其二尤急。若其义所难安者，幸蒙圣恩获免，俾臣不取非于清议，而无愧于晚节，则陛下之赐臣者，荣于高秩厚禄之赐远矣。至于用非所学，致误国家之计，贻朝廷之忧，则当君父盰昃忧劳求治之时，圣虑所宜留意也。伏望圣慈，哀臣诚至之言，察非矫伪之饰，特赐允臣屡请，追还新命，换一小州，则臣虽死之日，犹生之年。

在这道劄子中，欧阳修态度鲜明地表示了自己守拙循常、反对新奇的政治态度。

熙宁三年（1070年）七月初三日，神宗皇帝批准了欧阳修的奏请，罢宣徽南院使，复为观文殿大学士，改知蔡州（今河南省汝南县）。

05. 五物之间一老翁

宋神宗熙宁三年（1070年）八月，欧阳修怀着非常愉快的心情，携家眷从青州（今山东省青州市）启程，前往蔡州知州（今河南省汝南县）任所。欧阳修的心情之所以非常高兴，是因为蔡州与颍州（今安徽省阜阳市颍州区）接壤，到蔡州任职，就好比回到了颍州。他在赶往蔡州的途中，再次回到颍州小住。

此时，欧阳修颍州旧居的维修扩建工程已全部结束。当他看到房屋窗明几净、院落绿树成荫时，更是高兴万分。书房之中，井然有序地摆放着他所喜爱的琴、棋、书、画，以及他多年来收集的金石遗文，处处彰显着非同一般的宁静与典雅。欧阳修漫步在院落之中，静静地享受着周遭的一切，对致仕归田后的生活更是充满了无限的憧憬。

在颍州旧居暂住其间,欧阳修想起了治平三年(1066年),也就是他六十岁那年给自己取的"六一居士"这个别号。对这一别号,许多人都不解其意。为了让更多的人知道"六一居士"的含义,他采用问答的形式写了一篇《六一居士传》,不仅句子生动,而且语言幽默,引人入胜。他在《六一居士传》中这样写道:

六一居士初谪滁山,自号醉翁。既老而衰且病,将退休于颍水之上,则又更号六一居士。

客有问曰:"六一,何谓也?"居士曰:"吾家藏书一万卷,集录三代以来金石遗文一千卷,有琴一张,有棋一局,而常置酒一壶。"客曰:"是为五一尔,奈何?"居士曰:"以吾一翁,老于此五物之间,是岂不为六一乎?"客笑曰:"子欲逃名者乎?而屡易其号。此庄生所谓畏影而走乎日中者也;余将见子疾走大喘渴死,而名不得逃也。"居士曰:"吾因知名之不可逃,然亦知夫不必逃也;吾为此名,聊以志吾之乐尔。"客曰:"其乐如何?"居士曰:"吾之乐可胜道哉!方其得意于五物也,泰山在前而不见,疾雷破柱而不惊;虽响九奏于洞庭之野,阅大战于涿鹿之原,未足喻其乐且适也。然常患不得极吾乐于其间者,世事之为吾累者众也。其大者有二焉,轩裳珪组劳吾形于外,忧患思虑劳吾心于内,使吾形不病而已悴,心未老而先衰,尚何暇于五物哉?虽然,吾自乞其身于朝者三年矣,一日天子恻然哀之,赐其骸骨,使得与此五物偕返于田庐,庶几偿其夙愿焉。此吾之所以志也。"客复笑曰:"子知轩裳珪组之累其形,而不知五物之累其心乎?"居士曰:"不然。累于彼者已劳矣,又多忧;累于此者既佚矣,幸无患。吾其何择哉？"于是与客俱起，握手大笑曰："置之，区区不足较也。"

已而叹曰："夫士少而仕，老而休，盖有不待七十者矣。吾素慕之，宜去一也。吾尝用于时矣，而讫无称焉，宜去二也。壮犹如此，今既老且病矣，乃以难强之筋骸，贪过分之荣禄，是将违其素志而自食其言，宜去三也。吾负三宜去，虽无五物，其去宜矣，复何道哉！"

熙宁三年九月七日，六一居士自传。

这篇《六一居士传》，在所有的传记文中，显得非常别具一格。欧阳修没有在文中具体叙述一生的主要经历，而是由晚年更名"六一居士"说到自己的乐趣，又说到自己渴望退休的心情，以及对现实生活的厌倦，重点表达了他对晚年生活的憧憬与追求。文章采用汉赋的主客问答方式，逐层推进地阐述了欧阳修以一老翁身份与书卷、金石遗文为侣，陶醉于琴棋诗酒之间的这种思想和情趣，使行文跌宕多姿，情感深切，语言平易晓畅而又形象深刻。欧阳修在说自己陶醉于五种物品时这样写道："泰山在前而不见，疾雷破柱而不惊，虽响九奏于洞庭之野，阅大战于涿鹿之原，未足喻其乐且适也。"这种比喻极为生动，深刻表明了欧阳修对五种物品的乐而不倦和专心致志。

最让欧阳修感到惬意的事情，是在书房里读书弹琴。读书是欧阳修平生的最大爱好，书籍是他生活中最好的陪伴。小时候因家境清贫无书可读，只能依靠借书来满足自己的求知欲望。如今家里藏书万卷，而且卷卷精善，还藏有千卷极为难得的金石遗文，欧阳修觉得自己是一个极其富有的人。他觉得，书籍和那些金石遗文比任何权位和家产更为珍贵。除了读书之外，抚琴是欧阳修自我调节的消遣方式。他最初接触琴道是为了调养身体，可接触多了便发现琴乐有着很深的奥妙，其乐无穷。关于琴道，他在《送杨寘序》一文中写道：

> 予尝有幽忧之疾，退而闲居，不能治也。既而学琴于友人孙道滋，受宫声数引，久而乐之，不知其疾之在体也。夫疾，生乎忧者也。药之毒者，能攻其疾之聚，不若声之至者，能和其心之所不平。心而平，不和者和，则疾之忘也宜哉。夫琴之为技小矣，及其至也，大者为宫，细者为羽，操弦骤作，忽然变之，急者凄然以促，缓者舒然以和，如崩崖裂石、高山出泉，而风雨夜至也。如怨夫寡妇之叹息，雌雄雍雍之相鸣也。其忧深思远，则舜与文王、孔子之遗音也；悲愁感愤，则伯奇孤子、屈原忠臣之所叹也。喜怒哀乐，动人必深。而纯古淡泊，与夫尧舜三代之言语、孔子之文章、《易》之忧患、《诗》之怨刺无以异。其能听之以耳，应之以手，取其和者，道其湮郁，写其幽思，则感人之际，亦有至者焉。予友杨君，好学有文，累以进士举，不得志。及从荫调，为尉于剑浦，区区在东南数千里外，是其心固有不平者。且少又多疾，而南方少医药。风俗饮食异宜。以多疾之体，有不平之心，居异宜之俗，其能郁郁以久乎？然欲平其心以养其疾，于琴亦将有得焉。故予作《琴说》以赠其行，且邀道滋酌酒，进琴以为别。

欧阳修认为，琴可以用来娱乐，但却容纳着更为广袤的内涵空间，其道幽深，纷然万绪。一个弹琴而不知琴道者，就像做人而不明因果一样，终其一生碌碌无为，空耗光阴，徒为匠人而已。弹琴实为心灵的修持，欲鼓琴先须正襟危坐，收心澄虑，涵虚入静，然后方可扣琴入弦。心动而指应，指下而心往；心手合一、人琴相融，一弹再鼓、妙境横生；似白云游于太虚，幽兰生于空谷；人间之清景有穷，琴上之烟霞无限。琴为至清之物，不可以俗调入乐，不宜与败景为邻，所谓有所弹、有所不弹。弹琴多选雅静之所，以期与自然相应。清风明月之下，花落鸟啼之时，深宅静室之中，三五知己之间，皆能触景以会心，感时以为吟，下指则风云自生，曲尽则四下无声。此中之妙，难与外人道也。

读书、鉴赏金石遗文和抚琴，一直是欧阳修独处时的消遣方式，而喝酒和下棋，则是欧阳修结交朋友的重要手段。

已经六十四岁的欧阳修，为自己拥有"藏书一万卷，集录三代以来金石遗文一千卷，有琴一张，有棋一局，而常置酒一壶"而感到无限的骄傲。书、金石遗文、琴、棋、酒给了欧阳修心灵上极大慰藉，他甚至渴望"以吾一翁，老于此五物之间"。他为自己取名"六一居士"，所表达的就是致仕求退、安享晚年的美好愿望。他相信，这种愿望一定能够变为现实。

第十三章　悄然离去，官奴为我高歌颂

01. 如愿致仕回颍州

宋神宗熙宁三年（1070年）夏秋之交，欧阳修在颍州（今安徽省阜阳市颍州区）小住期间，又发现十七首自己写颍州的诗稿。他在治平四年（1067年）春编集的《思颍诗》已经收入了十三首，并由当时的颍州知州陆经刻于石上。这次又发现了十七首，加在一起达到了三十首，足以证明欧阳修对颍州感情的深厚。他将《思颍诗》集扩充到了三十首，又写了一篇《续思颍诗序》：

皇祐二年，余方留守南都，已约梅圣俞买田于颍上。其诗曰："优游琴酒遂渔钓，上下林壑相攀跻，及身强健始为乐，莫待衰病须扶携。"此盖余之本志也。时年四十有四。其后丁家艰，服除还朝，遂入翰林为学士。忽忽七八年间，归颍之志虽未遑也，然未尝一日少忘焉。故其诗曰："乞身当及强健时，顾我蹉跎已衰老。"盖叹前言之未践也。时年五十有二。自是误被选擢，叨尘二府，遂历三朝。盖自嘉祐、治平之间，国家多事，固非臣子敢自言其私时也。而非才窃位，谤咎已盈，赖天子仁圣聪明，辨察诬罔，始终保全。其出处俯仰，十有二年。今其年六十有四，盖自有蹉跎之叹又复一纪矣。中间在亳，幸遇朝廷无事，中外晏然，而身又不当责任，以谓臣子可退无嫌之时，遂敢以其私言。天子恻然，闵其年犹未也，谓尚可以勉。故奏封十上，而六被诏谕，未赐允俞。今者蒙上哀怜，察其实病且衰矣，既不责其避事，又曲从其便私，免并得蔡，俾以偷安，此君父廓大度之宽仁，遂万物之所欲，覆载含容养育之恩也。而复蔡、颍连疆，因得以为归老之渐，冀少偿其夙愿，兹又莫大之幸焉。

初，陆子履以余自南都至在中书所作十有三篇为《思颍诗》，以刻于石，今又得在亳及青十有七篇以附之。盖自南都至在中书十有八年而得十三篇，在亳及青三年而得十有七篇，以见余之年益加老，病益加衰，其日渐短，其心渐迫，故其言愈多也。庶几览者知余有志于强健之时，而获偿于衰老之后，幸不讥其践言之晚也。熙宁三年九月七日，六一居士序。

熙宁三年九月廿七日，六十四岁的欧阳修正式抵达了蔡州（今河南省汝南县）知州任所。到了花甲之年，欧阳修深知自己年华已老，体力与精力都难以胜任知州一职，因此一再上书奏请致仕，不愿意做一个尸位素餐的庸碌官员。可神宗皇帝始终没有批准他的请求。

熙宁四年（1071年）阳春三月，欧阳修在蔡州任职已近半年。虽然知州事务比较清闲，可他的身体状况却越来越差，各种疾病缠身，甚至到了支持不住的程度，于是，他不得不向朝廷告假，在家休息养病。在家养病时，他再次写好了请求致仕的劄子。可在这个时候，西夏军队入侵宋朝并攻陷了抚宁堡（今陕西省米脂县）。边陲军情紧急，朝野上下人心惶惶，朝廷官员无不忧惧。欧阳修自觉不能因为个人私事烦扰朝廷处理边陲大事，只好将写好的奏劄搁置起来。

抱病在家休养的欧阳修，觉得自己的怀旧情愫越来越浓，总是情不自禁地回想起人生往事。自宋仁宗庆历七年（1047年）尹洙去世二十五年来，欧阳修已先后为二十多位好友撰写过墓志铭，也就是说至少有二十多位好友已经故去。欧阳修的一生撰写了大量的墓志铭，记录了许多名卿巨公、贤人志士的功业伟绩及德行大节，每一篇都堪称一部生动的人物传记。对于欧阳修来说，每一篇墓志铭的创作，又何尝不是一次回忆往昔、总结人生的情感磨砺呢？

熙宁四年四月中旬，欧阳修得知西部边陲的紧张局势得以缓解，便立即呈上了早已写好的《蔡州再乞致仕表》及《蔡州再乞致仕劄子》，强烈请求致仕。为了表示坚定的决心，他不等朝廷批复又接连呈上再乞致仕的《第二表》《第二劄子》和《第三表》。熙宁四年六月十一日，神宗皇帝终于恩准欧阳修以太子少师①、观文殿大学士致仕。

欧阳修接到神宗皇帝准予致仕的诏命后，心中高兴至极，立即收拾行囊，踏上了返回颍州的路途。

---

① 太子少师，官名。与太子少傅、太子少保，简称"三少"，是天子或太子左右最亲近的人。"师"是传授其知识的，"傅"是监督其行动的，"保"是照管其身体的，即分别是负责君主智育、德育、体育的人。"三少"为加官赠官的官衔，从一品，但没有职事。

熙宁四年七月初,欧阳修顺利回到了他魂牵梦萦的颍州,多年的致仕夙愿终于得以实现。他在《退居述怀寄北京韩侍中二首》①(其一)写道:

悠悠身世比浮云,白首归来颍水滨。
曾看元臣调鼎鼐,却寻田叟问耕耘。
一生勤苦书千卷,万事消磨酒百分。
放浪岂无方外士,尚思亲友念离群。

离开官场,从充满惊涛骇浪的政治生涯中解脱出来,欧阳修感到从来没有过的轻松自在。从此,他可以安闲恬淡地隐居在西湖之畔、颍水之滨,安心在家里享受"藏书一万卷,集录三代以来金石遗文一千卷,有琴一张,有棋一局,而常置酒一壶"赋予他的无穷乐趣,安心地当好"六一居士"。

颍州美丽的西湖风光,曾无数次让欧阳修的诗情迸发。他不仅写了三十首歌颂和怀恋颍州的诗,还写了许多词。这次致仕回到颍州后,他将自己以前所作的词加以整理和润饰,从不同角度,展示了颍州西湖的景色之美。这就是著名的《采桑子》十首:

其一
轻舟短棹西湖好,绿水逶迤。芳草长堤,隐隐笙歌处处随。
无风水面琉璃滑,不觉船移。微动涟漪,惊起沙禽掠岸飞。

---

① 北京的全称为北京大名府(河北省大名县),建于宋仁宗庆历二年(1042年),当时是宋朝的陪都。

其二

春深雨过西湖好,百卉争妍。蝶乱蜂喧,晴日催花暖欲然。
兰桡画舸悠悠去,疑是神仙。返照波间,水阔风高扬管弦。

其三

画船载酒西湖好,急管繁弦。玉盏催传,稳泛平波任醉眠。
行云却在行舟下,空水澄鲜。俯仰流连,疑是湖中别有天。

其四

群芳过后西湖好,狼藉残红。飞絮蒙蒙,垂柳阑干尽日风。
笙歌散尽游人去,始觉春空。垂下帘栊,双燕归来细雨中。

其五

何人解赏西湖好,佳景无时。飞盖相追,贪向花间醉玉卮。
谁知闲凭阑干处,芳草斜晖。水远烟微,一点沧洲白鹭飞。

其六

清明上巳西湖好,满目繁华。争道谁家,绿柳朱轮走钿车。
游人日暮相将去,醒醉喧哗。路转堤斜,直到城头总是花。

其七

荷花开后西湖好,载酒来时。不用旌旗,前后红幢绿盖随。
画船撑入花深处,香泛金卮。烟雨微微,一片笙歌醉里归。

其八

天容水色西湖好,云物俱鲜。鸥鹭闲眠,应惯寻常听管弦。风清月白偏宜夜,一片琼田。谁羡骖鸾,人在舟中便是仙。

其九

残霞夕照西湖好,花坞苹汀,十顷波平,野岸无人舟自横。西南月上浮云散,轩槛凉生。莲芰香清,水面风来酒面醒。

其十

平生为爱西湖好,来拥朱轮。富贵浮云,俯仰流年二十春。归来恰似辽东鹤,城郭人民。触目皆新,谁识当年旧主人。

    欧阳修的这十首词,前九首写景,最后一首抒情。十首词描绘了颍州西湖湖畔的自然之美,恬静澄澈,富有情韵,宛如一幅幅淡雅的山水画。在欧阳修的心里,颍州西湖胜于扬州的瘦西湖,这里即是他赋诗作文的背景和舞台,又是他赋诗作文的内容和对象。十首词所体现出来的明丽轻快情调和清新淡雅的风格,与晚唐五代以来感伤沉郁、柔婉清丽的词风形成了一种鲜明的对比,从而引领了宋词的新风尚,给词坛带来了新气象,对后世产生了深远影响。

02. 重任托付苏东坡

宋神宗熙宁四年（1071年）九月的一天，在颍州（今安徽省阜阳市颍州区）致仕赋闲快三个月的欧阳修，迎来了苏轼和苏辙这两位他最为得意的弟子，他的家里顿时呈现出谈笑风生、热烈融洽的氛围。

见到欧阳修，苏轼当即献上了自己所写的《贺欧阳少师致仕启》：

伏审抗章得谢，释位言还。天眷虽隆，莫夺已行之志；士流太息，共高难继之风。凡在庇庥，共增庆慰。伏以怀安天下之公患，去就君子之所难。世靡不知，人更相笑。而道不胜欲，私于为身。君臣之恩，系縻之于前；妻子之计，推荷之于后。至于山林之士，犹有降志于垂老；而况庙堂之旧，欲使辞禄于当年。有其言而无其心，有其心而无其决。愚智共蔽，古今一涂。是以用舍行藏，仲尼独许于颜子；存亡进退，《周易》不及于贤人。自非智足以周知，仁足以自爱，道足以忘物之得丧，志足以一气之盛衰。则孰能见几祸福之先，脱屣尘垢之外。常恐兹世，不见其人。伏惟致政观文少师，全德难名，巨材不器。事业三朝之望，文章百世之师。功存社稷，而人不知。躬履艰难，而节乃见。纵使耄期笃老，犹当就见质疑。而乃力辞于未及之年，退托以不能而止。大勇若怯，大智如愚。至贵无轩冕而荣，至仁不导引而寿。较其所得，孰与昔多。轼受知最深，闻道有自。虽外为天下惜老成之去，而私喜明哲得保身之全。

伏暑向阑，台候何似。伏冀为时自重，少慰舆情。

苏轼恭贺欧阳修这位"事业三朝之望，文章百代之师"的前辈得以"明哲得保身之全"，表示"轼受知最深，闻道有自"，祝愿恩师"伏冀为时自重，少慰舆情"。

自宋英宗治平三年（1066年）苏洵去世，苏轼和苏辙兄弟二人扶柩还乡为父守制以来，欧阳修与他们已经五年多没见面了。苏轼和苏辙为父服丧期满后，于熙宁二年（1069年）二月一起回到朝廷。

苏辙在王安石变法的核心机构制置三司条例司任职，因与王安石的助手、变法派的另一重要人物吕惠卿的政见不合，不久便被排挤出制置三司条例司，随后又因上书批评王安石新法差一点被治罪罢官。熙宁三年，苏辙被朝廷外放出任陈州（今河南省淮阳县）学官①。

熙宁四年七月，苏轼也因上书反对王安石新法而遭到御史弹劾，被朝廷外放离京，出任杭州通判。

苏轼在赴任途中，带着一家大小先到陈州与弟弟苏辙一家相聚。随后，兄弟俩又结伴来到颍州，拜望恩师欧阳修。在欧阳修的家中见到恩师，兄弟二人兴奋异常，总觉得跟恩师有说不完的话。

五年多不见，六十五岁的欧阳修已是老眼昏花、步履维艰，一副老态龙钟的神色尽显无余。苏轼和苏辙虽然有些心酸，但看到恩师可以在家安度晚年，不再遭受政敌的攻击和诬蔑，也是深感欣慰。苏轼和苏辙的到来，让欧阳修格外高兴。他带着兄弟二

---

① 学官，又称"教官"，指主管学务的官员和官学教师。

人兴致勃勃地游览了西湖美景，并饮酒赋诗、畅谈人生。在兄弟二人面前，欧阳修借着诗兴酒力，变得脸色红润，双目炯炯，神采飞扬。看到恩师精神抖擞，苏轼在《陪欧阳公燕西湖》中写道：

谓公方壮须似雪，谓公已老光浮颊。
撝来湖上饮美酒，醉后剧谈犹激烈。
湖边草木新着霜，芙蓉晚菊争煌煌。
插花起舞为公寿，公言百岁如风狂。
赤松共游也不恶，谁能忍饥啖仙药。
已将寿夭付天公，彼徒辛苦吾差乐。
城上乌栖暮霭生，银釭画烛照湖明。
不辞歌诗劝公饮，坐无桓伊能抚筝。

欧阳修虽然体貌上显得老态龙钟，但思维依然敏捷。苏轼充分调动自己的机智，逗得欧阳修开怀大笑。欧阳修与苏轼在颍州的这次欢聚，他很自然而然地把诗文革新的接力棒传递给了苏轼，也把许多宝贵的人生体验传给了苏轼。

宋朝建立以来，文人的文学结盟意识日益强烈和自觉，并演变成为与文人价值取向稳固相连的社会心理。文学结盟意识的日益自觉和强烈，反映了宋代知识分子崇尚和接纳"统序"的文化思潮。在北宋时期的许多文化领域，几乎都发生过关于"统"的大论战：史学领域中的"正统"之争，政治哲学领域中的"道统"之争，散文领域中的"文统"之争，佛学领域中的"佛统"之争，政治领域中的"朋党"之争，趋群化和集团性的意识，深深地渗透到宋代知识分子的内心，成为他们一种根深蒂固的观念。

钱惟演就是文人树立文学结盟意识的典型代表，始终拥有培养传人的强烈愿望。他雅好文辞，文学创作上颇有建树。他曾对谢绛、尹洙、欧阳修等人说："君辈台阁禁从之选也，当用意史学，以所闻见拟之。"他是"西昆体"的骨干诗人，注重招徕文士，奖掖后进。晚年任西京（今河南省洛阳市）留守时，将欧阳修、梅尧臣等一批青年文士聚集其幕下，以自己的情怀和格局期待于后辈。

欧阳修深得钱惟演的真传，着眼于文学事业传承的目的更为明确。他主掌宋代文坛后，有意识地选择了曾巩、王安石和欧阳修作为后继者的培养对象。从个人性格志趣而言，欧阳修与曾巩最为情投意合，在曾巩身上处处可以看到欧阳修的影子，但曾巩在功名上很不顺畅，三十七岁才考中进士，在士大夫阶层的影响非常有限。与曾巩相比，王安石要好得多。王安石是"名重天下，士大夫恨不识其面"。可王安石的志向并不在文学方面，他的目标是成为杰出的思想家和政治家。王安石被欧阳修摒弃后，苏轼得以脱颖而出。苏轼受知于欧阳修后，很快被大宋文坛一致认同。

这次与苏轼在颍州家中相聚，欧阳修深感自己来日无多，便决定利用这个机会，将引导和统率宋朝文学发展的重任托付给苏轼，以保持文学发展的连续性和后续力。他以师者的口气语重心长地对苏轼说："我已经上了年纪，有些力不从心了，今后文坛的发展就寄望于你了。"

苏轼听言，郑重地再拜稽首，回答说："您对学生的期望太高了！您如此器重于学生，学生不敢不勉力为之。"

在此后的岁月中，苏轼一直努力地实践着自己的诺言。在政治上，他充满了以天下为己任的责任感和使命感，胸襟坦荡，正气凛然，不向任何权势低头，只对自己的思想与行为负责。在文学上，他以自己澎湃的才情，闳博的学识，丰富而深刻的人生体验，熟练地驾驭各种艺术手法，诗、词、文创作均取得辉煌的成就。他不遗余力地奖掖贤才，提携后进，以卓越的文学才华，以豁达宽容、极富亲和力的人格魅力，赢得了文坛一致的拥戴。在他的引领下，北宋文坛新人辈出，百花齐放，一个新的文学高峰随之出现。

03.《六一诗话》开新篇

宋神宗熙宁四年（1071年）九月，欧阳修借苏轼和苏辙来颍州（今安徽省阜阳市颍州区）家中看他的机会，将未来宋朝文坛发展的大事托付给了苏轼。他觉得自己完成了一件思考已久的大事，因此松了一口气，压在心里的一块石头总算落地。

欧阳修与苏轼兄弟在一起，大量的时间都在谈诗说艺，他因此记下了许多诗歌创作方面的佳句佳话，读诗评诗的心得体会，也给了他极大的启发和遐想。送走了苏轼兄弟，他便趁着余兴，开始写一部名为《六一诗话》的书稿，内容总共二十八则，主要以随笔、漫谈的方式，记录诗坛轶闻掌故，提出自己对诗歌的批评和议论。落笔之初，他给这部书的定位是"以资闲谈"，但书稿形成后，却兼具很高的史料价值。书中独到的见解，启发并深化了人们对欧阳修诗作的理解。《六一诗话》中有一则诗话这样写道：

陈舍人从易当时文方盛之际，独以醇儒古学见称，其诗多类白乐天。盖自杨刘唱和《西昆集》行，后进学者争效之，风雅一变，谓之昆体。繇是唐贤诸诗集，几废而不行。陈公时偶得杜集旧本，文多脱误，至《送蔡都尉》诗云："身轻一鸟"。其下脱一字。陈公因与数客各用一字补之。或云"疾"，或云"落"，或云"起"，或云"下"，莫能定。其后得一善本，乃是"身轻一鸟过"。陈公叹服，以为虽一字，诸君亦不能到也。

这则诗话中的陈从易，字简夫，宋太宗端拱二年（989年）进士，官至中书舍人，是宋朝初期一位品格端正的儒者。在诗歌创作上，陈从易致力于学习白居易的风格，主张反映社会现实生活，诗风明白晓畅，朴实无华。在诗话中，欧阳修通过记录陈从易与诸位友人补充杜甫诗中脱误的字，而每个人所补充的字，都赶不上杜甫原作的这个故事，来称赞诗圣杜甫的用字精确。这也从侧面反映了宋朝初年，以杨亿、刘筠为代表的西昆体诗风盛行时，唐代诗集几乎湮没不传的诗坛景况。

在诗话的写作过程中，欧阳修常常回想起与梅尧臣切磋诗艺的情景。《六一诗话》中有一则诗话这样写道：

圣俞尝谓予曰："诗家虽率意，而造语亦难。若意新语工，得前人所未道者，斯为善也。必能状难写之景，如在目前，含不尽之意，见于言外，然后为至矣。贾岛云：'竹笼拾山果，瓦瓶担石泉。'姚合云：'马随山鹿放，鸡逐野禽栖。'等是山邑荒僻，官况萧条，不如'县古槐根出，官清马骨高'为工也。"余曰："语之工者固如是。状难写之景，含不尽之意，何诗为然？"圣俞曰："作者得于心，览者会以意，殆难指陈以言也。虽然，亦可略道其仿佛：若严维'柳塘春水漫，花坞夕阳迟'，则天容时态，融和骀荡，岂不如在目前乎？又若温庭筠'鸡声茅店月，人迹板桥霜'，贾岛'怪禽啼旷野，落日恐行人'，则道路辛苦，羁愁旅思，岂不见于言外乎？"

在这则诗话中，欧阳修引用了梅尧臣提出的诗歌创作两大体会：一是"意新语工"；二是"状难写之景，如在目前，含不尽之意，见于言外"。"意新语工"，就是要求诗歌创作必须具有独创性；"状难写之景如在目前，含不尽之意见于言外"，就是要求诗人必须把难以描摹的景物和情思，化为既生动又含蓄的诗的语言，使读者既有如在目前的感受，又能引发深远的联想。梅尧臣的创作体会，给了欧阳修非常深刻的启迪，他将梅尧臣的这些体会记录成文字，传于后世，引领后人。

宋仁宗庆历年间（1041—1048年），欧阳修曾在《梅圣俞诗集序》中写道："然则非诗之能穷人，殆穷者而后工也。"那时，欧阳修就提出了著名的"穷而后工"的诗歌理论。穷而后工，就是指文人越是穷困不得志，诗文就写得越好。欧阳修"穷而后工"的诗歌理论，首次阐述了现实生活、诗人经历与诗歌创作三者的关系。这次他在《六一诗话》时，又鲜明地重申了"穷而后工"这一诗歌理论：

孟郊、贾岛皆以诗穷至死，而平生尤自喜为穷苦之句。孟有《移居》诗云："借车载家具，家具少于车。"乃是都无一物耳。又《谢人惠炭》云："暖得曲身成直身。"人谓非其身备尝之不能道此句也。贾云:"鬓边虽有丝,不堪织寒衣。"就令织得,能得几何!又其《朝饥》诗云:"坐闻西床琴,冻折两三弦。"人谓其不止忍饥而已,其寒亦何可忍也。

欧阳修认为,孟郊、贾岛之所以写出许多具有真情实感、脍炙人口的作品,是因为他们具有切身的社会体验;而诗坛上写不出具有真情实感作品的人,是因为他们忽视了生活体验,不了解真实的社会状况。对于那些脱离生活实际的人,欧阳修在《六一诗话》中给予了尖锐的讽刺:

仁宗朝,有数达官以诗知名,常慕"白乐天体",故其语多得于容易。尝有一联云:"有禄肥妻子,无恩及吏民。"有戏之者云:"昨日通衢遇一辎軿车,载极重,而羸牛甚苦,岂非足下'肥妻子'乎?"闻者传以为笑。

欧阳修在诗话中指出,中唐诗人白居易倡导平易浅显的诗风,主张诗歌"为君、为臣、为民、为物、为事而作,不为文而作也",目的就是为了弘扬诗歌反映现实、裨补时政的社会政治功能。而宋朝初期的一些达官贵人,既没有白居易这样深刻的创作理念和对现实的真切反映,也没有像白居易一样有着精湛的艺术功力,都只是模仿白居易诗歌的浅近流利,不免写成顺口溜似的缺乏诗味的作品,从而贻笑大方。

在《六一诗话》中,欧阳修对中唐文学家韩愈进行了极为精彩的评论。他这样写道:

退之笔力，无施不可，而尝以诗为文章末事，故其诗曰："多情怀酒伴，余事作诗人"也。然其资谈笑，助谐谑，叙人情，状物态，一寓于诗，而曲尽其妙。此在雄文大手，固不足论，而余独爱其工于用韵也。盖其得韵宽，则波澜横溢，泛入傍韵，乍还乍离，出入回合，殆不可拘以常格，如《此日足可惜》之类是也。得韵窄则不复傍出，而因难见巧，愈险愈奇，如《病中赠张十八》之类是也。余尝与圣俞论此，以谓譬如善驭良马者，通衢广陌，纵横驰逐，惟意所之。至于水曲蚁封，疾徐中节，而不少蹉跌，乃天下之至工也。圣俞戏曰："前史言退之为人木强，若宽韵可自足而辄傍出，窄韵难独用而反不出，岂非其拗强而然与？"坐客皆为之笑也。自科场用赋取人，进士不复留意于诗，故绝无可称者。惟天圣二年省试《采侯诗》，宋尚书祁最擅长，其句有"色映堋云烂，声迎羽月迟"，尤为京师传诵，当时举子目公为"宋采侯"。

　　韩愈的文学成就，主要体现在文章上，他认为，读书人作诗是"文章末事"，并写下非常著名的"多情怀酒伴，余事作诗人"。但实际上，韩愈的诗在中唐乃至整个唐朝，都是独具一格的，引领了一代诗风。以韩愈和孟郊为代表的韩孟诗派，强调内心情感的抒发，形成了一种奇崛硬险的特点。

　　欧阳修指出，韩愈虽然把作诗当成"末事"，但他的诗能够在细微处表达物情之妙。欧阳修特别喜欢韩愈作诗押韵的方式。韩愈作诗如果用了宽韵，就纵横捭阖，随意换韵，一会儿出一会儿入，不拘束于平常形式，像《此日足可惜》这一类诗；如果用窄韵，却偏偏不换韵，因为用窄韵押韵难，所以越发惊险出奇，像《病中赠张十八》这一类诗。

欧阳修说，他常和梅尧臣谈论起韩愈，认为优秀的诗人好比高明的骑手，在四通八达的宽广大道中，横着跑竖着跑，想怎么跑就怎么跑。而到了弯弯曲曲的小胡同里，便快慢适度，有张有弛，不摔跟头。在欧阳修和梅尧臣的心目中，韩愈确实是天下写诗的高手。

《六一诗话》是中国有史以来最早的诗话，开创了诗歌理论著述的新体裁，谱写了诗歌理论著述的新篇章。原书当时只称《诗话》，后人引用时称为《六一诗话》《六一居士诗话》《欧公诗话》《欧阳永叔诗话》《欧阳文忠公诗话》等。这部诗话问世后，很快风行一时，人们纷纷效仿，各种各样的《诗话》层出不穷。从此，诗话成为一种普遍运用的文学批评体裁。

04. 会老堂内两闲人

宋神宗熙宁五年（1072年）年初，六十六岁的欧阳修收到了老朋友赵概的来信，说他在春暖花开时，要从南都（今河南省商丘市）的家中驾舟来拜访欧阳修。得知这个消息，欧阳修非常高兴，内心充满了期待。

赵概比欧阳修大十二岁，已经七十八岁了。这样的一个年龄，仍然怀有千里访友的激情，让欧阳修钦佩不已。

赵概早年以第三名进士及第，历仕仁宗、英宗、神宗三朝，官至枢密副使和参知政事。他与韩琦、欧阳修等宰臣一起，拥立太子、扶持新帝，稳定了朝廷大局，立下安邦定策的不朽功勋。他淡泊名利，功成身退后于熙宁初年致仕，退居南都。在欧阳修的心里，赵概既是一位长者，又是一位师者，更是一位朋友。

熙宁五年三月，赵概如约来到欧阳修的家中。为了显示对赵概的高度尊重，欧阳修特意邀请了颍州（今安徽省阜阳市颍州区）知州吕公著前来作陪，还将专门用于接待赵概的客厅命名为"会老堂"。说来也是缘分。欧阳修任颍州知州时，吕公著任通判。而欧阳修这次致仕回到颍州，吕公著辗转来此任知州。欧阳修与赵概、吕公著三个人在会老堂相聚，并饮酒赋诗。席间，欧阳修发表了著名的《会老堂致语》：

某闻安车以适四方，礼典虽存于往制；命驾而之千里，交情罕见于今人。伏惟致政少师一德元臣，三朝宿望。挺立始终之节，从容进退之宜。谓青衫早并于俊游，白首各谐于归老。已释轩裳之累，却寻鸡黍之期。远无惮于川涂，信不渝于风雨。幸会北堂之学士，方为东道之主人。遂令颍水之滨，复见德星之聚。里闾拭目，觉陋巷以生光；风义耸闻，为一时之盛事。敢陈口号，上赞清欢：

欲知盛集继荀陈，请看当筵主与宾。
金马玉堂三学士，清风明月两闲人。
红芳已尽莺犹啭，青杏初尝酒正醇。
美景难并良会少，乘欢举白莫辞频。

文中诗的第三句"金马玉堂三学士"和第四句"清风明月两闲人"最为著名。"三学士"是指欧阳修、赵概和吕公著；"两

— 301 —

闲人"则是指退休后悠闲度日的欧阳修和赵概。

欧阳修热情招待赵概，不仅仅因为赵概德高望重，更主要的是赵概当初曾无私帮助过欧阳修。欧阳修曾与赵概同在馆阁任职，一起修起居注。赵概性情敦厚持重，沉默寡言，不擅长与人交往，欧阳修很看不起他。欧阳修出任知制诰后，以赋诗作文没有文采为理由，将赵概由修起居注贬为天章阁待制。由于赵概从骨子里就淡泊名利，没有把欧阳修的贬官当回事儿。

宋仁宗庆历五年（1045年），欧阳修因外甥女的通奸案，他的一些仇人借题发挥，无中生有地编造了他与外甥女张氏乱伦通奸的"盗甥案"，并以此弹劾他。仁宗皇帝得知此事大怒，朝廷的大臣没人敢站出来为欧阳修说话。而就在此时，赵概挺身而出，上书仁宗皇帝为欧阳修求情说："欧阳修因文才出众才成为皇上的近臣，皇上不能随便听信谗言，轻易诬蔑他。我与欧阳修来往很少，他对我也不太好，但我关心的是朝廷的大体。"

得知赵概上书为欧阳修求情，许多不理解赵概的人问他："你不是与欧阳修之间有怨恨吗？为什么还要替他求情呢？"

赵概非常坦荡地说："以私废公，我不能做这种事。"

而在宋仁宗庆历五年（1045年）八月，刚刚守丧期满被诏命为翰林学士的赵概，再次上书仁宗皇帝，请求先为被贬为滁州（今安徽省滁州市城区）知州的欧阳修恢复官职。赵概的做法，让满朝文武大加赞赏，欧阳修也因此了解了赵概是一位宽厚大度、以公为重、不计私怨的人，两个人从此成为莫逆之交。

这次"两闲人"在会老堂相聚，让欧阳修感叹万分。他在《会老堂》中写道：

古来交道愧难终，此会今时岂易逢。
出处三朝俱白首，凋零万木见青松。
公能不远来千里，我病犹堪醑一钟。
已胜山阴空兴尽，且留归驾为从容。

欧阳修兴致勃勃地陪同赵概游玩了一个多月，直到赵概的子孙们来接他，欧阳修才为他长亭送别，并将一首《渔家傲·与赵康靖公》赠予他：

四纪才名天下重，三朝构厦为梁栋。定册功成身退勇，辞荣宠，归来白首笙歌拥。
顾我薄才无可用，君恩近许归田垅。今日一觞难得共，聊对捧，官奴为我高歌送。

欧阳修在词中说，您四十多年以才名为天下所重，作为三朝元老，为朝廷处理政务作出了重大贡献，是朝廷的栋梁之材。功成名就后急流勇退，辞去荣宠，回到家乡以笙歌自娱。看我才平庸没有什么作用，承蒙皇上隆恩准我辞官归家务农。今天能与老友相聚共饮一杯，实在难得。姑且捧杯痛饮，歌女为我高歌一曲助兴。

这首词的上阕，称颂赵概才高名重，为国家栋梁。这些话虽有夸张之嫌，但并无阿谀之意，热情地赞颂了赵概一生的行事风范和厚重品德，展示了昔日共事交往所积累起来的深厚友谊。词的下阕，主要表述自己。欧阳修晚年虽然官高位显，但心情并不舒畅。后来因不满王安石变法，擅自停发秋料青苗钱受到严厉的批评，加上各种疾病缠身因而求退心切。"顾我薄才无可用"这一句，显然是有些牢骚的，说明自己力请退休是不愿意勉强为官。"今日一觞难得共"一句，说明老友相聚难得，因此感慨万千，要求歌女高歌一曲助兴佐酒，也要求老友相对捧杯，痛饮一番。

在依依送别赵概之时，欧阳修更加珍惜"两闲人"在会老堂的难得相聚。他与赵概举杯痛饮，互道珍重，并再三表示，明年此时，他一定会前往南都回访。可谁知，这一愿望后来竟然无法实现。

后来巧合的是，欧阳修去世二十年后，他的学生苏轼来到颍州担任知州。苏轼来到当年欧阳修与赵概相聚的会老堂，感慨地写下了一首《题永叔会老堂》：

　　三朝出处共雍容，岁晚交情见二公。
　　乘兴不辞千里远，放怀还喜一樽同。
　　嘉谋定国垂青史，盛事传家有素风。
　　自顾缨尘犹未濯，九霄终日羡冥鸿。

随后，苏轼派人将会老堂修缮一新，并亲笔题写了堂内的"景贤""尚友"两月门楣额，传于后世。

05. 一代文豪逝颍州

宋神宗熙宁五年（1072年）六月廿一日，欧阳修在颍州（今安徽省阜阳市颍州区）的家中度过了六十六岁华诞。七月，在儿子们的支持帮助下，欧阳修完成了自己文集的整理编定事宜，共计五十卷，名为《居士集》。看着编排有序的一摞文稿，欧阳修不禁长嘘了一口气，自觉又完成了人生的一件大事。随后，他的身体每况愈下，旧疾接连并发，病情严重恶化，最终卧床不起。

欧阳修躺在病床上，将四个儿子叫到病床前，心情平静地对他们说："韩公与我一生相知，出处进退，无不了然。我死之后，就请韩公为撰墓志铭。"他所说的"韩公"就是韩琦。

随后，欧阳修又向儿子要了纸和笔，写下了他平生最后的一首《绝句》：

冷雨涨焦陂，人去陂寂寞。
惟有霜前花，鲜鲜对高阁。

"人去陂寂寞"，"霜前花"还"鲜鲜"着，似乎都是一种不祥的预兆。宋神宗熙宁五年闰七月廿三日（1072年9月8日），一代文豪欧阳修逝世于颍州，享年六十六岁。欧阳修逝世后，他的夫人薛氏和他的四个儿子、四个孙子、六个孙女一起为他送终。

欧阳修逝世的噩耗，很快传遍了朝野。当朝天子神宗皇帝闻讯震惊，为哀悼这位参弼三帝、定策两朝的名臣，决定辍朝一日。

已退居北京大名府（河北省大名县）的韩琦，立即派使者李珪前往颍州致祭。他在《祭少师欧阳永叔文》中写道：

惟公之生，粹禀元精。偶圣而出，逢辰以亨。历事三朝，翼登太平。大名即遂，大功既成。年未及老，深虞满盈。连章得谢，颍第来宁。神当畀以福禄，天宜锡之寿龄。胡不憗遗，遽尔摧倾。此冥理莫得致诘,而天下为之失声。呜呼哀哉!

公之文章,独步当世。子长、退之,伟赡闳肆。旷无拟伦,逮公始继。自唐之衰,文弱无气。降及五代,愈极颓敝。唯公振之,坐还醇粹。复古之功,在时莫二。公虽云亡,其传益贵。譬如天衢,森布列纬。海内瞻仰,日高而伟。

公之谏诤,务倾大忠。在庆历初,职司帝聪。颜有必犯,阙无不缝。正路斯辟,奸萌辄攻。气劲忘怀,行孤少同。於穆仁庙,诚推至公。孰好孰恶,是焉则从。善得尽纳,治随以隆。人畏清议,知时不容。各砺名节,恬乎处躬。二十年间,由公变风。

公之功业,其大可记。屡殿藩垣,所至怀惠。尝尹京邑,沛有余地。早践西掖,晚当内制。凡厥代言,《典》《谟》之懿。凡厥出令,风雷其势。三代炳焉,公辞无愧。枢幄猷为,台衡弼贰。抚御四夷,兵戈不试。整齐百度,官师咸治。服劳一心,定策二帝。中外以安,神人胥慰。不校谗言,恳求去位。

公之进退,远迈前贤。合既不苟,高惟戒颠。身虽公辅,志则林泉。七十致政,乃先五年。上惜其去,公祈益坚。卒遂其请,始终克全。呜呼哀哉!

余早接公,道同气类。出处虽殊,趣向何异。既忝宰司,日亲高谊。可否明白,襟怀坦易。事贵穷理,言无饰伪。或不知公,因罹谤忌。青蝇好点,白璧奚累。呜呼哀哉!自公还事,心慕神驰。徒凭翰墨,莫挹姿仪。公尝顾我,惠以新诗。虽亟酬答,奈苦衰疲。欲复为问,动已逾时。忽承讣音,且骇且悲。哀诚孰诉,肝胆几堕。公之逝矣,世鲜余知。不如从公,焉用生为。遐修薄芦,奠公一卮。魂兮有灵,其来监兹。

在许州（今河南省许昌市）居住的范镇得知消息，不禁悲伤泪下。他在《祭欧阳文忠公文》中写道：

惟公平生，谅直骨鲠。文章在世，炜炜炳炳。老释之辟，贲育之猛。拒塞邪说，尊崇元圣。天下四方，学子甫定。迩来此风，勃焉而盛。如醒复醉，如愈再病。粤醒与病，有幸不幸。幸不见排，不幸不正。嗟余空疏，敢处季孟。公讣之来，泪下縻缏。闻公卜宅，许洛之境。余居在焉，倘得同井。异时往来，或接光影。薄酒一樽，菲肴数皿。远不得前，寄此耿耿。

担任越州（今浙江省绍兴市）通判的曾巩"闻讣失声，眦泪横溢"。他在《祭欧阳少师文》中写道：

维公学为儒宗，材不世出。文章逸发，醇深炳蔚。体备韩、马，思兼庄、屈。垂光简编，焯若星日。绝去刀尺，浑然天质。辞穷卷尽，含意未卒。读者心醒，开蒙愈疾。当代一人，顾无俦匹。谏垣抗议，气震回遹。鼓行无前，跋疐非恤。世伪难胜，孤坚竟室。紫微玉堂，独当大笔。二典三谟，生明藏室。顿挫弥厉，诚纯志壹。斟酌损益，论思得失。经体虑萌，沃心造膝。帝曰汝贤，引登辅弼。公在庙堂，尊明道术。清净简易，仁民爱物。敛不烦苛，令无迫猝。栖置木索，里安户逸。橐敛兵革，天清地谧。日进昌言，从容密勿。开建国本，情忠力悉。卯未之岁，龙驾飙欻。再拯大艰，垂绅秉笏。乾坤正位，上下有秩。功被社稷，等夷召毕。公在庙堂，总持纪律。一用公直，两忘猜昵。不挟朋比，不虞讪嫉。独立不回，其刚仡仡。爱养人才，奖成诱掖。甄拔寒素，振兴滞屈。以为己任，无有废咈。

维公平生，恺悌忠实。内外洞彻，初终若一。年始六十，恳辞冕黻。连章累岁，乃俞所乞。放意丘樊，脱遗羁絷。沉浸图史，左右琴瑟。志气浩然，不陋蓬荜。意谓百龄，重休累吉。还斡鼎轴，赞微计密。云胡倾殂，慭遗则弗。闻讣失声，眦泪横溢。蘉冥不敏，早蒙振拔。言繇公诲，行繇公率。戴德不酬，怀情独郁。西望轀而车，莫持纼绋。

维公荦荦，德义謏述。为后世法，终天不没。托辞叙心，曷能仿佛。呜呼哀哉！

当朝宰相王安石不存私见，秉公持衡，对欧阳修给予了极高的评价。他在《祭欧阳文忠公文》中写道：

夫事有人力之可致，犹不可期，况乎天理之冥窦，又安可得而推。惟公生有闻于当时，死有传于后世，苟能如此足矣，而亦又何悲？如公器质之深厚，智识之高远，而辅以学术之精微。故形于文章，见于议论，豪健俊伟，怪巧瑰琦。其积于中者，浩如江河之停蓄；其发于外者，烂如日星之光辉。其清音幽韵，凄如飘风急雨之骤至；其雄辞闳辩，快如轻车骏马之奔驰。世之学者，无问乎识与不识，而读其文，则其人可知。

呜呼！自公仕宦四十年，上下往返，感世路之岖崎。虽屯遭困踬，窜斥流离，而终不可掩者，以其有公议之是非，既压复起，遂显于世。果敢之气，刚正之节，至晚而不衰。方仁宗皇帝临朝之末年，顾念后事，谓如公者，可寄以社稷之安危。及夫发谋决策，从容指顾，立定大计，谓千载而一时。功名成就，不居而去，其出处进退，又庶乎英魄灵气，不随异物腐散，面长在乎箕山之侧与颍水之湄。然天下之无贤不肖，且犹为涕泣而歔欷。而况朝士大夫，平昔游从，又予心之所向慕而瞻依。

呜呼！盛衰兴废之理自古如此，而临风想望不能忘情者，念公之不可复见而其谁与归！

在杭州担任通判的苏轼得到噩耗，深愧自己"受教门下"甚久，但因"怀禄"而不能"匍匐往救"。他在《祭欧阳文忠公文》中写道：

呜呼哀哉！公之生于世，六十有六年。民有父母，国有蓍龟，斯文有传，学者有师，君子有所恃而不恐，小人有所畏而不为。譬如大川乔岳，虽不见其运动，而功利之及于物者，盖不可以数计而周知。今公之没也，赤子无所仰庇，朝廷无所稽疑，斯文化为异端，学者至于用夷，君子以为无与为善，而小人沛然自以为得时。譬如深山大泽，龙亡而虎逝，则变怪杂出，舞鳅鳝而号狐狸。昔公之未用也，天下以为病；而其既用也，则又以为迟；及其释位而去也，莫不冀其复用；至其请老而归也，莫不怅然失望，而犹庶几于万一者，幸公之未衰。孰谓公无复有意于斯世也，奄一去而莫予追。岂厌世溷浊，洁身而逝乎？将民之无禄，而天莫之遗？

昔我先君，怀宝遁世，非公则莫能致。而不肖无状，因缘出入，受教于门下者，十有六年于兹。闻公之丧，义当匍匐往救，而怀禄不去，愧古人以怛怳。缄词千里，以寓一哀而已矣。盖上以为天下恸，而下以哭吾私。呜呼哀哉！

在陈州（今河南省淮阳县）担任学官的苏辙闻讯，立即启程赶往颍州，为恩师致祭。他在《祭欧阳少师文》中写道：

嘉祐之初，公在翰林。维时先君，处于西南。世所莫知，隐居之深。作书号公，曰"是知予"。公应"嗟然，我明子心。吾于天下，交游如林。有如斯文，见所未曾"。先君来东，实始识公，倾盖之欢，故旧莫隆。遍出所为，叹息改容。历告在位，莫此蔽蒙。报国以士，古人之忠。公不妄言，其重鼎钟。厥声四施，靡然向风。

嗟维此时，文律颓毁。奇邪谲怪，不可告止。剖剥珠贝，缀饰耳鼻。调和椒姜，毒病唇齿。咀嚼荆棘，斥弃羹胾。号兹古文，不自愧耻。公为宗伯，思复正始。狂词怪论，见者投弃。踽踽元昆，与辙偕来。皆试于庭，羽翼病摧。有鉴在上，无所事媒。驰词数千，适当公怀。擢之众中，群疑相咍。公恬不惊，众惑徐开。滔滔狂澜，中道而回。匪公之明，化为诙俳。

公德日隆，历蹈二府。辙方在艰，抚视逾素。纳铭幽宅，德逮存故。终丧而还，公以劳去。公年未衰，屡告迟莫。自亳徂青，迄蔡而许。来归汝阴，啸傲环堵。辙官在陈，于颍则邻。拜公门下，笑言欢欣。杯酒相属，图史纷纭。辩论不衰，志气益振。有如斯人，而止斯邪。书来告衰，情怀酸辛。

报不及至，凶讣遄臻。

> 呜呼！公之于文，云汉之光。昭回洞达，无有采章。学者所仰，以克向方。知者不惑，昧者不狂。公之在朝，以直自遂。排斥奸回，罔有剧易。后来相承，敢损故事。虽庸无知，亦或勉励。此风之行，逾三十年。朝廷尊严，庶士多贤。伊谁云从，公导其先。自公之归，忽焉变迁。又谁使然，要归诸天。天之生物，各维其时。朝阳薰风，春夏时宜。冻雨急雪，匪寒不施。时去不返，虽强莫违。矧惟斯人，而不有时。时既往矣，公亦逝矣。老成云亡，邦国瘁矣。无为为善，善者废矣。时实使然，我谁怼矣。公哭于堂，维其悲矣。呜呼哀哉！

当时宋朝规定，朝廷大臣去世后，要安葬在汴京周围五百里的范围之内。宋神宗熙宁八年（1075年）九月廿六日，欧阳修的灵柩在夫人薛氏和子孙们的簇护下，葬于开封府新郑县（今河南省新郑市）旌贤乡刘村（今欧阳寺村）。墓志铭由韩琦撰文，宋敏求[①]书丹，韩维[②]篆碑盖。

斯人已去，风范长存。欧阳修的品格、精神和他留下的巨大而丰富的文化遗产，将永葆生命活力和艺术魅力，影响一代又一代后来之人。

[①] 宋敏求，字次道，宋仁宗、英宗、神宗三朝大臣，编著有《唐大诏令集》，地方志《长安志》等。

[②] 韩维，字持国，北宋文学家，著有《南阳集》三十卷。

主要参考书目

[01] 朱安群，徐奔. 欧阳修大传 [M]. 北京：中国文史出版社，2013.

[02] 李洪连. 文章太守欧阳修 [M]. 成都：西南交通大学出版社，2015.

[03] 李贵银，尹丽. 欧阳修 [M]. 沈阳：辽海出版社，2015.

[04] 虞云国. 细说宋朝 [M]. 上海：上海人民出版社，2015.

[05] 程宇静. 欧阳修遗迹研究 [M]. 北京：人民出版社，2018.

[06] 吴晓静. 欧阳修：你若不醉，谁人能醒 [M]. 哈尔滨：哈尔滨出版社，2018.

[07] 东方慧子. 一代文宗欧阳修 [M]. 武汉：武汉大学出版社，2018.

[08] 王永照，崔铭. 欧阳修传 [M]. 北京：人民文学出版社，2019.

[09] 张敬平. 欧阳修传：世俗的圣贤 [M]. 杭州：浙江文艺出版社，2019.

[10] 任浩之. 王安石传 [M]. 北京：中国书籍出版社，2019.

[11] 郭宏文，陈艳婷. 苏轼：一蓑烟雨任平生 [M]. 北京：团结出版社，2019.